U0017099

中國經濟改革與發展

林毅夫　蔡昉　李周

本書由香港中文大學授權出版

臺灣版序

自1840年的鴉片戰爭以後，中國屢遭列強侵凌，文明鼎盛的中國淪落為列強的次殖民地，自此中華民族的重新崛起一直是以天下為己任的各界有志之士的夢寐追求。從早期的洋務運動、戊戌變法，中間的辛亥革命、北伐、抗戰，到中華人民共和國建立以後的社會主義制度的實踐，無不以中華民族的復興為目標。然幾經波折，只有到1970年代末鄧小平領導的改革、開放以後，中國的再度富強才不再是一個遙不可及的夢。1978～1998年間中國大陸國內生產總值(GDP)年均增長率高達9.7％，為同期世界平均3％的3倍有餘。在人口這麼多，面積這麼大的地方，以這麼高的速度，持續這麼長時間的增長，堪稱人類經濟史上曠古未有之奇蹟。尤其，1997年東亞地區爆發了金融危機，新舊小龍無不應聲而倒，唯有中國大陸不僅人民幣沒有貶值，而且還保持了快速的經濟增長，成為這場危機的中流砥柱，對東亞經濟的迅速復甦做出了舉世公認的貢獻。

近幾年來，世界銀行、國際貨幣基金、經濟合作發展組織等不少國際權威機構的研究認為，中國大陸有可能在未來二、三十年保持過去20年的快速增長，在21世紀20、30年代間成為全世界最大的經濟體。如果此項預測屬實，中國大陸經濟的快速增長將為世界上許多國家和地區的發展提供無限的商機。臺灣和大陸隔

海而望，經濟上優勢互補，大陸經濟快速發展，臺灣將是最大的受益者。但是，大陸經濟在快速增長的背後也隱現不少危機，過去20年從計畫經濟向市場經濟的漸進改革，從易處入手，越往後困難矛盾越多，如今，國有企業的績效每況愈下、地區收入差距不斷擴大、銀行呆壞帳比例驚人、生態環境惡化、自然災害頻仍。不少國際權威研究者據此預測大陸經濟有可能突然爆發重大危機，而使過去20年來的成就毀於一旦。大陸經濟規模巨大，如果危機爆發，將不可避免殃及鄰近，尤其是和大陸血肉相連的臺灣經濟將難免遭受池魚之殃。

處於千年之交的大陸經濟，未來的發展到底將如樂觀者的預測？還是無可避免地終將爆發致命危機？這是關心中華民族未來命運的人必須深入研究的問題，也是關心臺灣自身前途的人必須關注的問題。

任何現實的經濟，不管在後世看起來其成就多麼地輝煌，在當時總是存在重重矛盾。一個社會中現有的各種問題到底是會隨著經濟的發展而逐漸消弭，還是會逐漸擴大為傾毀性的危機，很大程度上決定於主政者和社會的中堅力量是否對問題的根源有清醒的認識，並以有力的措施和實際的行動採取合力的方式來解決問題。要對一個社會的發展趨勢做出準確的判斷，則一方面要對該社會的實際情況有足夠的瞭解，另一方面則必須有一個能夠說明清楚複雜的現象背後主要因果關係的理論。

從亞當‧斯密以來，主流經濟學的研究以市場體系完備的發達經濟中所出現的問題為主要對象，現有經濟理論的價值也主要在於解釋發達的市場經濟體系中所出現的問題。然而，發

展中國家，尤其是像處於從計畫經濟向市場經濟以及從傳統的
農業經濟向現代的工業經濟雙重過渡中的中國，許多問題的根
源和發達國家不同，或是根源相似，但是可賴以解決問題的制
度、資源、社會條件不同，因此，簡單套用現成的經濟理論來
處理發展中國家的經濟問題經常會把問題弄得更糟，對於處於
雙重過渡中的國家更是如此。但是，經濟理論是幾個主要社會
經濟變數之間因果關係的一套簡單的邏輯體系，經濟理論來自
於對經濟現象的觀察和總結，經濟理論的作用在於解釋現象中
屬於因的變數如果變化了，屬於果的變數將會如何發展。中國
在改革和發展過程中的現象和問題固然錯綜複雜，但「物有本
末，事有終始，知所先後，則近道矣！」從現實的經濟現象為
出發點，瞭解中國所處發展階段的主要特性和社會的主要思潮
和力量，把握住問題的來龍去脈，則有望說明清楚複雜現象背
後的因果關係。

　　本書是經濟學界第一次嘗試以歷史發展和邏輯推論相結合
的方法，提出一套比較完整的邏輯體系來統一解釋中國大陸半
個世紀以來經濟發展的著作，書中對大陸改革開放以前的經濟
發展和制度變遷，以及改革開放以後的成就和問題、下一步的
前進方向等，都有比較系統、深入的探討。希望這本書的出版
有助於臺灣的讀者瞭解中國大陸經濟的現狀和未來的走勢。

一、大陸改革前的傳統經濟體制及其內部邏輯

　　自鴉片戰爭以後的一百多年間，亡國亡種之憂牽動著幾代

以天下為己任的知識和政治精英的命運和選擇，譜寫了許多為民族的復興而拋頭顱、灑熱血的英雄詩篇。由於時、地、背景和認識的不同，歷代中國政治領導人和知識精英選擇的道路可能有異，富國強兵的願望則無不同。當1949年10月1日毛澤東站在天安門城樓上高呼「中國人站起來了」，中國政府不可避免地採取了以趕超英美等發達國家為目標的重工業優先發展戰略。

在工業革命以後直到最近才出現的資訊革命到來之前，一個國家發展的水平可以用重工業在國民經濟中所占的比重來衡量。重工業優先發展戰略的選擇十分直觀地反映了中國政治領導人參加革命的動機和多年的追求。實際上，二次世界大戰以後，世界上絕大多數第三世界國家在擺脫了殖民統治以後，採用的政治體制或許不同，採取的經濟發展戰略大多相似。

重工業是資本高度密集的產業，具有三個基本特徵：(1)每個專案的投資周期長；(2)所需的技術先進，在發展中國家建重工業，作為先進技術載體的機器設備需要從國外進口；(3)每個專案一次性的投資規模大。而中國大陸當時是一個非常貧窮落後的農業經濟，也有三個特徵：(1)資本稀缺，由市場決定的利率很高，不利於建設周期長的重工業的發展；(2)經濟落後，可供出口的商品少，外匯短缺、昂貴，從國外進口機器設備的成本高，不能支援重工業的發展；(3)經濟剩餘主要來自農業，農業的生產分散，剩餘少，難於從市場上為重工業專案籌集所需的大量資金。

因此，重工業發展的三個特徵與中國資本稀缺的要素稟賦狀況存在著尖銳的矛盾，在靠競爭來決定價格，靠價格來配置

資源的市場體制中，重工業發展不起來。要優先發展重工業客觀上要求政府干預，利用行政手段人為壓低利率、匯率來降低重工業發展的門檻，並用降低工業投入要素的價格，即能源、原材料價格以及工資水平的方式，將剩餘從農業和礦業等初級產業集中到工業來，為重工業的發展積累資金。當然工人的工資壓低了，政府也必須同時壓低生活必需品的價格以保證城市工人的最低生活水平。在上述利率、匯率、工資、物價等各種價格信號被全面扭曲的宏觀政策環境下，資金、外匯、原材料和各種生活必需品將無可避免地出現全面的短缺。要保證這些短缺的資金、外匯、原材料會被用來優先發展重工業，首先必須有一個全面的計畫，將各種建設專案按戰略目標排序，然後用行政手段按計畫配置資源。同時，為了低價收購農副產品，政府還必須壟斷農副產品的購銷。但是，在農業家庭自主經營的情況下，壓低農副產品價格必然導致農民減少農副產品的生產和供給；在企業享有經營自主權的情況下，企業必然有積極性將由政府價格扭曲所得的超額利潤用於職工福利、在職消費和其他與重工業發展無關的活動上。為了保證農業能按國家計畫的量來生產和交售，以及經由各種價格扭曲所創造的工業剩餘會按國家計畫的方案來使用，中國政府就在農村實行了集體化，在工業部門實行了國有化，以剝奪農民和企業的經營自主權。這樣，以重工業優先發展的趕超戰略為邏輯起點，相繼形成了以扭曲各種要素和產品價格為目的的宏觀政策環境、高度集中的資源計畫配置制度和沒有經營自主權的微觀經營機制為特徵的三位一體的傳統計畫經濟體制。

上述高度集權的計畫經濟體制內生於在資金稀缺的落後經濟中推行資金密集的重工業優先發展的戰略。推行和中國大陸相同的發展戰略的非社會主義發展中國家，如印度、南亞、拉丁美洲等國家，雖然社會制度和中國大陸不同，但經濟體制則和中國大陸有許多雷同之處，原因在此。實際上，不管在任何地方、任何時代，或任何經濟體，只要政府以行政的力量扭曲了利率、匯率、價格等，就必須以計畫、行政的方式來干預資金、外匯，和價格被扭曲的物資的配置和使用。

傳統的經濟計畫體制使中國大陸的政府有能力在貧窮落後的基礎上動員一切可用的資源，在較短時間裏建立起一套完整的工業體系，試爆了原子彈、發射了人造衛星，成為世界上一個不容忽視的軍事大國。但中國大陸的經濟也為之付出了巨大的代價。在微觀方面，人民公社和國有企業的經營者缺乏自主權，無法根據每個工人、農民的工作表現來決定報酬水平，只能用政治動員的方式來號召工人、農民為社會主義建國的理想而犧牲，但在實際的物資利益方面，出現幹好幹壞一個樣，人民的生活水平長期得不到改善，久而久之政治動員失去了效果，工人、農民缺乏生產積極性，生產效率低下。在資源配置方面，出現了重工業太重、輕工業太輕、農業的發展受到忽視，產業結構失調，資源使用效率很差。因此，人民生活的改善非常緩慢。和韓國、臺灣、香港、新加坡等周邊市場經濟國家和地區的快速發展和人民生活水平的大幅度提高成了強烈的對比。這種對比終於在1970年代末，毛澤東去世，極左的四人幫倒臺，以鄧小平為核心的老一輩領導人重新掌權以後，觸發

了一場始料未及的經濟改革和開放的大潮。

二、1970年代末以來大陸對傳統經濟體制的改革

　　極端的個人崇拜和資訊的閉鎖，使毛澤東的晚年在大陸人民心中享有近乎神的地位，當在文革中靠邊站的老一代領導人打倒了毛欽定的接班人──四人幫以後，他們必須在政策上有所改弦更張，給人民帶來實質的好處，以取得重新執政的正當性，但由於他們自己是老一輩的革命家，不僅參與了新中國的締造，而且，在靠邊站前還親自參加了社會主義計畫經濟體制的制定和推行，所以，他們也不可能完全否定現行的體制。中國的改革也就只能走一條以修修補補為特徵的漸進道路。但是傳統的計畫經濟體制是一個內部各個制度安排間因果邏輯關係緊密相連的體系，當鄧小平領導的改革承認物資刺激對提高工人、農民工作積極性的重要性時，雖然只是在嚴密的傳統計畫經濟體制中打開了一個小小的缺口，但傳統計畫經濟體制的崩解，並最終被市場經濟體制所取代，也就無可避免。

　　1970年代末，中國大陸雖然已經進行了將近30年的工業建設，但80%的人口仍然居住在落後貧困的農村，大約有2.5億人生活在無法維持溫飽的絕對貧困之中。長期以來農業被視為國民經濟的基礎，農村的貧窮落後給整個社會經濟發展帶來了極大的困難和挑戰。正因為如此，1970年代末，大陸經濟改革發軔於農村。開始時，安徽鳳陽的一個村的農民自發地、秘密地將集體的土地承包給各個農戶自己經營，農業生產立竿見影地

得到很大發展，後來這種生產制度得到了政府的承認並加以推廣，以土地平均分配到各農戶分散經營為核心的家庭聯合承包責任制也就迅速地取代了集體耕作制度。這種改革到1984年在全國範圍內完成，推行了二十多年的人民公社體制終於解體。農業生產獲得前所未有的快速增長。在農業發展的基礎上，農村經濟全面繁榮，城鄉間、地區間的收入差距縮小，農民生活水平大大提高，絕大多數農民基本解決了溫飽問題。

　　農村改革的成功極大地鼓舞了中國政府全面推進以市場為導向的體制改革的決心，1984年10月召開的中國共產黨十二屆三中全會決定將體制改革重點轉移到城市。與自發的農村體制改革不同，城市中的改革一開始便由政府發動。在國有企業改革方面，從1979年至今，經歷了四個階段，第一個階段（1979-1983年）主要在傳統經濟體制內部擴大企業自主權，擴大物質激勵的作用。這些措施包括引入利潤留成和與貢獻掛帥的獎金制度，允許國有企業在強制性的國家計畫之外進行生產，允許出口企業保留部分外匯收入，由企業自己支配使用。第二階段（1984-1986年）重點轉向規範國有企業對政府的財政義務，將企業推向市場。從1983年開始，利潤上繳改為對利潤徵稅。1984年政府允許國有企業以議價出售定額以外的產品，並相應制定自己的產量計畫，由此形成價格雙軌制。在第三階段（1987-1992年），明確企業經理人員權利和義務的承包制被規範化並得到推廣。最後階段（1993年至今）試圖將現代企業制度引入國有企業。改革的每一階段政府的干預都在減少，國有企業獲得越來越多的自主權。

　　在農業和工業方面的微觀經營體制的改革實現了提高技術效率的預定目標。經驗檢驗表明，農業部門1978～1984年間的產量增長幾乎有一半是改革帶來的生產率提高的結果，而且這種生產率增長幾乎完全歸功於引入家庭責任制。擴大工業企業自主權同樣也提高了國有企業的生產率。因此，農業和工業上的微觀經營體制改革創造了一個新增的資源流量，這是中國改革的一個重要特徵，也是中國的改革和蘇聯東歐的改革最大的不同之處。

　　然而，在一個扭曲的宏觀政策環境中，擴大企業自主權雖然提高了國有企業的生產效率，但是，國有企業工資、福利和其他未經批准的開支增長過快，加上來自自主經營的鄉鎮企業和其他非國有企業的競爭，國有企業的盈利能力不斷下降，致使政府的補貼和財政負擔不斷增加。

　　在擴大企業自主權的同時，為了使企業自主權能夠成為真實，原有的計畫分配和價格體制也必須作相應的改革。允許國有企業超計畫生產，就必須允許企業在計畫分配制度之外得到額外的資金、投入和出售額外的產出，因此就出現了分配和價格的計畫和市場並存的雙軌制。計畫之外的生產發展遠較計畫之內的生產發展迅速，因此，原材料和各種物資的配置逐步偏離計畫軌而傾向市場軌。開始的時候一些重要投入品還保持計畫控制，但控制專案逐漸減少。到1984年底，中央集中的信貸分配也下放到地方銀行。計畫分配逐步被取消，市場在資源配置上的作用也就隨著改革的不斷深化而增加。

　　放鬆計畫配置機制所帶來的一個意想不到的效應是非國有

企業，尤其是鄉鎮企業的快速增長。1979年之前鄉鎮企業的發展因難以獲得信貸、原材料和進入市場而大受制約。改革為鄉鎮企業的快速擴張創造了兩個有利條件：(1)家庭聯合承包責任制改革產生的新的剩餘流給新的投資活動提供了資源基礎；(2)傳統計畫分配體制的放鬆使鄉鎮企業能夠得到關鍵的原材料和市場。鄉鎮企業數量、雇傭工人和總產值的年均增長率，在改革期間均數倍於同期國有企業的增長速度。

　　鄉鎮企業和其他形式非國有企業的迅速發展給改革帶來了兩個未曾預料到的影響。首先，作為傳統經濟體制的局外人，非國有企業必須從競爭性市場獲取能源、原材料，產品也只能銷往市場。它們面臨預算硬約束，如果管理不善就無法生存。它們的職工沒有「鐵飯碗」，可以解雇。結果非國有企業生產效率遠高於國有企業。非國有企業的發展給國有企業施加很大壓力，促使國家在制定改革政策時，以非國有企業的微觀經營體制為參考基準，國有企業的經營、管理體制不斷向非國有企業靠攏。改善國有企業微觀經營體制的改革措施，如實行利改稅、承包制及引進現代企業制度等，都是對來自鄉鎮企業及其他非國有企業的競爭壓力的反應。國有企業之間、國有企業與非國有企業之間競爭增加，也提高了國有企業生產效率。其次，非國有企業的發展明顯地糾正了資源的不合理配置。通常非國有企業要以市場價格購買投入品，並以市場價格出售產出品。價格信號誘導非國有企業更多採用比國有企業更勞動密集的技術，集中於更勞動密集的中小型企業。這樣，非國有企業的產業結構和技術結構更加符合中國要素稟賦所決定的比較優

勢。非國有企業的發展緩和了重工業優先發展戰略產生的經濟結構失衡。發展道路逐漸由重工業優先發展戰略轉向符合要素稟賦決定的比較優勢，是大陸漸進式改革能夠推動經濟持續增長的最重要的原因。

三、大陸漸進式改革優於前蘇聯東歐的休克療法改革

大陸經濟改革從微觀機制入手，在農村解散集體農業，在城市通過擴大企業自主權改善對國有企業的管理機制，鼓勵發展非國有企業，在價格和匯率全面放開之前引入雙軌制，沒有進行大規模私有化，國有企業繼續保持在工業部門中的主導地位。通過這種謹慎、漸進的方式，在改革過程中逐漸以市場體制替代傳統的計畫體制，同時保持了顯著的經濟增長和物價的相對穩定。

與中國一樣，前蘇聯東歐國家以前實行的也是計畫經濟體制。但在經濟轉型上，它們一開始就明確以「複製西歐的市場經濟制度」為目標，並選擇了休克療法，冀望立即過渡到同樣的制度。而大陸的改革開始時只是以提高經濟體制的效率為目的，採取的是「摸著石頭過河」的策略，並無明確的體制變革的方向。對各種推出的改革措施則以「不管黑貓、白貓，捉住老鼠就是好貓」的實用主義態度為評價標準。但經濟問題的背後總有一定的經濟邏輯，從問題出發，實事求是地針對問題、解決問題，改革的有效措施必然順著問題背後的邏輯進行，從改善微觀經營體制為出發點的改革，最終導致傳統的計畫經濟

體制被市場體制所取代。

　　大陸經濟轉型的一個特點是經濟的穩定和持續增長。通過給予國有企業經理人員和農民自主權以及將個人報酬與努力掛帥，提高國有企業工人和農民的積極性。儘管沒有私有化，但積極性的提高意味著效率和產量的增加。部分的自主權意味著國有部門和農村地區的企業家能夠部分控制這些新增資源。傳統經濟中被壓制的輕工業部門符合中國經濟的比較優勢，因為輕工業品的短缺而更具盈利性。享有自主權的企業家在利潤動機驅動下，將歸其控制的社會新增財富配置到那些更具盈利的受壓制部門，因而，這部分經濟的發展充滿了活力。同時，計畫分配機制和扭曲的宏觀政策環境還存在，國家就依然控制著原有的資源，並將它們配置於原來優先發展的國有經濟部門，而維持了國有部門的穩定。

　　對於前蘇聯東歐國家的轉軌，西方的經濟學家們起初一致建議必須快速私有化。他們認為私有產權是市場機制良好運行的基礎，真正的市場競爭要求有一個真正的私有部門；轉軌經濟中的國有企業遇到的許多問題可以通過快速私有化來緩解；私有化必須在國有企業結構調整之前進行；必須推行一個全面放開價格、全面市場化、全面私有化的「休克療法」。

　　如果支援市場的各種制度可以在一夜之間建立起來，而且，資源是高度流動的，資源從低效率部門向高效率部門的重新配置可以一蹴而就，那麼，休克療法應該是可取的。然而，市場運行必要的各種法規制度的制訂和實行則需要一個過程；重工業中的一些固定設備不能用於輕工業生產，對於其他設

備，用於新用途前必須對其進行改裝；重工業中的工人在從事新工作之前也需要重新培訓；對於那些虧損很大的國有企業也很難要他們馬上面對市場的競爭，因為害怕大規模失業，這些低效率的國有企業即使私有化以後也不可能被關閉，政府被迫繼續提供各種明補和暗補。因此，休克療法實行的結果並不是有效率的市場經濟體系的馬上建立，而是，生產急劇下滑，經濟衰退，同時伴隨惡性通貨膨脹，社會劇烈動盪，人民生活水平大幅下降，與實行漸進式改革的中國形成鮮明對照。

四、國有企業改革和大陸經濟改革的最終完成

大陸經濟改革至今仍在進行中，特別是國有企業改革尚未取得成功，宏觀政策環境的改革還沒有完全到位。過去20年來在經濟快速增長的同時，也出現了一系列令人擔憂的問題。這些問題如果惡化，很可能使整個國民經濟體系崩潰。歸納起來，當前中國經濟中存在的主要問題有如下六個方面：(1)經濟周期波動；(2)銀行呆壞帳的比例高，弊病很大；(3)貪污腐化孳生；(4)國有企業虧損嚴重；(5)地區發展差距擴大；(6)糧食供給問題。沒有穩定的社會就不會有經濟的長期發展。以上這六個問題，任何一個惡化了都將造成社會不穩，更何況這些問題還有可能交織在一起總爆發。這六個問題都與中國從計畫經濟向市場經濟過渡時採取了漸進的改革方式，宏觀政策環境的改革滯後於資源配置制度的改革，資源配置制度的改革滯後於微觀經營機制的改革，造成經濟體系內部的制度不配套有

關。而經過了20年的改革，還不能將微觀經營機制、資源配置制度和宏觀政策環境中存在的各種問題都徹底解決，以建立一個新的、內部各種制度安排邏輯一致的、新的市場體制的原因，則在於宏觀政策環境和資源配置制度中的一些扭曲是維持國有企業生存所必需的條件，因此，國有企業改革的成功是中國經濟改革最終完成的前提。

在所有的宏觀政策環境的改革中最為滯後的是利率政策的改革。銀行的利率尚被人為控制，名義利率不能根據市場供求靈活調整。因此，每當出現高通貨膨脹預期時，真實利率就不斷下降，投資的機會成本和當前消費的機會成本也跟著下降，導致投資貸款增加、儲蓄減少，經濟就會出現投資和消費一齊拉動的過熱。反之，經濟就會出現投資和消費一齊下降的過冷。國民經濟的發展就隨著通貨膨脹預期的變動而呈周期波動。經濟周期波動的根本的解決辦法是利率市場化。但是，國有企業的生存依靠國有銀行的低利貸款來維持，如果放開利率，則將使國有企業的利率負擔大為加重。同樣，國有銀行呆、壞帳比例高也是因為國有企業的生存依靠國有銀行的低利貸款來維持，而國有企業的經營情況差，還不起貸款，結果，貸出去的款也就變成了呆、壞帳。經濟生活中貪污腐化的橫行也是因為政府對利率和某些商品價格的低價控制，市場價格和官訂價格之間存在價差，成為掌握這些廉價資金和資源的官員手中一種可以依其意願而分配的、可以為某些企業和個人不勞而獲的「租」。而維持低利率和某些產品的低價政策，同樣是為了使已陷入困境的國有企業能夠繼續生存下去。大陸的產業

發展東部的比較優勢在於製造業，中部適合發展農業，而西部的優勢則在資源型產品上。改革開放以來，為了維持國有企業的生存，在逐步放開工農業產品價格的同時，主要農產品和礦產品的價格卻依然被人為壓低。東部發展越快，所需的農產品和礦產品就越多，從中西部拿到的低價補貼也就越多，由較不富裕的中西部來補貼較富裕的東部，結果經濟越發展，地區差距也就越擴大。為了維持國有企業的生存，低工資政策不能完全放棄，糧食價格也就難於放開，農民種糧積極性受到抑制，糧食供給在中國才會成為一個潛在問題。

對於國有企業的問題和根本的改革措施，本書的另一本姊妹作《中國國有企業改革》中有詳細討論。簡要地說，目前中國的國有企業承擔著各種政策性負擔，由此導致政策性的虧損，政府必須為此種虧損負起責任。由於信息不對稱，政府無法分清政策性虧損和經營性虧損，因此，企業會將各種虧損都歸咎於政策性負擔，國家也只好將國有企業的所有虧損都背起來，企業的預算因而軟化。在預算軟化，企業不必對經營的結果負起完全責任的前提下，國有企業改進生產的積極性較低，而且，會想盡辦法侵吞屬於國家的利潤和資產。取消政策性負擔，為國有企業創造一個公平競爭的環境，使國有企業的經營績效能充分反映國有企業經營的優劣，並因此根除國有企業預算軟約束的藉口，是國有企業改革成功的必要條件。當國有企業沒有政策性負擔，國家也就不再需要給予國有企業政策性補貼的時候，國家就可以放開銀行的利率和各種物價，經濟周期波動的現象就能得到緩解，加之企業預算約束的硬化以及企業

效率的提高，銀行的呆帳、壞帳比例就會降低。各種以行政力量干預價格形成機制的行為減少，企業尋「租」的必要性和政府官員接受賄賂的可能性大大降低，對貪污腐化問題的存在，將可產生釜底抽薪之效。同時，政府也就可以放開農產品和礦產品的價格，地區差別和糧食問題將得以緩解。所以，國有企業改革成功既是中國經濟從計畫體制向市場體制過渡最終完成的前提，也是中國經濟穩定發展的保證。

五、比較優勢戰略和中國經濟增長的前景

從經濟增長的潛力來說，大陸經濟完全有可能再保持二、三十年的快速增長，這是因為一國經濟的增長主要決定於以下三因素：(1)各種生產要素，尤其是資本的增加；(2)生產結構從低附加值產業向高附加值產業的升級；(3)技術進步。其中最重要的是技術進步。在各種生產要素中，一個經濟體擁有的自然資源的量可以看作是給定的，各個經濟體之間勞動力的增加差別不大，差異較大的是資本積累的速度。而資本積累和產業結構的升級則受到技術變遷速度的制約。如果技術不進步，資本不斷積累必然會出現邊際報酬遞減的情形，積累意願就會下降，同樣也不會有產業結構的升級。

技術進步有兩種實現方式：(1)自己投資進行研究和開發；(2)向其他國家學習、模仿，或者說花錢購買先進技術以實現本國的技術進步。開發新技術的投入很大而失敗的概率很高；相對而言，模仿和購買技術所需的成本就要低得多。發達

國家處於技術的最前沿，因此必須通過自己從事研究和開發才能實現技術進步，因而這些國家實現技術進步的成本高，總體的技術進步緩慢，並進而導致經濟增長率不高。而像中國這樣的發展中國家，同發達國家在技術上存在著很大的差距，因此在選擇技術進步的實現方式上具有後進優勢，可以採用模仿、購買等廉價得多的方式來實現技術進步。

日本經濟在1950～1980年代維持了將近40年的快速增長，亞洲四小龍從1960年代開始直到最近也維持了將近40年的快速增長，依靠的就是和發達國家的技術差距，並以引進技術來實現技術快速的進步和經濟快速的轉型和增長。中國大陸依靠引進技術來推動經濟發展始於1978年底的改革開放。當時大陸的技術水平和發達國家的差距遠大於日本在1950年代，亞洲四小龍在1960年代與發達國家的差距。如果利用同發達國家的技術差距能使日本和亞洲四小龍維持近40年的快速增長，那麼，利用這個技術差距，中國大陸的經濟應該就至少有維持40年或更長時間快速增長的潛力。從1978年底到現在才20年，因此，大陸應該有可能再維持20～30年左右的快速增長，如果能夠如此，下個世紀中葉前中國將超過美國成為全世界最大、最有實力的經濟體。

趕超發達國家是每一盼望中華民族早日復興的有志之士的共同願望，但經濟發展有其內在的規律：一個國家的技術、產業結構的總體發展水平其實決定於這個國家的要素稟賦結構的水平，也就是，資金、勞動力和自然資源的相對豐富程度。一個國家要在技術、產業結構的總體發展水平上趕上發達國家，必須先在要素稟賦結構的水平上縮小和發達國家的差距。對於

中國大陸這樣一個資金相對稀缺、勞動力相對豐富的發展中國家來說，只有依靠要素稟賦結構決定的比較優勢來選擇技術、發展產業，亦即利用勞動力相對豐富的優勢，多採用勞動密集型的技術，多發展勞動密集型的產業，才能提高整個國民經濟的競爭能力，增加社會剩餘，加快資金的積累，提升資源稟賦結構。隨著資源稟賦的改變，以小步快走的方式，不斷引進技術，進行技術和產業結構的升級，這樣國民經濟才能實現持續、快速、健康的增長，實現在較短的時間裏趕上發達國家的願望。所以，把握千載難逢之機，實現中華民族的偉大復興，有待於經濟體制改革的最終完成，也有待於大陸放棄重工業優先發展戰略，轉而依賴於要素稟賦決定的比較優勢作為經濟發展的指標，這樣才有可能充分利用與發達國家的技術差距，實現後發優勢，提高國民經濟的綜合競爭力，創造最大的經濟剩餘，加速要素稟賦結構的升級，實現產業、技術結構水平的提升。

六、大陸經濟改革和發展對臺灣經濟的影響

臺灣經濟起飛比大陸早一段時間，臺灣相對於大陸經濟發展層次要高一些，因此，臺灣和大陸在經濟上具有很強的互補性。而且，臺灣在經濟發展過程中積累了相當多寶貴的經驗教訓可資大陸借鑑。另一方面，大陸經濟改革和發展也必將對臺灣經濟發展產生深刻的影響。當今世界，經濟一體化和分工合作已經成為不可逆轉的大趨勢，相互差異很大的歐洲共同體各國除了經濟上一體化之外，甚至已經開始了政治上的一體化進

程。海峽兩岸的人民同為黃帝的後裔，無論人文條件還是地理條件，都十分有利於在經濟上開展互利合作。海峽兩岸開展經濟合作有利於各自發揮自己的比較優勢，實現合理分工，對於雙方的經濟發展都有很大的好處。

經過幾十年的發展，臺灣要素稟賦發生了很大變化，物質資本相對豐裕，加上教育事業取得很大成績，人口素質大大提高，人力資本也比較豐裕，而勞動供給反而顯得不足，反映到經濟結構上則是原來的勞動密集型產業競爭力下降，資本、技術密集型產業開始爆發出越來越大的活力。當要素稟賦結構升級而發生的比較優勢變動時，臺灣經濟要保持競爭力，一方面需要根據比較優勢的變動不斷相應調整產業結構，實現由勞動密集型產業為主向資本、技術密集型產業為主的產業升級換代，另一方面則需要尋找出路將原來勞動力較為密集的產業轉移出去。

與大陸開展經濟合作十分有利於臺灣的產業結構調整，減輕由此可能帶來的震盪與痛苦。大陸目前的資源稟賦仍然是勞動力豐富、資本稀缺、技術落後，由此決定的比較優勢是勞動密集型產業。勞動密集型產業在臺灣因為勞動成本上升失去比較優勢，因此，臺灣完全可以利用與大陸的產業結構差異，將勞動密集型產業盡可能向大陸轉移，利用大陸勞動成本低廉的優勢，給臺灣失去比較優勢的產業創造「第二春」。從而，減輕臺灣產業結構調整的陣痛，並為臺灣經濟的升級積累資金。

以前臺灣曾經出現過擔心向大陸投資會導致臺灣產業「空洞化」的輿論。其實，這種看法有違經濟發展的規律。任何經

濟在發展過程中都要有產業結構從低級到高級的調整，不可能
一成不變。臺灣勞動密集型產業失去比較優勢是經濟發展成熟
的重要標誌，必然面臨結構調整；如果臺灣不向大陸轉移勞動
密集型產業和技術，只會減緩自身的產業升級，降低臺灣經濟
的競爭力，而且，其他與臺灣處於相似發展層次的國家或地區
也會出於自身利益而將產業轉移到大陸，結果只能是臺灣徒然
坐失良機。臺灣所要做的是如何更好地實現產業結構升級，而
不是如何保護、保留勞動密集型產業。將勞動密集型產業轉移
到大陸，與大陸實現產業分工，而臺灣自身則致力於發展資
本、技術含量較高的產業，為大陸提供技術、管理和設備，將
使臺灣產業結構處於更高的層次上，而不會有空洞化之虞。至
於，在大陸投資是否有政治風險的問題，隨著大陸經濟改革的
大勢所趨，大陸的經濟體制不可能走回頭路，大陸既然容許、
鼓勵大陸居民私人投資經營實業，歡迎外商投資，對於臺灣同
胞在大陸的事業就更沒有理由加以限制或剝奪了，而且，當大
陸加入WTO以後，這方面也就更不用疑慮了。

從臺灣與大陸經貿往來的發展歷程上也可以看出兩岸經濟
分工合作的巨大潛力。受政治因素的左右，1949年以後大陸與
臺灣之間的經貿往來一直通過第三國或地區(以香港為主)以間
接形式進行。1979年以前，兩岸經貿往來微不足道，1979年大
陸實行經濟改革，積極引進外資，拓展對外貿易和經濟合作。
在政治上，大陸逐漸緩和了與臺灣的關係。這樣，通過香港進
行的兩岸間接貿易迅速膨脹起來，兩岸貿易額從1979年的7600
萬美元增長到1997年的244.5億美元。目前臺灣已成為大陸第三

大進口市場和第五大貿易夥伴，大陸則成為臺灣第三大出口市場、第四大貿易夥伴和最大的貿易順差來源地。與兩岸貿易發展相比，由於人為的限制，臺灣同胞到大陸投資則要晚得多。臺灣同胞大規模向大陸投資是1987年臺灣開放臺胞到大陸探親以後的事。1987年臺灣同胞到大陸投資的協定金額只有1億美元，到1997年，協定金額已經達到381億美元，實際投資金額為183億美元，是大陸僅次於香港的第二大外資來源地。

　　由於大陸幅員遼闊，各地區之間的經濟發展差異比較大，沿海一些地區經過20年改革開放，經濟已經頗具實力，勞動成本也在上升，加上大陸市場廣闊，兩岸經貿合作與分工不會僅限於勞動密集型產業，比較合理的是兩岸既有垂直分工，又有水平分工，將來隨著大陸經濟發展，這一點會越來越明顯。總的來看，大陸所有地區的勞動成本都比臺灣低得多，但是各地區仍然有差別，另外還要考慮其他投資條件，因此，臺灣同胞在大陸各地投資的產業選擇就會有差異。當然，即使將來大陸與臺灣的經濟發展差距進一步縮小了，大陸要素稟賦發生變化，勞動成本普遍上升，比較優勢因而發生變化，海峽兩岸開展經濟合作對雙方也仍然是有利可圖的。臺灣可以借助大陸廣闊的市場腹地開展與大陸的全面經濟合作和分工，在競爭中發展自己。臺灣經濟發展本來就是在與島外經濟競爭中發展起來的。大陸經濟遲早會成為世界上最大的市場，對世界經濟的影響也會隨之增強，世界各國或地區都爭相與大陸發展經濟關係，從合作中分享分工與貿易的好處。將來大陸與世界其他地區的經濟聯繫會和現在的美國與世界其他地區的經濟聯繫十分

相似。過去臺灣主要依靠美國和日本市場實現經濟起飛,將來大陸的發展會給臺灣的進一步發展提供更為廣闊的市場空間。因此,兩岸經濟合作潛力巨大,大陸改革和發展對臺灣將來的發展至關重要。

七、臺灣經驗對大陸改革和本書的啓示

在本書的寫作過程中,無論是1994年上海三聯書店和上海人民出版社出的第一版,還是現在的增訂版,都受到了臺灣經濟改革和發展經驗的很大啓發。1950年代臺灣90%以上的工業製成品是國有部門生產的,從戰時經濟過渡到和平時期經濟,臺灣沒有立即私有化已有的國有企業,而是允許發展私有企業,並使之最終成為經濟主體。中國文化強調實用主義,強調用漸進方式帶來實質經濟利益,並且傾向於修正意識形態以適應現實,而不是相反。前蘇聯東歐國家改革時採用的是休克療法,也試圖以一個更有效率的市場體制替代缺乏效率的計畫體制。可是,帶來的是經濟的崩潰和停滯。大陸沒有立即將國有部門私有化,而是允許非國有部門迅速發展,這一點與臺灣的做法非常相似!

臺灣經濟發展的起點與大陸相似,因此,它的發展經驗和教訓更受大陸各界的關注,對大陸改革和發展的影響很大。比如1970年代末、1980年代初大陸設立四個經濟特區,以及後來的外向型經濟發展政策,就在很大程度上受到臺灣經驗的啓發。

我們三位作者在提出本書的理論框架和寫作的過程中也受

到臺灣經驗的許多啟迪，這不僅是我生於臺灣，長於臺灣，而且，更重要的是臺灣順著比較優勢的軌跡來發展經濟的經驗和大陸在改革以前提倡的趕超戰略成了強烈的對比，給我們提供了難得的對照觀察的機會。只有經過對這種強烈反差現象的深入瞭解和思考，我們才有可能形成「依賴比較優勢、提高比較優勢」的經濟發展思路。

縱觀臺灣自1950年代以來的經濟發展歷程，可以看出臺灣經濟在各個發展階段上始終按照由要素稟賦決定的比較優勢來選擇產業，發展經濟。長期以來，臺灣的企業結構以中小企業為基礎，產業結構以勞動密集型產業為主導，執行了一整套出口導向型發展政策。中小企業無論在產值、就業人數、企業數，還是在出口金額上都舉足輕重。例如1989年中小企業數占臺灣企業總數的97.4%，產值占全部企業總產值的46.29%，就業人數占臺灣就業總人數的64.4%，出口金額占臺灣總出口的比重在1978～1987年間大都保持在60%以上，形成所謂的「中小企業主外，大企業主內」的格局，即中小企業是臺灣出口的主力。到1997年，臺灣中小企業數達到102萬家，占全體企業數的97.8%，就業人數達719.7萬人，占臺灣就業總人數的78.4%，出口金額為595億美元，雖然由於結構調整等原因使其重要性有所下降，但是仍然占全部企業出口總值的48.8%。實際上，這還只是臺灣的劃分標準，即使是臺灣的大企業，與美國、日本甚至韓國等國比較，相當一部分只能算是中型企業。在臺灣的大企業中，許多屬於公營或黨營企業，且多集中在交通、通訊、金融等基礎產業領域，規模經濟比較明顯。

　　這種企業結構十分符合臺灣經濟起飛時期勞動力豐富、資本和自然資源稀缺、技術開發水平低的要素稟賦所決定的比較優勢，勞動密集型企業一般技術簡單，規模不大，經營管理比較容易。而且，臺灣中小企業一直面向島內和島外市場，在激烈的市場競爭中生存，基本上沒有受到政府的保護，因此從總體上看，自身素質比較高，適應能力強，更能夠充分利用臺灣要素稟賦決定的比較優勢，充分分享了國際分工的好處。因此，以面向國際市場的中小企業為主的企業結構充分利用了臺灣勞動力豐富的比較優勢，由於生產過程中使用較多廉價的勞動力，節約了昂貴的資本，其產品相對來說成本就比較低，在國際市場和國內市場上競爭力很強，因此生產所得的利潤多，資本積累快。臺灣除了在1950年代依靠大量美援渡過戰後的困難時期之外，以後外資流入很少，基本是依靠自身經濟發展提供的資本積累解決資金稀缺問題的。這種資本積累模式成功的最重要原因即在於重視中小企業，產業發展符合比較優勢。與亞洲其他三條小龍相比，臺灣主要依靠自身的資本積累實現要素稟賦結構和產業結構的升級和現代化，對於大陸和其他發展中國家的發展更具有借鑑意義。

　　1997年7月開始的金融風暴席捲了幾乎所有東亞國家或地區，但是臺灣受到的影響卻十分微小，表現十分突出。這固然與臺灣金融監管當局卓有成效的應對有關，但是最基本的因素則是臺灣經濟結構更符合自身的比較優勢，抗風險能力強。比較臺灣與韓國的發展模式和經驗最為典型。同為亞洲四小龍，自1960年代起，臺灣和韓國都曾經取得很高的經濟增長

率。在1970年代以前，都曾以勞動密集型產業為主，發揮了要素稟賦決定的比較優勢。然而，以後兩者採取了不盡相同的發展戰略，從而在經濟體制上也大相徑庭。韓國政府大力發展資本密集型產業，扶持超大規模的企業集團。研究者早在1980年代初就發現，韓國企業的集中度大大高於臺灣，甚至高於日本。與韓國熱衷於建立超級大企業相反，許多臺灣企業常常選擇為美國和日本企業配套供貨，而不是創立自己的品牌。其結果反而是臺灣產業的利潤率高，企業資金雄厚，經濟內部積累能力強、速度快，新的投資專案規模一般不超出島內資本市場所能動員的資金規模，因而外債很少。所有這些特徵，都大大降低了臺灣的金融風險。

臺灣半個世紀以來的發展經驗給我們極大的啟發，我們提出的經濟發展必須依靠比較優勢來提高比較優勢的思路主要就是在長時間研究各個地區發展經驗，特別是比較臺灣和亞洲其他新興工業化經濟體和其他發展不成功的開發中國家經驗教訓的基礎上提出來的。這次東亞金融風暴中各國或地區經濟的不同表現，尤其是臺灣成功地化解了金融風暴，更使我們增強了對自己理論的信心。本書的理論觀點是從包括臺灣在內的東亞地區和世界其他地區發展經驗中提煉出來的，我們也相信這個理論不但能夠解釋中國大陸在20世紀後半期的經濟發展和制度變遷，也同樣能夠較好地說明臺灣經濟過去取得的成功，而且對臺灣現在正在進行的經濟轉型和結構升級會有所裨益，這也正是本書在臺灣出版的初衷之一。

本書今天能夠在臺灣出版發行，本人感到特別高興。海峽

兩岸中國人都在致力於推動經濟發展和社會進步，都積累了許多寶貴的經驗教訓，並且都取得了很大的成就。實際上，中華民族的偉大復興和中國的奇蹟不僅僅指大陸現在和將來的發展，臺灣和香港的發展也是其中重要的、不可或缺的組成部分。所有的中國人都為臺灣和香港所取得的發展成就感到自豪。

對於一個離鄉20年的遊子，為賦新詞強說愁的少年激情隨著年華的流逝而不再。但閉起眼來，家鄉鬱鬱的青山，靜靜的流水依然歷歷在目。20年前站在彼岸遙望此岸，讓我內心激動不已的是隔岸魂牽夢繫的壯麗山河。20年來，每當寒夜青燈，讓我潸然淚下的竟是海那邊昔日朝暮所見的多嬌江山。鄉愁恰如鄉音，欲揮不去！

20年了，應聯經出版公司的盛請，而使自己這20年來的所學、所思終能有機會較為完整地呈獻給家鄉的父老、學界的先進。為此特地對此書進行了全面的增補和改寫，衷心希望這本書在臺灣的出版能夠有助於家鄉的父老瞭解大陸過去半個世紀的經濟發展、20年的改革，和未來的發展趨勢。

這本書這次出版雖然經過比較大的修訂，但是由於我們的學識、經驗有限，可能仍然存在各種問題和不足，也可能會有一些人不同意我們的觀點。與本書的第一版一樣，我們熱誠歡迎來自各方面的批評與建議。

林毅夫 謹識

增訂版序

　　本書的第一個版本是以《中國的奇蹟：發展戰略與經濟改革》為名，於1994年由上海三聯書店和上海人民出版社聯合出版的。次年，以同樣的書名在香港由中文大學出版社用繁體字出版。1996年由香港中文大學出版了該書的英文版。隨後，日文版、韓文版、法文版、越南文版也紛紛面市。目前俄文版也正在翻譯之中。這次，應香港中文大學出版社、臺灣聯經出版公司、上海三聯書店、上海人民出版社之約，我們對本書進行了修改和增刪，作為一個增訂版，同時在兩岸三地以三個版本出版。

　　從本書的第一個版本面市至今，五、六年的時間已經過去了。這期間，中國經濟發展與改革不斷向前推進，地區性經濟乃至世界經濟也發生了諸多大事。由於這本書擁有使用不同語言的十分廣泛的讀者群，特別是在中國大陸、香港、美國、日本和韓國，本書廣泛地被採用為經濟系學習中國經濟和發展經濟學的教科書，因此，能夠得到相當充分的反饋意見，也是作為本書作者的一種榮幸。針對經濟學理論、政策與實踐中所發生的新情況，直接或間接地針對經濟學界朋友們贊同的與批評的意見，在一些雜誌文章中，以及另一部拙著《中國國有企業

改革》（在大陸以《充分信息與國有企業改革》為書名出版）中，我們已經或多或少地進行了一些反思和補充。此外，我們自己怎樣看待這部拙著，以及根據什麼原則或在何種程度上修訂它，也有必要作一個扼要的交代，以期有助於讀者理解我們書中的理論邏輯和政策涵義。

本書的各種版本出版後，海內外發表了許許多多的評論，大都十分肯定該書理論邏輯的嚴密性，即從發展戰略選擇與資源稟賦之間的矛盾出發，分析了中國傳統經濟體制模式內生地形成的邏輯，並將這種分析方法及其結論擴展到所有其他國家和地區，指出發展戰略的選擇是否和資源稟賦的比較優勢一致，是決定經濟體制模式從而經濟發展績效的根本原因。

實際上，當我們把在一定的資源稟賦條件下發展戰略的選擇，到宏觀政策環境的形成，從而資源配置體制和微觀經營機制的產生，這樣一個分析邏輯應用到中國以外的其他經濟上時，總是可以大大提高對於特定的經濟體制運行績效的解釋力，從而賦予了這本關於中國經濟改革和發展的著作一種榮幸，能夠對發展經濟學理論作出一定的貢獻。在修訂過程中，我們對大部分章節進行了增補，以期進一步明確本書的特色。

我們很高興地注意到，中國經濟學家開始越來越重視本書中提出的問題，特別是人們開始從發展戰略的角度分析中國經濟的轉軌問題。如果說，人們以往曾經習慣於就經濟體制的某個方面就事論事地分析問題和提出解決方案的話，現在經濟體制模式的內在邏輯越來越表現出來，經濟學家的認識從而更進了一步。

　　當然，我們並不認為對於如何認識中國經濟的一般性質、傳統體制的形成以及如何進一步改革等等問題，在經濟學界已經取得了一致的看法。事實上人們的認識還遠遠沒有達成一致性，分歧不僅是很大的，而且將是長期存在的。我們也希望這種分歧與爭論能夠幫助我們進一步完善自己的理論。在這次修訂過程中，正是由於過去的爭論，使我們能夠有意識地、有針對性地對一些理論和政策問題作了更深入的闡述。例如，本書在中國大陸出版後，位於北京的一家雜誌《戰略與管理》就書中提出的重要觀點開展了長達兩年的討論。通過在這家雜誌上與經濟學界以及其他學科的學者們展開爭論，我們進一步回顧了發展經濟學發展的脈絡，特別是以往的發展經濟學家是怎樣解釋國家經濟發展或不發展的，從而完善了我們的理論，也使其更具有針對性。作為這次討論的結果，在這個修訂本中，我們重寫了第四章〈比較優勢戰略〉。

　　我們這本書的主題是探索一個落後經濟為什麼選擇以趕超為戰略而不能如願以償，以及怎樣才能實現成功的發展。而討論主要是以中國的經驗為基礎的。無庸置疑，中國經濟改革過程還遠遠沒有完成。就在本書出版之後的短短幾年裏，中國經濟改革與發展又經歷了一系列重要的進展。對照本書提出的問題以及提供的理論解釋，回顧近年來中國改革與發展的進程，我們加強了對自己理論的信心。

　　在作者看來，中國傳統經濟體制是為了在資金稀缺的條件下實現資金密集型重工業優先發展戰略的目標，以扭曲產品和生產要素價格的宏觀政策環境、高度集中的資源計畫配置制

度，以及沒有自主權的微觀經營機制為特徵的三位一體模式。作為一種具有帕累托改進性質的漸進式改革，中國的改革是從微觀經營機制的放權讓利入手，以改進激勵機制、提高微觀效率為目標。這種改革破壞了原有體制內部的一致性，為了落實放權讓利的措施，改革逐漸向資源配置制度和宏觀政策環境推進，並越來越觸動傳統的發展戰略。近年來的改革，越來越清晰地向人們顯示了這個邏輯。

然而，我們也指出，在這種漸進改革的方式下，宏觀政策環境的改革往往滯後於微觀經營機制和資源配置制度的改革，從而出現經濟體制內部各種制度安排之間不配套的問題，造成一系列特殊的改革與發展難題。突出的表現是由於國有企業未能擺脫傳統發展戰略所賦予的政策性負擔，因而不僅其自身的改革難以深化，還導致經濟周期性波動、尋租和腐敗行為泛濫、金融體制改革舉步維艱、地區間發展差距擴大和糧食生產不穩定等問題的產生。而擺脫這種種困境的一個首要前提就是必須認識到經濟體制內部各種制度安排之間以及經濟體制與發展戰略之間的邏輯關係。鑑於在這方面的認識還存在著種種疑惑，我們在修訂的過程中，在第七章和第八章中，花費了較大的篇幅進一步強調了這種觀點。

儘管作為經濟學家，本書的作者並沒有生活在世外桃源，但過去幾年來世界上發生的事件，仍然足以使我們有「洞中才數日，世上已千年」的感慨。在本書的寫作中，我們把中國和亞洲四小龍的發展經驗，以及中國漸進式改革的道路與前蘇聯和東歐國家的改革方式作了比較，提出了中國發展和改革經驗

的一般性。世界銀行在以「從計畫到市場」為主題的《世界發展報告‧1996》中引用了我們這本書，並稱之為「關於社會主義經濟的傑出著作之一」。然而，在很長的時期裏經濟學家都相信，儘管中國經濟改革方式是成功的，但由於中國所具有的特殊條件，這種改革方式不適用於其他國家。不過，那些採取了激進式改革或「休克療法」的國家，經濟困難重重，其中許多國家如俄羅斯不僅迄今不能品嘗到改革的果實，反而遭受了金融危機的進一步傷害，以致越來越多的經濟學家和政策制定人開始對過去的改革道路進行反思。與此同時，對中國成功經驗的興趣也越來越濃厚。

此外，1997年以來東南亞所遭遇的金融危機也發人深思。「物必自腐然後蟲生」，我們認為，東南亞金融危機的發生，歸根結柢根源於這些國家與地區所倡導的經濟發展戰略，以及相應的經濟體制，特別是金融體制中所存在的問題。儘管我們在書中所倡導的比較優勢戰略主要是從日本以及臺灣、香港、韓國和新加坡這亞洲四小龍的發展實踐中總結出來的，但我們也看到了，東亞諸經濟其內部始終隱含著實行趕超戰略的動機。特別是當韓國逐漸步入新興工業化國家的行列，就開始忽視其當前的資源比較優勢，趕超的願望有增無減，從而背離了曾經為其自身經驗所驗證是成功的發展戰略，過度擴張在資金和技術上屬於趕超型的大企業集團，最終在金融風暴中遭受最為慘重的損失。所以，東南亞金融危機的發生，不僅沒有動搖我們對自己理論的信心，反而增強了它的解釋力。這次修訂時，在有關的章節中（如第四章和第八章），我們增加了相應的

內容,以圖對世界經濟和地區經濟中發生的新情況作出解釋。

　　本書是以經濟學的分析方法討論中國的資源結構、發展戰略、經濟體制和經濟改革的問題。為了使本書的分析邏輯更加鮮明,主題更加突出,一系列與一般發展及改革有關的問題,如環境與可持續發展問題、全球化問題、法治化問題、政治體制改革問題等等都未予涉及,希望讀者鑒諒。

目　次

臺灣版序 ……………………………………………… i

增訂版序 ……………………………………………… xxvii

第一章　緒論 …………………………………………… 1

1.1 改革以來的增長與下個世紀的展望 ……………… 3

1.2 長期增長所面臨的政策障礙 ……………………… 19

1.3 本書所要回答的幾個問題 ………………………… 22

第二章　趕超戰略與傳統經濟體制的形成 …………… 27

2.1 邏輯起點：重工業優先增長目標 ………………… 28

2.2 重工業的基本特徵與中國經濟現實 ……………… 35

2.3 推行趕超戰略的宏觀政策環境 …………………… 38

2.4 資源的計畫配置制度 ……………………………… 44

2.5 以國有化和人民公社化為特徵的微觀經營機制 … 51

2.6 三位一體的傳統經濟體制：國際比較 …………… 57

第三章　經濟績效與發展戰略 ………………………… 67

3.1 改革以前的經濟增長 ……………………………… 68

3.2 傳統戰略下的畸形結構 …………………………… 72

3.3 缺乏激勵和效率低下 ……………………………… 82

3.4 步履艱難的趕超：國際透視 ……………………… 89

第四章　比較優勢戰略 ·· 101

4.1 對「東亞奇蹟」的不同解釋 ···················· 102

4.2 可供替代的發展戰略 ···························· 106

4.3 比較優勢戰略與資源稟賦結構的提升 ········ 114

4.4 政府在經濟發展中的作用 ···················· 119

4.5 比較優勢戰略與金融危機 ···················· 127

第五章　經濟改革的歷程 ·································· 137

5.1 1979年前後改革的不同點 ···················· 138

5.2 微觀經營機制的改革 ···························· 140

5.3 資源計畫配置制度改革 ························ 156

5.4 宏觀政策環境的改革 ···························· 169

5.5 「摸著石頭過河」的經濟邏輯 ················ 175

第六章　經濟改革的成就 ·································· 181

6.1 激勵機制與經濟效率的改進 ·················· 182

6.2 產業結構扭曲得以矯正 ························ 188

6.3 關鍵在於發揮比較優勢 ························ 194

第七章　改革與發展中的問題和難點 ·············· 201

7.1 改革和發展的周期性 ···························· 202

7.2 尋租活動與腐敗現象 ···························· 209

7.3 國有企業改革的難點 ···························· 213

7.4 呆帳、壞帳與金融體制弊端 ·················· 219

7.5 區域發展不平衡的加重 ························ 222

7.6 糧食供給潛力問題 ······························ 230

第八章　經濟改革與持續發展的內外部環境 ····· 235

8.1 國有企業改革與經濟體制的整體配套性 ⋯⋯⋯⋯236

8.2 深化改革與防範金融危機 ⋯⋯⋯⋯⋯⋯⋯⋯⋯250

8.3 發揮比較優勢，實現經濟持續增長 ⋯⋯⋯⋯253

第九章　中國改革的道路與經驗 ⋯⋯⋯⋯⋯259

9.1 改革的起步環節和部門推進 ⋯⋯⋯⋯⋯⋯⋯260

9.2 經濟改革的方式及其特徵 ⋯⋯⋯⋯⋯⋯⋯⋯266

9.3 中國改革道路的普遍意義 ⋯⋯⋯⋯⋯⋯⋯⋯276

第十章　全書總結 ⋯⋯⋯⋯⋯⋯⋯⋯⋯⋯287

參考文獻 ⋯⋯⋯⋯⋯⋯⋯⋯⋯⋯⋯⋯⋯⋯295

圖表目次

圖1.1 中國、世界和其他類型經濟的年平均增長率 ················4

圖2.1 中國大陸改革前的工資水平 ····························42

圖2.2 中國傳統經濟體制 ·································57

圖3.1 1981年國內生產總值的部門結構 ····················76

圖3.2 發展戰略與生產效率 ·······························77

圖3.3 兩種計算價格下的生產 ····························83

圖6.1 國有工業、商業的年增長率和占總產值、總零售
額份額的變化 ···································186

圖6.2 主要農作物播種面積的變化 ·······················189

圖7.1 改革以來經濟增長的周期性與通貨膨脹 ··············202

圖7.2 價格管制與尋租 ·································210

圖8.1 內生型通貨膨脹機制 ·······························240

圖8.2 供給彈性與價格效應 ·······························244

圖9.1 激進式改革的效應 ·································270

圖9.2 漸進式改革的效應 ·································271

圖9.3 改革主張的投票模型 ·······························285

表1.1　東歐、波羅的海和獨聯體國家國內生產總值的
　　　　實際增長率 ……………………………………………6

表1.2　東歐、波羅的海和獨聯體國家的通貨膨脹 …………7

表1.3　中國人均國內生產總值的估算 ………………………12

表1.4　世界上經濟總規模最大的10個國家 ………………13

表2.1　統一匯率前後的匯率調整 ……………………………41

表2.2　改革前消費品價格指數比較 …………………………44

表2.3　實行統購統銷前主要農產品產量和銷售量指數 ……50

表2.4　實行不同發展戰略的可貸資金率比較 ………………64

表2.5　實行不同發展戰略的收入分配狀況 …………………65

表3.1　1952-1978年經濟增長基本指標 ……………………69

表3.2　1952-1978年投資結構的變化 ………………………73

表3.3　1952-1978年各部門占國民收入份額的變化 ………74

表3.4　1952-1978年勞動力就業結構變動 …………………75

表3.5　不同收入（GNP）水平上城市化預測值 ……………80

表3.6　城鄉居民消費水平的變化 ……………………………81

表3.7　1952-1978年對外貿易變動 …………………………82

表3.8　單位國內生產總值材料消耗率的國際比較
　　　　（1980年美元）………………………………………87

表3.9　流動資金占資產總量份額的國際比較（％）………87

表3.10　總要素生產率增長的國際比較 ……………………88

表3.11　中印兩國產值結構（％）……………………………95

表3.12　中印兩國農業總產值的增長指數（1950-1951為100）·95

表3.13　1980年中印兩國的就業結構（％）………………96

表4.1　日本和四小龍的關鍵產業與發展階段 ……………………108

表5.1　中國改革以前分權、收權周期 ………………………………139

表5.2　國債發行規模及占政府財政支出的份額 …………………166

表5.3　1990年代以來中國大陸股票市場發展情況 ………………167

表5.4　價格控制方式的變化 …………………………………………170

表6.1　產出增長率和總要素生產率 ………………………………184

表6.2　工業產值結構的變化 …………………………………………185

表6.3　社會商品零售總額結構的變化 ……………………………185

表6.4　中國經濟的對外貿易依存度的變化 ………………………192

表6.5　全社會固定資產投資來源的變化 …………………………193

表6.6　全社會固定資產投資結構的變化 …………………………194

表6.7　中國經濟增長率的分析 ……………………………………196

表7.1　城市、農村人均收入與消費基尼係數變化 ………………225

表7.2　東部、中部、西部地區內部及之間人均收入差距
　　　貢獻率 …………………………………………………………226

表7.3　城鎮、農村內部及之間人均收入差距貢獻率 ……………227

表7.4　利用1992年分縣資料計算的基尼係數 ……………………229

表7.5　人均每日營養水平及來源 …………………………………231

表7.6　不同價格形成機制在農產品收購總額中的比重 …………233

第一章

緒論

在前現代時期，技術發明和科學發現依賴於工匠、農夫的經驗和思維敏捷的天才對自然的觀察。中國因人口眾多而擁有更多的能工巧匠、耕織能手和智慧過人的天才，因而在推動科學技術進步方面具有比較優勢，一度在科學發現、技術創新、生產率提高、工業化程度和財富創造等方面占據領先地位，成為世界上最強盛的經濟。一直到二、三百年前，與中國相比，「西方國家基本上是一個貧窮落後的農業經濟」[1]。

隨著世界歷史向現代時期演進，科學發現和技術發明的基本方式逐漸改變，進入借助於科學實驗獲得的階段。中國依靠人口眾多體現出來的推動科技進步的比較優勢就喪失掉了。而中國科舉制度中的以君君臣臣的道德規範為目標的課程設置及其激勵結構，又阻礙了中國累積起發動一場科學革命所必需的人力資本，因而這個曾經極度輝煌過的古老國家，在近代科學革命的歷程中變得無聲無息，對於科學革命所帶來的快速發展

1　Carlo M. Cipolla, *Before the Industrial Revolution: European Society and Economy, 1000-1700* , 2nd ed.（New York: Norton, 1980）, p. 171.

的機會也失之交臂[2]。其結果是，西方世界得益於科學革命的成果，實現了經濟起飛，最終完成了經濟現代化，而中國這個文明古國卻由盛到衰，大大落後於西方國家。

進入本世紀後，推動經濟發展所必需的科學、技術要素不再要求一定由每個發展經濟的國家獨立創造出來，後起的發展中國家可以通過學習和技術轉讓，利用他人創造出來的成果來發展經濟體，從而爲每一個經濟的發展提供了新的機會。從1950年代起中國開始加快工業化建設的步伐，並試圖通過一系列政治運動來迅速實現經濟現代化的目標。然而，經濟發展仍不盡如人意，不僅沒能趕上發達國家，反而拉大了差距。例如，1950年，中國的國內生產總值尚爲日本的兩倍有餘，而1980年僅僅約爲日本的90%[3]。

1970年代末中國開始了一場從農村到城市的全面經濟改革，並取得了世人矚目的成效。從1978年以來的20年間，國內生產總值平均每年增長9.8%。是中華人民共和國成立以來發展最快的時期，也成爲世界上增長最快的經濟。同期，人均國內生產總值平均每年增長8.4%，達到創造「東亞奇蹟」的亞洲四小龍在快速發展時期的增長速度。特別是在面積和人口分別爲

<hr>

2 林毅夫，〈李約瑟之謎：工業革命為什麼沒有發源於中國〉，《制度、技術與中國農業發展》(上海：上海三聯書店，1992)，頁244-273。或見Justin Yifu Lin, "The Needham Puzzle: Why the Industrial Revolution Did Not Originate in China ," *Economic Development and Cultural Change*, Vol.43, No.2(January, 1995) pp.269-292.

3 Angus Maddison, *Monitoring the World Economy, 1820-1992* (Paris: OECD, 1995), pp. 183,191.

亞洲「四小龍」5倍和4倍的沿海5個省份，連續保持高達12%的經濟增長速度，超過了亞洲「四小龍」最快速發展時期的增長速度，創造了人類經濟增長歷史上前所未有的奇蹟。可以預計，如果中國經濟增長賴以支撐的條件能夠持續不變或進一步改善，不久的將來中國經濟總規模將超過美國和日本，成為世界上最大的經濟體。中國是占世界人口2/3的發展中國家的一員，又是一個處於經濟改革實踐中的國家，她的經濟從計畫向市場過渡和發展成功，並將成為世界上唯一的一個經歷了由盛到衰，再由衰到盛的大國的可能性，不能不引起世界範圍的關注和學術上的好奇。本書的目的就是試圖從經濟學的角度，分析和考察中國上述奇蹟產生的原因，並由此得出中國進一步改革的方向，以及對於其他處於同樣發展和改革過程中國家的借鑒意義。

1.1 改革以來的增長與下個世紀的展望

1970年代末，中國開始對高度集中和低效率的經濟體制進行改革。第一步是在農村實行家庭承包制；對國有企業實行以放權讓利為主要內容的各種改革，並允許非公有制經濟合法存在。在對高度集中的計畫配置制度進行改革的同時，逐漸調整或部分放開了對產品和生產要素價格的控制。對外則實行開放政策，引進外資、擴大貿易，允許外商在中國直接投資，建立獨資或合資企業。經過十幾年的改革，提高了經濟效率，調整了經濟結構，把一個典型的中央計畫經濟轉變為市場在資源配置上發揮主要作用的經濟，使中國成為世界上發展最快、增長

最有活力的經濟體之一。

　　根據世界銀行《世界發展報告(1997)》中公布的有關數據計算：1980-1995年期間，中國的國內生產總值和人均國民生產總值的年均增長率分別為11.1%和8.2%，在世界經濟中獨領風騷。比同期世界年均增長率高6.5個百分點，比發達國家高7.3個百分點，比發展中國家高4.8個百分點，比同期的新加坡、韓國、中國臺灣省、馬來西亞和印度尼西亞高出1.9-3.5個百分點。農業、工業和服務業的年均增長率分別為5.4%、13.4%和12.4%，都顯著地高於發展中國家、發達經濟和世界的平均水平。從圖1.1可以看出，上述這幾個重要的經濟指標，中國少則比它們高出1倍左右，多則高出2倍以上 [4]。

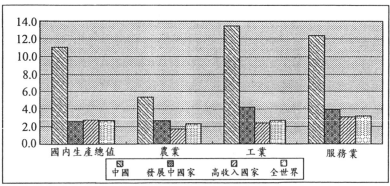

資料來源：世界銀行《世界發展報告(1997)》（北京：中國財政經濟出版社，1997），頁234-235。

圖1.1　中國、世界和其他類型經濟的年平均增長率(1980-1995)

---

4 世界銀行，《世界發展報告(1997)》（北京：中國財政經濟出版社，1995），頁234-235。

　　與改革後經濟近乎崩潰的前蘇聯、東歐相比，中國經濟增長的績效表現更爲突出，差異更加顯著。從表1.1和表1.2中可見，最近10年(1988-1998)前蘇聯和東歐國家面臨的大多是經濟負增長和高通貨膨脹率並存的增長格局。事實上，就這些國家中的絕大多數來說，1998年的真實國內生產總值尚未恢復到1989年的水平。

　　改革前後的中國經濟增長發生了很大的變化。1978-1997年，國內生產總值由3624億元增加到74772億元，人均國內生產總值由379元增加到6079元，按可比價格計算，平均每年分別增長9.81％和8.36％；比1952-1977年間的國民收入總額和人均國民收入年均增長率(5.74％、3.60％)[5]分別高出71％和132％。同期，第一產業、第二產業和第三產業的年平均增長率爲5.03％、11.87％和10.62％，比1952-1977年間農業、工業和服務業[6]的年平均增長率(1.77％、10.81％、4.45％)分別提高了184％、10％和139％[7]。1978-1997年，對外貿易增長得更爲迅速，

5　中國國民經濟統計中的國民生產總值指標序列始於1978年，因而無法用該指標進行改革前後經濟增長的比較；在社會總產值、工農業總產值和國民收入三個可替代的指標中，社會總產值有重複計算的問題，工農業總產值除存在重複計算問題外，還有忽略建築業、運輸業和商業的問題，國民收入雖有忽略折舊的問題，但相比較而言，它與國民生產總值最爲接近，故選擇了國民收入指標。

6　中國國民經濟統計中的三次產業統計始於1978年，鑒於無法按三次產業進行改革前後經濟增長的比較，選擇最爲接近的農業、工業、服務業加以替代。

7　國家統計局編，《中國統計年鑑(1998)》(北京：中國統計出版社，1998)，頁57。

表1.1　東歐、波羅的海和獨聯體國家國內生產總值的實際增長率

國別	1988	1989	1990	1991	1992	1993	1994	1995	1996	1997	1998	估計	預測
合計				-11.0	-9.5	-4.7	-5.4	-0.1	-0.2	2.0	-1.0	73	72
東歐及波羅的海國家				-11.0	-3.8	0.4	3.9	5.5	4.0	3.6	3.1	96	99
阿爾巴尼亞				-30.0	-7.2	9.6	9.4	8.9	9.1	-7.0	10.0	80	88
保加利亞	2.5	-1.9	-9.1	-12.0	-7.3	-1.5	1.8	2.1	-10.9	-6.9	4.0	63	66
克羅地亞				-29.0	-11.7	-8.0	5.9	6.8	6.0	6.5	4.8	76	80
捷克	2.5	1.4	-0.4	-14.0	-3.3	0.6	3.2	6.4	3.9	1.0	-0.5	98	98
愛沙尼亞				-13.0	-14.2	-9.0	-2.0	4.3	4.0	11.4	5.0	73	77
馬其頓				-11.0	-21.1	-9.1	-1.8	-1.2	0.8	1.5	5.0	56	59
匈牙利	-0.1	-0.2	-4.0	-12.0	-3.1	-0.6	2.9	1.5	1.3	4.4	4.6	90	95
拉脫維亞				-8.0	-34.9	-14.9	0.6	-0.8	3.3	6.5	4.0	56	58
立陶宛				-13.0	-21.3	-16.2	-9.8	3.3	4.7	5.7	3.0	61	63
波蘭	4.0	0.2	-11.6	-7.0	2.6	3.8	5.2	7.0	6.1	6.9	5.2	112	118
羅馬尼亞	1.4	-6.9	-7.4	-14.0	-8.7	1.5	3.9	7.1	4.1	-6.6	-5.2	82	78
斯洛伐克	2.5	1.4	-0.4	-16.0	-6.5	-3.7	4.9	6.9	6.6	6.5	5.0	95	100
斯洛文尼亞				-9.0	-5.5	2.8	5.3	4.1	3.1	3.8	4.0	99	103
獨聯體國家				-11.0	-14.2	-8.9	-13.1	-4.6	-3.4	0.9	-3.6	57	55
亞美尼亞				-12.0	-52.6	-14.8	5.4	6.9	5.8	3.1	6.0	38	40
阿塞拜疆				-2.0	-22.6	-23.1	-19.7	-11.8	1.3	5.8	6.7	40	42
白俄羅斯				-3.0	-9.6	-7.6	-12.6	-10.4	2.8	10.4	5.0	71	75
格魯吉亞				-25.0	-44.8	-25.4	-11.4	2.4	10.5	11.0	9.0	32	35
哈薩克斯坦				-8.0	-2.9	-9.2	-12.6	-8.2	0.5	2.0	1.0	63	63
吉爾吉斯斯坦				-5.0	-19.0	-16.0	-20.0	-5.4	7.1	6.5	4.0	57	60
摩爾多瓦				-12.0	-29.1	-1.2	-31.2	-3.0	-8.0	1.3	-2.0	35	34
俄羅斯	4.5	1.9	-3.6	-11.0	-14.5	-8.7	-12.7	-4.1	-3.5	0.8	-5.0	58	55
塔吉克斯坦				-9.0	-29.0	-11.0	-18.9	-12.5	-4.4	1.7	3.4	40	41
土庫曼斯坦				-7.0	-5.3	-10.0	-18.8	-8.2	-8.0	-26.0	5.0	42	44
烏克蘭	2.3	4.1	-3.4	-14.0	-13.7	-14.2	-23.0	-12.2	-10.0	-3.2	0.0	37	37
烏茲別克斯坦				-1.0	-11.1	-2.3	-4.2	-0.9	1.6	2.4	2.0	87	88

註：1. 估計是以1989年為100，1997年真實國內生產總值水平。
　　2. 預測是以1989年為100，1998年真實國內生產總值的水平。

資料來源：*Economics of Transition*, vol.1, no.3(1993), pp. 370-378;
　　　　　Economics of Transition, vol. 6, no. 2(1998), p. 545.

表1.2 東歐、波羅的海和獨聯體國家的通貨膨脹

國　　　　別	1988	1989	1990	1991	1992	1993	1994	1995	1996	1997
阿爾巴尼亞				36.0	236.6	30.9	15.8	6.0	17.4	42.1
保加利亞	2.2	10.0	640	334.0	79.4	63.8	121.9	32.1	310.8	578.5
克羅地亞				123.0	938.2	1149.0	-3.0	3.5	3.4	3.8
捷克	0.2	2.3	10.8	57.0	12.7	18.2	9.7	7.9	8.6	10.0
愛沙尼亞				212.0	953.5	35.6	42.0	29.0	15.0	12.0
馬其頓				115.0	1925.2	229.6	55.4	9.0	-0.6	2.6
匈牙利	16.1	17.0	28.9	91.0	21.6	21.1	21.2	28.3	19.8	18.4
拉脫維亞				172.0	959.0	35.0	26.0	23.1	13.1	7.0
立陶宛				225.0	1161.1	188.8	45.0	35.5	13.1	8.5
波蘭	60.2	251.1	585.7	70.0	44.3	37.6	29.4	21.6	18.5	13.2
羅馬尼亞	2.6	0.9	7.4	161.0	199.2	295.5	61.7	27.8	56.9	151.4
斯洛伐克	0.2	2.3	10.8	61.0	9.1	25.1	11.7	7.2	5.4	6.4
斯洛文尼亞				115.0	92.9	22.8	19.5	9.0	9.0	8.8
東歐及波羅的海國家										
中　位　數					199.2	35.6	26.0	21.6	13.1	10.0
平　均　數				85.0	510.2	165.6	35.1	18.5	37.7	66.4
亞美尼亞				100.0	na	10896.0	1885.0	31.9	5.8	21.8
阿塞拜疆				138.0	1395.0	1293.8	1788.0	84.5	6.5	0.4
白俄羅斯				80.0	1159.0	1996.0	1960.0	244.0	39.0	63.0
格魯吉亞				81.0	1176.9	7487.9	6474.4	57.4	14.3	7.1
哈薩克斯坦				91.0	2984.1	2169.0	1160.0	60.4	28.6	11.3
吉爾吉斯斯坦				85.0	1259.0	1363.0	95.7	31.9	35.0	14.7
摩爾多瓦				98.0	2198.0	837.0	116.0	213.8	15.1	11.2
俄羅斯		2.0	5.6	93.0	2506.1	840.0	204.4	128.6	21.8	10.9
塔吉克斯坦				103.0	1364.0	7344.0	1.1	2133.0	40.5	163.6
土庫曼斯坦				90.0	644.0	9750.0	1328.0	1262.0	446.0	21.5
烏克蘭	0.3	2.2	4.2	91.0	2730.0	10155.0	401.0	182.0	39.7	10.1
烏茲別克斯坦				82.0	910.0	885.0	1281.0	117.0	64.0	50.0
獨聯體國家										
中　位　數					1364.0	2082.5	1220.5	100.8	31.8	13.0
平　均　數				101.0	1666.0	4584.7	1391.2	363.0	63.0	32.1

註：1. 1997年估計數。

資料來源：*Economics of Transition*, vol.1, no.3（1993）, pp. 370-378;
Economics of Transition, vol. 6, no. 2（1998）, p. 545.

進出口總額由206.4億美元增加到3250.6億美元，年均增長15.6％，其中出口總額由97.5億美元增加到1827.0億美元，年均增長16.7.％，進口總額由108.9億美元增加到1423.6億美元，年均增長14.5％[8]，雙雙超過了國民生產總值年均增長率，它標誌著中國經濟正朝國際經濟一體化的方向邁進。

在經濟快速增長的同時，城鄉居民收入成倍增長。農村居民純收入由1978年的133.6元提高到1997年的2090元，城鎮居民家庭人均可支配收入由343.5元增加到5160元，扣除價格上漲因素，年均增長8.1％和6.2％，分別比改革開放前的26年高5.6和5.1個百分點。在城鄉居民收入總額中，金融資產性收入比重逐漸提高。1997年底城鄉居民儲蓄存款餘額達46280億元，比1978年的211億元增長218倍，年均遞增32.8％，僅此一項，利息就達2000多億元。

此外，城鄉居民還擁有400多億美元的外幣存款，4000多億元的各種債券，2500多億元股票，1000多億元的內部職工股票，以及8000億元的現金，金融資產總額超過6萬億元[9]。

人民的生活水平也有大幅度的提高，生活質量明顯改善。居民消費水平由1978年的184元增加到1997年的2677元，按可比價格計算，平均每年增長7.7％，是1952～1977年間年均增長率

---

8 國家統計局編，《中國統計年鑑（1995）》(北京：中國統計出版社，1995)，頁620。

9 國家統計局編，《成就輝煌的20年》(北京：中國統計出版社，1998)，頁15。

（2.2％）的3.5倍[10]。消費結構也發生了變化，城市和鄉村居民的恩格爾系數（食品消費支出占生活消費支出的比重），分別由1978年的57.5％、67.7％下降到1997年的46.4％和55.1％，各下降了11.1個百分點和12.6個百分點。

作一些歷史的對比更有說服力。在1952～1978年期間，主要食品中的糧食、食用油人均消費量不僅沒有上升，而且有所下降，家禽的人均消費量基本上沒有變化，肉類、鮮蛋、水產品人均消費量的增長率在100％以內，絕對增長量不足或略高於1千克；只有基數很小的食糖和酒人均消費量的增長率分別達到276％、125％，絕對增加量爲2.5千克和1.4千克。在1978～1992年間，除人均糧食消費量受糧食需求的收入彈性低的影響而增長較慢外，其他主要食品都增長得非常快，少則翻了一番，多則超過了兩番。衛生部門的調查與統計資料表明，目前中國的平均營養水平已達到中等收入國家的水平。

耐用消費品不僅數量上快速增長，而且結構發生了顯著變化。統計部門所做的家計調查表明，1970年代的耐用消費品以100元左右的手表、自行車、縫紉機、收音機爲主；1980年代的耐用消費品以1000元左右的電視機、冰箱、洗衣機、照相機爲主，進入1990年代以後，耐用消費品已開始以5000元左右的空調、電話、錄相機、攝相機和萬元左右的電腦爲主，最近幾年，10萬元以上的公寓住宅、小汽車也開始進入居民家庭。

最近20年的經濟快速增長和具有繼續快速增長的能力與內

10 國家統計局編，《成就輝煌的20年》(北京：中國統計出版社，1998年)，頁15。

外部條件，爲中國再次成爲世界上最強盛的經濟體之一帶來了希望。事實上，中國發展態勢的明顯好轉已使具有戰略眼光的國外經濟學家發現：中國這頭沉睡了數百年的「雄獅」正在覺醒，並有可能在下世紀初葉再次成爲世界上最大的經濟體[11]。中國這頭沉睡了數百年的「雄獅」是否真正覺醒，並創造出從人類文明的頂峰跌入谷底之後，又從谷底升至頂峰的奇蹟呢？對此，需要作一個簡單的預測和分析。

1997年，中國國內生產總值7兆4772.4億元，若按當年人民幣對美元的平均匯率計算，爲9020億美元，位於美國（7兆8193億美元）、日本（4兆2234億美元）、德國（2兆1154億美元）、法國（13938億美元）、英國（1兆2784億美元）和意大利（1兆1462億美元）之後，據世界第7位。

改革以來，中國數次大幅度地下調匯率，人民幣與美元的比價已由1978年的1.7：1下降到1997年的8.28：1，這一變化對按官方匯率計算的國內生產總值的增長產生了很大的影響。而且一個經濟中有許多產品和服務是非貿易品，其價格在發達國家和發展中國家差異懸殊，也會使按官方匯率計算的發展中國家的經濟規模趨於偏低。一些從事國際經濟比較研究的經濟學家認爲，中國目前實際達到的經濟總規模大大超過了按官方匯率計算的總規模，並對中國實際達到的經濟總規模作了新的估算。

例如，國際貨幣基金組織的經濟學家採用購買力平價方法，計算出1992年中國國內生產總值爲1兆7000億美元，相當於

---

11 "When China Wakes, A Survey of China", *The Economist*, November 28th 1992.

按官方匯率計算的同年國內生產總值的4.7倍 [12]；而世界銀行按購買力平價方法所作出的估算是，1993年中國國民生產總值爲2兆7404.40億美元，相當於按官方匯率計算的總規模的4.8倍[13]。澳大利亞經濟學家鄱若素等利用「在生活消費習性相同的經濟類型中，相同的生活消費水平意味著具有相同的人均國民生產總值」這一假說，就中國大陸和其他生活消費習性相同的東亞國家和地區，尤其是臺灣、香港、新加坡等華人社區作了全面的比較，在此基礎上推算出中國目前實際達到的國內生產總值約爲按官方匯率計算的國內生產總值的3倍[14]。

使用購買力平價法，存在著因選擇的樣本、依據的資料和估算的方法不同，得出的數值各不相同的問題，但畢竟有相同的結論，即用匯率估算的國內生產總值低估了實際購買力（參見表1.3）。從表1.3可以看出，按照赫斯頓‧薩默斯和克拉維斯的估計，用購買力平價估算的國內生產總值是匯率換算法的7～8倍左右，蘭德公司和國際貨幣基金組織的估計在2～3倍左右，而世界銀行和北京航空航天大學任若恩的估計在4倍左右，介於它們之間。基於此，我們選用世界銀行的有關數據再作進一步的分析。

---

12 胡祖六，〈走向富強──國際上怎樣評估中國的經濟地位〉，《經濟研究資料》，1993年第21期。

13 世界銀行，《世界發展報告（1995）》（北京：中國財政經濟出版社，1995），頁162、220。

14 Garnaut, Ross and Guonan Ma, "Grain in China"(Canberra: East Asia Analytical Unit, Department of Foreign Affairs and Trade).

表1.3 中國人均國內生產總值的估算

(單位：美元)

	折算年份	匯率換算法	購買力平價	購買力平價／匯率換算法
赫斯頓・薩默斯	1986	300	2444	8.15
克拉維斯	1988	330	2472	7.49
蘭德公司	1990	370	1031	2.79
勞倫斯・薩默斯	1990	370	2140	5.78
北京航空航天大學	1991	370	1680	4.54
國際貨幣基金組織	1992	470	1600	3.40
世界銀行	1993	485	2120	4.37
澳大利亞外交部	1994	530	1500-2500	2.83-4.72
世界銀行	1995	620	2920	4.71

資料來源：鄭京平，〈中國人均GDP到底為多少美元〉，《經濟學消息報》1996年9月13日；世界銀行，《世界發展報告》(北京：中國財政經濟出版社)，1990-1997年各卷；Wu, "Measuring China's GDP"(EAAU Briefing Paper Number 8, Department of Foreign Affairs and Trade of Australia, 1997).

　　從表1.4可以看出，1991年，按照匯率換算法，中國大陸的經濟總規模位於世界第10位，而按照購買力平價法，則位於第3位；1995年，這兩個指標分別為第7位和第2位。最近2年，中國大陸的經濟增長率顯著高於位於前10位的其他國家，這種上升趨勢沒有改變。如果這種趨勢繼續保持下去，中國就有可能成為世界上總規模最大的經濟體。這種趨勢要保持多長的時間，即中國大概在什麼時候會成為世界上總規模最大的經濟呢？這顯然是一個十分有意思的問題。

表1.4 世界上經濟總規模最大的10個國家

1991年						
匯率折算法(1)			購買力平價折算法(2)			差 異
位次	國 別	GNP	位次	國 別	GNP	(2)/(1)
1	美 國	56,100	1	美 國	56,100	1.00
2	日 本	33,600	2	日 本	23,700	0.71
3	德 國	15,700	3	中 國	16,600	3.86
4	法 國	12,000	4	德 國	12,500	0.80
5	義大利	11,500	5	法 國	10,400	0.87
6	英 國	10,100	6	印 度	10,000	
7	加拿大	5,800	7	義大利	9,800	0.85
8	西班牙	5,300	8	英 國	9,000	0.89
9	巴 西	4,500	9	巴 西	7,900	1.76
10	中 國	4,300	10	墨西哥	6,000	
1995年						
匯率折算法(1)			購買力平價折算法(2)			差 異
位次	國 別	GNP	位次	國 別	GNP	(2)/(1)
1	美 國	70,984	1	美 國	70,984	1.00
2	日 本	49,629	2	中 國	35,046	4.71
3	德 國	22,531	3	日 本	27,682	0.56
4	法 國	14,519	4	德 國	16,437	0.73
5	英 國	10,940	5	印 度	13,012	
6	義大利	10,879	6	法 國	12,218	0.84
7	中 國	7,441	7	義大利	11,366	1.04
8	巴 西	5,795	8	英 國	11,267	1.03
9	加拿大	5,736	9	巴 西	8,597	1.48
10	西班牙	5,323	10	印 尼	7,345	

資料來源：李京文主編，《走向21世紀的中國經濟》（北京：經濟管理出
　　　版社，1995），頁48；世界銀行，《世界發展報告(1997)》（北
　　　京：中國財政經濟出版社，1997），頁214-215。

　　如果中國經濟可以在未來一段相當長的時間裡維持自1978年底開始改革開放以來所達到的增長速度，中國將可以如國內外許多學者所預期的那樣，在下個世紀成為全世界最大的經濟體。

　　如果中國面對國內外經濟環境的制約，能夠繼續推進其未竟的改革目標，經濟完全有可能再保持20～30年的快速增長。

　　一般來說，一國經濟增長的速度主要決定於以下三個因素：(1)各種生產因素要素(尤其是資本)的增加。(2)生產結構從低附加值的產業向高附加值的產業的升級。(3)技術的進步。在這三個因素中，最重要的是技術進步。在各種生產要素中，一個經濟體擁有的自然資源的量可以看作是給定的，各個經濟之間勞動力的增加差別則不大，差異較大的是資本積累的速度。而資本積累和產業結構的升級則受到技術變遷的速度的制約。如果技術不進步，資本不斷積累必然會出現邊際報酬遞減的情形，積累意願就會下降。同樣，一個經濟體如果沒有技術的升級，也就不會有產業結構的升級。

　　中國經濟能夠繼續保持高速度增長的判斷，首先在於其所具有的很高的資本積累率。這種高資本積累率能為經濟快速發展提供有力的支持。根據一般經驗，技術結構的改進是和資金密集度提高聯繫在一起的，即持續的技術進步從而快速的經濟增長，要有相對充裕的資金積累作保證。中國是少數能保持較大數額的資金積累的經濟。改革以來，中國的經濟流量越來越大，而且資本的年積累率高達GDP的40％左右，中國所具有的這一特徵將會對經濟保持快速增長產生顯著的作用。

　　其次是產業結構升級特別是伴隨著這個過程而發生勞動力

轉移，能爲經濟快速增長提供有力的支持。隨著人均收入水平的提高，勞動力從第一產業向第二和第三產業轉移，是一個基本的規律。由於長期推行重工業優先發展戰略，中國勞動力資源的配置嚴重地受到扭曲，目前70％的勞動力仍集中在附加價值低的農業部門。隨著中國經濟的進一步發展，以及勞動力市場的發育和其他制度環境的改善，勞動力將會在市場機制的誘導下從低附加價值部門轉移到高附加價值部門，並對經濟增長作出重要的貢獻。由於總體發展水平較低和地區間發展差異很大，勞動力從邊際生產力低的農業部門轉移到邊際生產力高的非農部門的過程至少可以持續幾十年，從而將會對中國經濟保持快速增長作出積極的貢獻。

　　第三來自所謂技術進步的「後發優勢」。技術進步有兩種實現方式：(1)自己投資進行研究和開發；(2)向其他國家學習、模仿，或者說花錢購買先進技術以實現本國的技術進步。最前端的技術開發研究的特點是成功率很低，一般而言，95％的科研投資沒有取得任何成果，而在取得成果的技術中也僅有一小部分具有商業價值，因此開發尖端新技術的投入很大而失敗的概率很高；相對而言，模仿和購買技術所需的成本就要低得多。發達國家由於處於技術的最前沿，因此必須通過自己從事研究和開發新的尖端才能實現技術進步，因而這些國家實現技術進步的成本高，總體的進步慢；而象中國這樣的一個發展中國家，由於同發達國家在技術上存在著很大的差距，因此在選擇技術進步的實現方式上具有後進優勢，可以採用模仿、購買等方式來實現技術進步。許多研究證明，就是用買專利的方式，其成

本也只是原來開發成本的三分之一左右，更何況，購買的技術一定是已經證明是成功的、有商業價值的技術。

　　日本經濟從1950年代開始到1980年代維持了將近40年的快速增長，亞洲四小龍的經濟從1960年代開始直到最近也維持了將近40年的快速增長，這些快速增長被認爲是奇蹟，他們依靠的就是和發達國家的技術差距，並以引進技術來實現技術快速的進步和經濟快速的轉型和增長。

　　中國經濟從1978年底進行改革開放開始，才走上和日本及亞洲四小龍同樣的以引進技術爲主導的快速增長的道路。在1978年時中國的技術水平與發達國家的差距遠大於日本於1950年代以及亞洲四小龍於1960年代與發達國家的技術水平的差距。如果利用同發達國家的技術差距能使日本和亞洲四小龍維持了近40年的快速增長，那麼單單利用這個技術差距，中國經濟應該就有可能維持近50年的快速增長。而且，即使到了1990年代，中國從事低附加值的農業人口仍比1950年代的日本和1960年代的亞洲四小龍多，資源從低附加值的產業向高附加值的產業轉移的潛力很大；同時，中國的資本積累率每年高達GDP的40％左右，爲全世界最高的國家之一。這些因素表明，中國發展的潛力大，至少可以有50年的快速增長。從1978年底的改革到現在才20年，因此，中國應該有可能再維持30年左右的快速增長。

　　除了上述支持中國經濟持續高速度增長的因素之外，還有另外兩個因素爲這個增長提供了潛力和保障。

　　第一，改進制度效率的潛力還很大。中國自實行漸進性的

改革開放政策以來，已經取得了舉世矚目的成就，但改革的任務進而經濟轉型的任務至今還沒有完成，通過深化改革，使資源配置效率向生產可能性曲線靠近，將被傳統體制壓抑的生產力釋放出來，還有相當大的潛力。雖然制度改進的作用是一次性的，但意義非常重大。改革初期從改進農業資源配置制度入手，將被人民公社制度壓抑的生產力釋放出來，使農業生產效率向生產可能性曲線靠近，一舉解決了農產品供不應求的局面；可以相信，從創造公平競爭的市場體系入手深化國有企業改革，也將有力地促進生產效率向可能性曲線靠近，將被傳統體制壓抑的生產力釋放出來。

第二，大國優勢也是中國能夠將快速增長繼續維持下去的重要保證。一般來說，經濟規模小的國家或地區，內部的差異相對較小，縮小內部技術結構差異所需的時間相對短一些；大國則不然，由於內部差異非常大，縮小內部技術結構差異所需的時間會很長。中國是一個大國，地區間的發展差距很大，縮小技術結構差距的努力首先是在東部沿海地區展開的，並對中國最近20年的快速增長作出了非常大的貢獻；但東部的技術結構與發達國家相比還存在很大的差距，利用技術結構差異的潛力還很大。中西部地區的技術結構不僅同發達國家相比差距極大，同我國東部相比差距也很大，所以增長的潛力也更大。在一個經濟的內部，技術轉移的成本會更低一些，對經濟增長的貢獻則會更大一些。

中國人口眾多在推動科學技術進步方面的比較優勢，曾因沒有跟上科學發現和技術發明進入借助於科學實驗獲得的階段

的歷史步伐而喪失掉了。最近20年，中國的正式教育和非正式教育發展得都非常快，同發達國家的差距正在逐步縮小。在這種情形下，人口總量大，不僅能工巧匠的絕對數量多，有天份的科學家的絕對數量也會多；科學家越多，科學家群體的結構優勢越強；經濟規模越大，科學家個人能力的輻射範圍越大，開展技術創新進而推動經濟發展的條件越好。這種大國優勢，或許是在四大文明古國中，由衰至興的奇蹟率先發生在中國的重要原因。

事實上，許多學者和研究機構已經對中國經濟總量的預測做了研究。例如，據美國蘭德公司的預測，到2010年，中國國內生產總值將達到8億美元，超過美國和日本。澳大利亞外交與外貿部的估計是，到2015年前後，中國經濟總量超過美國，成為世界上最大的經濟體。研究長期經濟發展的著名學者麥迪遜所作估計與此相近。世界銀行的經濟學家估計，如果中國保持當前的發展速度，到2020年，如果美國的國內生產總值是109個單位，日本是43個單位的話，中國的國內生產總值將達到140個單位[15]。即使我們使用匯率法作最保守的估計，即如果中國、美國和日本的經濟增長率分別保持1980～1995年期間的平均水平，即9.6%、4.0%和2.7%[16]，中國的經濟總規模將會在2035年

---

15 Harry X. Wu, "Measuring China's GDP"(EAAU Briefing Paper Number 8, Department of Foreign Affairs and Trade of Australia, 1997), p. 25; 徐滇慶，《世界格局與中國經濟發展策略——世紀之交的理論思考》(北京：經濟科學出版社，1998)，頁26-27：Angus Maddison, *Chinese Economy: Performance in the Long Run*(Paris: OECD, 1998).

16 世界銀行，《世界發展報告(1995)》(北京：中國財政經濟出版社，1995)，頁164-167。

前後超過美國和日本，成為世界上最大的經濟體。一言以敝之，如果中國經濟能夠保持持續的快速增長，就能夠在21世紀上半葉成為世界上最大的經濟體[17]。

1.2 長期增長所面臨的政策障礙

在當今世界的整個經濟格局中，中國經濟連續20年以接近10％的速度超高速增長，可謂「一枝獨秀」。如果中國能夠保持50年的快速發展，在下個世紀前期達到中等發達國家水平的目標就能夠實現。誠然，要把中國經濟保持長達半個世紀的快速增長的可能性成為現實，從而使中國在21世紀上半葉成為世界上最大的經濟體，完成一個人類歷史上由盛變衰，再由衰至盛的奇蹟，是有很大的難度的。無論體制轉型上的延誤還是發展政策上的失誤，都有可能使這種可能性的實現延緩或成為泡影。特別是改革20年來，雖然國民經濟增長十分迅速，但在這種快速增長過程中也出現了一系列令人深感憂慮的問題。

---

17 這一預測同前世界銀行副總裁兼首席經濟學家勞倫斯‧薩莫斯教授的估計是一致的。薩莫斯曾經預言，如果中美兩國各自維持過去14年的增長趨勢，即保持兩國增長速度差不變，那麼到2015年，中國將超越美國，成為世界最大的經濟體。薩莫斯還認為，中國是唯一有潛力超過美國的國家(轉引自胡祖六，〈走向富強——國際上怎樣評估中國的經濟地位〉，《經濟研究資料》，1993年第21期)。著名國際經濟學家保羅‧克魯格曼在備受各矚目的《亞洲奇蹟的神話》一文中，認為東亞的奇蹟是紙老虎，但他同時也認為中國是唯一有潛力超過美國的國家(Paul Krugman, "The Myth of Asia's Miracle", *Foreign Affairs*, vol. 73, no. 6, November/December, 1994).

1. 經濟的周期波動。從1978年底的改革開放以來，中國經濟的年平均增長速度很高，但年際間的增長差異也很大，年增長率有時高達13%～14%，有時只有3%～4%。最近20年已經歷了4個周期，平均每4～5年就有一個。如果周期波動是平穩的或是收斂的，其負面影響也許還可忍受。不幸的是，這種周期波動有幅度加大的趨勢，它不僅會傷害穩定高速的經濟增長，而且使人產生國民經濟將在周期波動中突然崩潰的擔心。如果經濟發生崩潰，中國到下個世紀中葉前成為全世界最大經濟體的預期當然是不可能實現的。

2. 腐敗現象不斷滋生。最近20年，市場在資源配置方面的作用越來越大，但到目前為止，政府仍掌握或控制著相當一部分資源(包括資金、許可證等)的配置權或定價權。政府價格與市場價格之間的價差，就是制度租金。靠各種手段追逐制度租金的活動就是「尋租」(Rent Seeking)行為。對於政府官員來說，由於這種職能是其隱性收入的來源，所以決不會輕易放棄這種權力，他們會利用各種機會強調這種職能的重要性，甚至把它稱為社會主義市場經濟的特色。對於企業來說，隨著改革的不斷深化，會越來越重視通過市場競爭得到資源，但只要存在著制度租金，它們就不會放棄對制度租金的追逐。近年來，中國經濟中企業的尋租動機越來越強烈，尋租手段越來越不正當，造成了腐敗現象，腐蝕了那些掌有資源配置權力的政府官員，敗壞了改革的聲譽，引起了居民的廣泛不滿。

3. 銀行體系的弊病。據估計，中國各商業銀行目前的呆、壞帳比例在20%～25%之間，同發生金融危機的泰國、馬來西

亞、印尼、韓國的銀行呆、壞帳相比，有過之而無不及。

中國之所以免遭這場金融風暴的衝擊，主要是因為銀行業還沒有開放，人民幣還不能自由兌換。但是，如果呆、壞帳的比例繼續提高，儲蓄者總有一天會對銀行體系喪失信心，銀行體系遭受外國投機者衝擊的風險則有可能隨著金融市場對外開放程度的提高而增大，這兩方面的因素合在一起，很可能會使中國發生銀行恐慌和金融危機，從而威脅到整個經濟的發展。

4. 國有企業的虧損。改革前，政府財政收入主要來自國有企業上繳的稅利。改革後，國有企業的盈利狀況一直不佳，1997年甚至出現了全行業虧損，國有企業虧損和補貼成為政府財政捉襟見肘的重要原因。如果國有企業的盈利狀況仍然不能改善，政府財政總有一天會背不起，一旦許多國有企業同時關閉、破產，國有企業的工人大量失業，社會穩定都無法保證，更談不上經濟的快速發展了。

5. 地區差距的擴大。改革初期，東、中、西部和城鄉收入差距不斷縮小，1985年以後，地區和城鄉收入再度擴大，到1990年代初期，地區和城鄉收入的差距比改革前還大。地區差距的擴大造成東部和中西部對政策產生不同的需求，東部希望中央政府繼續放權和進一步市場化，而中西部則希望中央政府加強集權，因此，中央政府難以制定和實施讓大家滿意的政策。地區間收入差距的擴大使許多中西部農民不安於農業生產，紛紛湧入東部地區打工。

據估計，農民工的人數已達8000萬到1億之間。在經濟復甦和高漲期間，廉價的農民工一方面為東部經濟發展做出了積極

的貢獻。另一方面,靠自己省吃儉用,將大部分收入匯回老家,成為中西部資金積累和收入增加的主要來源。然而,在經濟蕭條時期,大批農民工滯留在城市里,極有可能成為社會不穩定的根源。

6. 糧食生產的問題。「無糧不穩」是中國幾千年歷史積累下來的政治智慧,也是1970年代末政府容忍農村實行承包制的重要原因。改革以來,糧食生產仍有波動,但從總量上看已能滿足國民溫飽需求。然而,中國畢竟是世界上耕地最稀缺的國家之一,又將受到非農產業和基礎設施發展占用耕地的衝擊,以及人口繼續增長和飲食結構改善造成的糧食需求的增加。中國能否生產出這些糧食,能否在不影響世界上其它地區的情形下利用國際市場調節生產波動,也是一個十分重要的問題。如果處理不好,就難以實現國民經濟持續穩定快速的增長。

中國經濟增長中的上述六大問題,首先對於中國在21世紀的持續、高速增長至關重要。其中任何一個問題的進一步惡化,都有可能使民族復興的願望功虧一簣。其次,上述問題之間具有緊密的內在聯繫,實際上共同表現出一種經濟改革與發展的「活-亂」循環。因此,探討經濟發展前景和深化改革之路,不能不認真對待這些問題。本章提出的這個問題,將在第七章和第八章進一步論述。

1.3 本書所要回答的幾個問題

1970年代末以來中國經濟改革和發展所產生的奇蹟,已經

引起了世界範圍的矚目。近幾百年來中國是世界民族之林中的落伍者，爲何能在短短的十幾年之中急起直追，取得經濟發展的巨大成就，她能否保持快速發展的態勢，在21世紀立於世界發展進程的前列，實現幾代人孜孜以求的「強國夢」，既是中國執政者和全體居民想弄清楚的問題，也是國外人士的好奇心所在。特別是，中國作爲一個發展中的經濟和改革中的經濟，她在發展與改革中成功的經驗是什麼，是否具有普遍意義，對於處在相同的發展和制度轉變境遇之中的其他經濟體來說，肯定也是極爲關切的。作爲中國的經濟學家，無論從民族責任感還是從職業進取心來說，盡自己的努力尋求上述問題的答案，都是責無旁貸的。具體地，本書擬著眼於回答下列幾個共同關心的問題。

　　第一個要回答的問題是，爲什麼在改革以前中國經濟發展緩慢，而改革之後得到迅速發展。加快經濟發展，趕超發達經濟，是中國近代歷史上許多仁人志士的「強國夢」。可是事與願違，近代以來中國與世界發達經濟的發展差距愈拉愈大。1949年中華人民共和國成立以後，中國共產黨更是明確樹立了趕超西方發達經濟的發展目標，並爲此而建立了一系列旨在最大限度地提高資源動員能力的政策和制度。然而，到1970年代末爲止的30年中，經濟發展仍然沒有達到預想的目標，人民生活水平停留在溫飽線上，改善甚微，到1970年代末，全國仍有大約2億農民食不果腹。中國從1970年代末開始了經濟改革，逐漸放棄了高度控制資源價格、按計畫配置資源和剝奪企業經營自主權的傳統經濟體制，市場機制開始在資源配置方面發揮越來越

重要的作用，國民經濟不僅以中國歷史上空前的速度增長，而且在世界總的發展格局中也屬一枝獨秀。無疑，改革是產生這種戲劇性變化的催化劑。因此，總結改革的經驗，通過縱向的歷史比較說明改革前中國經濟發展緩慢，而改革後經濟得以快速增長的原因之所在，是本書的首要任務。

　　第二個要回答的問題是，為什麼中國改革的某些方面進展遲緩，甚至在過程中會出現上節中所概述的一系列問題。中國迄今為止的經濟改革與發展並非盡善盡美、毫無迭宕的。事實上，在深化改革和加快發展的進程中，始終伴隨著以瓶頸對速度的制約、通貨膨脹壓力、腐敗現象滋生和體制周期復歸為內容的所謂「活亂」循環。如果不能消除這種「活亂」循環產生的根源，甚至使之成為一種非收斂型的周期現象，中國的改革和發展就會遇到極大的障礙，下個世紀重新崛起的理想宏圖可能會功虧一簣。因此，探討改革和發展中這種周期現象產生的原因，以及克服的途徑，是本書不能回避的問題。

　　第三個要回答的問題是，中國的改革和發展勢頭能否得以持續。中國的改革和發展在過去的20年裡取得了無可爭辯的成功，但是，與已確立的建立市場經濟體制的目標模式相比，中國的改革遠遠沒有大功告成，而要實現經濟增長的潛力占據世界經濟發展進程中的前列，更是任重道遠。要實現這些目標，必須繼續保持改革與發展的勢頭。然而，中國的改革和發展仍面臨著諸多重大難點和障礙，如果不能克服這些難點和逾越這些障礙，改革與發展的勢頭就不能持續。因此，探討中國經濟改革的邏輯方向，依循這種邏輯找出克服上述改革難點的正確

途徑，歸根結柢是本書最爲重要的使命。

　　第四個要回答的問題是爲什麼中國的改革取得了巨大的成功，而前蘇聯和東歐國家的改革卻步履維艱。前蘇聯和東歐都曾是高度集中的計畫經濟，與中國一樣，經歷了經濟增長緩慢的前改革時期，嘗盡了傳統經濟體制效率低下、激勵不足的苦頭。這也是它們紛紛進行改革的原因。然而，改革的效果卻大不相同。中國在改革的進程中不斷向市場經濟體制趨近，不斷化解嚴重的通貨膨脹壓力，克服瓶頸制約，消除政治風波的衝擊，實現了持續高速的經濟增長。而這些從改革伊始就宣稱建立完全的市場經濟的國家，迄今爲止並沒有建立起更有效率的新體制，經濟增長速度上不去，面臨著更爲嚴重的通貨膨脹、失業和政治上的不穩定。既然改革效果截然不同的對比雙方，在改革起點和目標模式上沒有根本的差別，則可能的判斷就是，這種不同的改革效果產生於改革方式的相異性。因此，總結中國經濟改革的經驗，揭示其普遍意義，是本書的重要任務之一。

第二章
趕超戰略與傳統經濟體制的形成

自鴉片戰爭以後，中國從一個文明鼎盛的天朝大國日益衰落，中國人竟被稱作東亞病夫。因此，近代以來的中國政治領導人和知識精英，無一例外地滿懷強國富民的抱負並爲之獻身。同樣地，當1949年中國發生了政權更迭，中華人民共和國成立之後，中國新政權的政治領導人面臨著採取何種發展道路和管理體制組織經濟建設，迅速實現強國富民理想的選擇問題。

第一步是選擇經濟發展戰略，即選擇一種能夠快速而且直接了當地實現強國、自立目標的發展途徑。中國的領導人選擇了以優先發展重工業爲目標的發展戰略。這種戰略選擇不僅是當時國際、國內的政治、經濟環境的結果，也十分直觀地反映了政治領導人的經濟理想。

然而，重工業作爲資本密集型的產業所具有的基本特徵，與中國當時經濟狀況相衝突，使重工業優先增長無法借助於市場機制得以實現。解決這一困難的辦法就是作出適當的制度安排，人爲壓低重工業發展的成本，即壓低資本、外匯、能源、

原材料、農產品和勞動的價格，降低重工業資本形成的門檻。
於是，適應於重工業優先增長的發展戰略，一套以全面扭曲產
品和要素價格爲內容的宏觀政策環境就形成了。相應的制度安
排是對經濟資源實行集中的計畫配置和管理的辦法，並實行工
商業的國有化和農業的人民公社化，以及一系列剝奪企業自主
權的微觀經營機制。

　　1970年代末以來中國所進行改革的傳統經濟體制，是爲了
在資金稀缺的經濟中推行重工業優先發展戰略而形成的，其主
要內容是扭曲產品和要素價格的宏觀政策環境，高度集中的資
源計畫配置制度和毫無自主權的微觀經營機制。因此，無論是
爲了理解傳統經濟體制、回答經濟現實中出現的活亂循環，還
是探討進一步改革的策略、預測改革和發展的前景，了解傳統
經濟體制形成的這種邏輯關係和歷史順序都是必要的。

2.1　邏輯起點：重工業優先增長目標

　　中國經濟發展的歷史起點很低，這成爲影響經濟發展戰略
選擇的一個重要因素。在1949年中華人民共和國成立之時，全
國工農業總產值只有466億元，人均國民收入爲66.1元。在工農
業總產值中，農業總產值比重爲70％，工業總產值比重爲30％，
而重工業產值占工農業總產值的比重僅爲7.9％ [1]。與此同時，

---

[1]　《1981年中國經濟年鑑（簡編）》（北京：經濟管理出版社，1982），
　　頁VI-4。

由於以美國為代表的西方國家不滿於中國大陸的政權更替，實行了一系列在政治上孤立、經濟上封鎖中國的措施，使其缺乏良好的外部經濟聯繫，並且要隨時作好迎接戰爭的準備。這種狀況使中國共產黨的領導人明確地意識到，能否迅速恢復和發展經濟、盡快自立於世界民族之林，是關係國家和政權生死存亡的頭等大事。從當時的發展階段和知識水平看，實現國家的工業化，幾乎是發展經濟、擺脫貧困和落後的同義語。

在建國初期，中國工業的基礎十分薄弱，即使按當時的標準看，現代化工業也只占10%，農業和手工業占90%，將近90%的人口在農村生活和就業[2]。在這樣的經濟中如何進行資本積累，借助於什麼樣的發展戰略加速工業化，是必須作出的選擇。當時，中國領導人選擇以重工業優先增長為發展目標，帶動整個工業化進程，實現經濟發展的建設方針，主要有三個原因。

第一，從國際競爭的角度考慮。瓦爾特‧霍夫曼對一些國家的工業結構的研究表明，工業化的發展程度是與重工業在工業結構中的比重上升相關的[3]。他以消費資料工業（即輕工業）和資本資料工業（即重工業）的比值作為劃分工業化階段的指標（即後人所稱「霍夫曼係數」），發現工業化水平越高的國家重工業的比重就越高。或許中國領導人在選擇重工業作為優先發展的部門時並不一定知道「霍夫曼定律」，但分析當時世界發

---

2 廖季立，〈關於中國經濟體制改革的問題〉，《1981年中國經濟年鑑(簡編)》(北京：經濟管理出版社，1982)，頁III-37。

3 Walter Hoffmann, *Growth of Industrial Economics*(Manchester: Manchester University Press, 1958).

達國家的經濟結構，無疑可以很清楚地看到，重工業意味著現代化大工業，較高的重工業比重標誌著國家經濟發展水平和經濟實力。第二次世界大戰後取得政治獨立並走上自主的民族經濟建設道路的發展中國家，企圖跨越經濟發展階段，直接進入較高的工業化階段，大多也以發展重工業或實行進口替代為基本發展途徑，經濟發展的競爭很大程度上成為提高重工業比重的競賽。要在經濟發展的競爭中取勝，迅速自立於世界民族之林，就需要採取趕超的戰略。

第二，國際政治、經濟環境的制約。1950年6月，朝鮮戰爭爆發，同年10月美國已把戰火燒到鴨綠江邊，嚴重威脅著中國大陸的安全，因而中國出兵參戰。在卷入朝鮮戰爭的同時，大陸又處於與臺灣國民黨政權的軍事對峙狀態。這種政治、軍事態勢要求新生的中華人民共和國迅速提高國防實力和整個國民經濟的戰爭動員能力。此外，以美國為代表的西方資本主義國家對中國實行了政治上孤立、經濟上封鎖和制裁的措施，切斷了正常的國際經濟交往和貿易。這種國際政治、經濟、軍事格局，使中國迫切需要迅速建立比較完備、自成體系的工業結構，而重工業則是其中的關鍵。

第三，工業化積累方式的約束。囿於當時關於一個經濟落後國家如何通過自身的積累，實現迅速的經濟起飛的認識和經驗，中國共產黨的領導人認為，在一個農村人口占到人口總數80%～90%，且大多數農村人口處於貧困狀態的二元經濟中，以輕工業或消費品工業為優先發展部門，會遇到市場狹小、需求不足，從而無從取得工業化所必需的資本積累的問題。中國

經濟建設的領導人和專家，似乎從前蘇聯的建設經驗或中國的現實中悟出了重工業具有自我服務、自我循環的產業特徵，因而發展重工業可以克服當時農民占人口絕對優勢比重，極度的貧困使他們無法為工業發展提供有效需求這一條件的約束，從而超階段地實行工業化建設。這一點在後面還要進一步分析。

這樣一個發展戰略目標的選擇邏輯和過程，與前蘇聯歷史上的類似時期極為相象。人們通常認為，中國經濟建設方針和體制模式，是完全照搬或承襲自前蘇聯模式 [4]。然而，這種判斷並不完全正確。中國經濟發展戰略目標的選擇，具有與前蘇聯相似的過程和結果，正是由於中國曾面臨與前蘇聯類似的條件或選擇空間。我們在後面將要論證：一旦經濟發展目標選定，沿著這一邏輯起點，根據中國自身的經濟、社會特徵，便形成了一套特有的經濟體制。不過儘管如此，為了更好地理解中國重工業優先發展戰略目標的選擇背景，回顧一下前蘇聯在1920年代的一場工業化問題論戰，以及類似的戰略選擇過程，是有益的。

1921～1924年根據列寧的思想實行的新經濟政策，使蘇聯的國民經濟得到迅速恢復。但是，當時蘇聯的現代工業比重仍然很小，原始、落後的農業經濟和貧困的農民仍然在經濟結構中占主導地位。在這種情況下，圍繞如何積累工業化所需資金，

---

4 中國著名經濟學家薛暮橋就持這一觀點(薛暮橋，《中國社會主義經濟問題研究》〔北京：人民出版社，1979〕，頁181)；世界銀行也有類似觀點，但提法上比較慎重：「中國採用了蘇聯的經濟體制，但在許多方面進行了修改。」(世界銀行，《中國：社會主義經濟的發展》〔華盛頓，1983〕，頁46。)

如何解決工業增長市場需求的不足，以及國民經濟應該運用何種
機制來調節等問題，在前蘇聯政治領導人和經濟學家中展開了激
烈的爭論。當時，最有代表性的爭論雙方，是以布哈林為代表的
「協調發展派」和以普列奧布拉任斯基為代表的「超工業化派」
[5]。布哈林十分強調農民問題和工農聯盟的重要性，指出農業勞
動生產率和農業商品率是工業積累和發展的基礎。犧牲農民利益
不僅不能加快工業化步伐，而且可能危及無產階級專政。他主張
工業化資金應依靠自我積累，以及吸收存款、徵收公開稅等正常
積累方式取得；強調國民經濟計畫不能脫離市場機制，對於農民
經濟，應通過與之建立市場聯繫，將其引導到社會主義軌道上
來；通過發展農業，擴大對輕工業產品的需求，從而促進輕工業
的發展，增加消費品的供應，而輕工業的發展又擴大了對重工業
產品的需求。這樣，發展農業就為工業化創造了巨大的市場。

　　「超工業化派」看到的是迅速實現工業化的目標與國營工
業部門規模微小，難以靠自身積累滿足資本形成需求的矛盾。
普列奧布拉任斯基提出在過渡時期存在著社會主義原始積累規
律和價值規律兩個對立的調節者，兩者各有其自己的調節範
圍，並且原始積累規律和積累規律將逐漸取代價值規律。因此，

---

5 爭論的焦點和「超工業化派」的主要理論觀點都反映在普列奧布拉
　任斯基的《新經濟學》(北京：生活.讀書.新知三聯書店，1984)一
　書中。另外可參考兩篇西方經濟學家的討論(Sah, Raaj K. and Joseph
　E. Stiglitz, "Price Scissors and the Structure of the Economy", *The
　Quarterly Journal of Economics*, vol. 1, 102〔1987〕, pp. 109-34; Sah,
　Raaj K. and Joseph E. Stiglitz, *Peasants versus City-Dwellers* 〔Oxford:
　Clarendon Press, 1992〕).

計畫與市場是對立的。他們主張由國家利用壟斷地位，運用工
農業產品不等價交換、對非社會主義經濟成分徵收高額賦稅和
實行通貨膨脹政策等方法進行強制性工業化積累，為此就不能
允許市場機制發生作用。同時，「超工業化派」的經濟學家還
在理論上解決了一個小農經濟比重極大的國家，工業增長如何
取得市場的問題。這一理論對後來的社會主義傳統經濟體制的
形成產生了極大的影響。當時在蘇聯國家計畫委員會工作的菲
爾德曼依據馬克思和列寧關於生產資料優先增長規律的思想，
構造了第一個社會主義經濟增長模型。在這個模型中，經濟發
展靠冶金、機械及輔助工業(所謂重工業的綜合體)的封閉循環
推動，農業只是被動地為工業增長提供資金和勞動力[6]。

　　這場討論從1924年開始，持續到1927年，以「超工業化派」
經濟學家被紛紛清洗出黨而告終。但是，僅僅過了一年，加速
和優先發展重工業的「趕超」戰略重新提起，並且充分體現在
1929年通過的五年計畫中。優先發展重工業，犧牲當前的消費，
成為這項計畫的特徵。例如，在計畫中，規定要把淨投資額提
高到占國民收入的1/4至1/3的水平，其中3/4投資於重工業[7]。這
樣，典型的優先發展重工業的經濟發展戰略第一次得以實踐，
前蘇聯的經濟管理體制也由此形成。

---

6 參見多馬，《經濟增長理論》第九部分〈蘇聯的增長模型〉(北京：
　商務印書館，1983)；Jones, H. G., *An Introduction to Modern Theories of
　Economic Growth* (New York: McGraw-Hill, 1976).

7 湯姆・肯普，《現代工業化模式──蘇日及發展中國家》(北京：中
　國展望出版社，1985)，頁76。

　　在中國大陸，重工業優先發展戰略在以國民經濟計畫的形式正式確定下來之前並沒有引起理論界廣泛的討論[8]。經過1950～1952年經濟恢復以後，重工業優先發展的戰略目標第一次集中反映在國民經濟發展第一個五年計畫中。當時的國務院副總理兼國家計委主任李富春在關於第一個五年計畫的報告中明確指出：「社會主義工業化是我們國家在過渡時期的中心任務，而社會主義工業化的中心環節，則是優先發展重工業。」[9]第一個五年計畫的制訂是從1951年開始，計畫執行期是1953～1957年。「一五」計畫經過邊制訂邊執行的過程，不斷進行修正，於1955年上半年才編製完成，並分別經中國共產黨的全國代表會議和第一屆全國人民代表大會第二次會議通過，予以公布。

　　第一個五年計畫的基本任務，是集中主要力量進行以前蘇聯幫助設計的156個建設項目為中心、由694個重要建設項目組成的工業建設，建立中國社會主義工業化的初步基礎；發展部分集體所有制的農業生產合作社和手工業生產合作社，建立對農業和手工業的社會主義改造的初步基礎；基本上把資本主義工商業分別納入各種形式的國家資本主義軌道，建立對私營工商業的社會主義改造的基礎。並以此為中心，進行財政、信貸、物資三大平衡和安排人民生活。

8　第一次關於生產資料優先增長理論問題的廣泛討論是在1950年代後期至1960年代中期。參見《建國以來政治經濟學重要問題爭論(1949-1980)》(北京：中國財政經濟出版社，1981)。

9　《中華人民共和國第一次全國人民代表大會第二次會議文件》(北京：人民出版社，1955)，頁160-161。

在「一五」計畫中，重工業獲得了中心的戰略位置。要求
建立和擴建電力工業、煤炭工業和石油工業；建立和擴建現代
化的鋼鐵工業、有色金屬工業和基本化學工業；建立製造大型
金屬切削機床、發電設備、冶金設備、採礦設備和汽車、拖拉
機、飛機的機器製造業。「一五」計畫的工業建設核心和骨幹
是前蘇聯幫助設計和建設的156項重點工程，這些建設項目全部
是重工業，是一些填補工業的空白、健全工業體系的新興部門。
在第一個五年計畫期間，重工業基本建設投資占工業基本建設
投資的85％，占工農業基本建設總投資的72.9％[10]。

2.2 重工業的基本特徵與中國經濟現實

在利用市場機制配置資源的條件下，生產者根據產品和要
素的價格來決定生產什麼產品和採用什麼技術。在中國經濟發
展的初期，資本供給嚴重不足，由市場所形成的資本價格或利
率水平必然相當高，而勞動力極為豐富，因而相當便宜。也就
是說，由於資本相對昂貴，發展資本密集的重工業部門的成本
是極其高昂的，在開放和自由競爭的市場經濟中，這樣的產業
是沒有自生能力的[11]。如果依靠市場機制來配置資源，是不可
能把投入導向重工業部門的；相反倒可能誘致輕工業為主導的

---

10 國家統計局編《中國統計年鑑（1992）》（北京：中國統計出版社，
  1992），頁158。

11 Lin, Justin Yifu and Tan Guofu, "Policy Burden, Accountability, and Soft
  Budget constraint", *American Economic Review*, vol. 89, no.2（May, 1999）.

工業化，從而無法實現重工業優先增長的目標。

　　具體來說，一旦中國選擇以優先發展重工業爲經濟發展的戰略目標，重工業由其資本高度密集特點所衍生出的三個基本特性，第一是建設周期長；第二是在發展的早期，大部分設備需要從國外引進；第三是初始的投資規模巨大。而當時的中國經濟發展水平很低，與資源稟賦相關，相應也有三個特徵。這就是，第一，資金十分短缺，資金的價格或利率高昂；第二，可供出口的產品少，外匯短缺，由市場決定的匯率水平高；第三，經濟剩餘少，資金動員能力弱。重工業的特徵與中國當時經濟狀況相衝突，與其在當時經濟發展水平下的資源稟賦特點及資源動員能力產生了直接的矛盾。

　　第一是重工業建設周期與資本稟賦的矛盾。重工業作爲提供生產手段或生產資料的部門，形成生產能力的基本建設周期大大長於輕工業部門。又由於重工業的資本密集度高，在整個基本建設過程中，一方面需要不斷投入巨額資本，另一方面資本的回報期也較長。這樣，在重工業生產能力形成的過程中占用的資金很多，占用時間長，利息負擔重。在建國初期，中國經濟發展處於很低級的階段，1952年人均國民收入只有104元，這種低收入水平抑制了資本的積累，因此，在主要生產要素中，資本是最爲稀缺的。稀缺的資本必然導致由市場形成的資本價格或利率相當高昂。1950年代初期，市場資金月利率在2%～3%左右。以年利30%的復利計算，每投資1元，如果不能在短期內收回，則5年後本息將累計爲3.71元，10年後則爲13.79元。很顯然，在當時的條件下，重工業的發展負擔不起這樣高的資金成本。

　　第二是重工業設備來源與外匯支付能力的矛盾。對於處在初級發展階段的國家來說，不僅重工業部門的技術含量大，而且發展重工業所需的技術設備有很大部分要從國外進口。以發展重工業作為工業化的中心環節，就意味著大規模進口機械設備，從而對外匯支付能力提出很大的需求。當時中國的經濟基本處於自給自足狀態和封閉狀態，可供出口的產品品種有限、數額小、換匯創匯的能力很低。再加上當時中國與資本主義發達國家的經濟關係大都不正常，獲取外匯的機會就更少了。這種外匯短缺或者說與進口設備的需要相比外匯支付能力的不足，在市場決定外匯價格——匯率的情況下，必然導致高昂的匯率水平。這種情形進一步提高了中國發展重工業的成本。

　　第三是重工業投資規模與資金動員能力的矛盾。重工業不僅作為資本密集型產業要求較長的投資期，還由於它所具有的規模經濟的特點，要求比其他部門有較大的初始投資規模。不僅從一個建設項目來講是如此，當以重工業作為工業建設重點時，一系列重工業建設項目的不斷開工和在建，還對整個國民經濟的資本籌集和投入能力提出了很高的要求。在中國開始經濟建設的初期，不僅資本稀缺，而且經濟剩餘少，並分散在廣大的農村，因而籌資能力很弱。例如，1952年國家銀行的期末資產總額只有118.8億元，存款餘額93.3億元，分別僅占到當年國民收入的20.2％和15.8％ [12]。這種狀況與國家發展重工業的要求極不適應。

12　盛斌、馮侖主編，《中國國情報告》(瀋陽：遼寧人民出版社，1991)，
　　頁521。

2.3 推行趕超戰略的宏觀政策環境

　　不顧資源的約束而推行超越發展階段的重工業優先發展戰略，是一種「趕超」戰略[13]。之所以稱其為「趕超」，是相對於這種戰略所確定的產業目標，與資源稟賦所要求的產業結構之間存在巨大的差異而言的。在一個開放的競爭性市場經濟中，一個資本有機構成結構和資源稟賦結構相距甚遠的產業（包括在資金相對稀缺的經濟中資金相對密集的重工業，以及在資本相對密集的經濟中勞動力相對密集的輕工業），在市場競爭中是無法獲得社會可接受的利潤水平的，甚或發生大量的虧損，因而是沒有自生能力的[14]。以發展沒有自生能力的產業為目標的戰略就是趕超戰略。因此，實行趕超戰略的難題是怎樣動員資源來支持沒有自生能力的重工業的發展。由於趕超的規模過於龐大，採用政府以財政方式給予直接補貼的支持辦法，需要對產生經濟剩餘的部門課以很高的公開稅。而當時經濟剩餘主要來自農業，經濟剩餘量少而且分散，政府在農村地區的收稅能力低，要課以很高的公開稅難以行得通。因此很顯然，需要有一套不同於市場機制調節的宏觀政策環境，使資源的配置有利於重工業的發展。具體地說，就是要人為地降低發

13　稍後幾年，當這種發展戰略格局初步形成之際，全國上下十分熱衷的口號「超英趕美」更形象地印證了這一點。

14　Lin, Justin Yifu and Tan Guofu, "Policy Burden, Accountability, and Soft Budget constraint", *American Economic Review*, vol. 89, no.2（May, 1999）.

展重工業的成本，同時提高資源動員能力，包括為重工業發展
提供廉價的勞動力、資金、原材料，以及進口的設備和技術。
這種與重工業優先增長戰略目標相適應的宏觀政策取向，其核
心是全面排斥市場機制的作用，人為扭曲生產要素和產品的相
對價格。這種政策環境包括以下幾個方面。

　　(1)低利率政策。由於重工業資本密集度高、建設周期長，
如果讓資本價格在市場上自發形成，就會導致重工業的建設因
利率很高而無法實現的結果。因此，要保證重工業以較低的建
設成本迅速增長，最為首要的條件是降低資本價格，維持一個
穩定的低利率水平。建國以後的前幾個月裡，為了消除舊政權
造成的惡性通貨膨脹的影響，新政府採用了高利率緊縮銀根的
金融政策。從1949年到1950年初，中國人民銀行的工業貸款利
率最高達年利144％。到1950年上半年，通貨膨脹局面得到遏
止，利率也開始下調。如果我們以1950年5月份工業信用貸款
利率月息3.0％為一個比較正常的起點或作為比較用的參照
系，就可以發現，利率在很短的時間裡進行了多次調整，利率
水平大幅度降低。同樣以國營工業信用貸款月利率為例，1950
年7月31日被調到2.0％，1951年4月調到1.5％～1.6％，1953年
1月調至0.6％～0.9％，1954年調至0.456％，並保持了很長時
間。1960年6月曾將利率回調到0.6％，但到1971年8月，該種
利率又被壓低到0.42％的水平 [15]。

　　(2)低匯率政策。重工業的物質基礎是資本密集型的技術設

---

15 鄭先炳《利率導論》(北京：中國金融出版社，1991)，頁115-120。

備，在經濟發展的初級階段，這些比較先進的技術設備的相當一部分需要從國外引進，即需要為此支付外匯。匯率是用本國貨幣表示的外匯價格，在資本缺乏和可供出口的產品並不豐富的條件下，外匯和資本同樣稀缺，由市場調節形成的匯率水平將會高得使資本密集的重工業部門難以承受。因此，為了保證重點項目能夠以較低的價格進口必要的關鍵設備，政府出面干預外匯價格的形成，高估本國幣值，實行低匯率政策，成為重工業優先增長目標能夠實現的一項重要保障措施[16]。

事實上，匯率抑制從1950年就開始了。在1950年3月召開全國財經工作會議到1951年5月的一年多時間裡，連續15次壓低人民幣與美元的匯率，匯率由1950年3月13日420元人民幣（由舊幣折算成人民幣新幣）兌換100美元壓到1951年5月23日223元兌換100美元（參見表2.1）。1952～1972年，中國的匯率不再掛牌，僅為內部掌握，且匯率一直穩定在很低水平上。1955年3月1日至1971年12月，匯率水平始終保持為246.18元人民幣折合100美元，沒有發生變化。1978年12月美元貶值7.89%後，人民幣匯率也開始發生變化，到1978年時，匯率為172元人民幣折合100美元[17]。

---

16 低匯率政策的另一個作用是降低初級產品出口所獲得的國內貨幣，從而實現向這些產業的間接征稅。這同樣可以用來為優先發展重工業服務。

17 參見《匯價手冊》（北京：中國金融出版社，1986）；馬洪、孫尚清主編，《現代中國經濟大事典》（北京：中國財政經濟出版社，1993），頁960。

表2.1　統一匯率前後的匯率調整

※（100美元、100英鎊＝人民幣元）

時　　　　間	美	元	英	鎊
	匯　率	調整幅度（%）	匯　率	調整幅度（%）
1950年3月13日	420.00	—	—	—
1950年7月1日	370.00	-10.71	989.00	—
1950年7月8日	360.00	-4.00	956.00	-3.34
1950年7月26日	360.00	0.00	932.00	-2.51
1950年8月7日	350.00	-2.78	914.40	-1.89
1950年9月5日	322.00	-8.00	812.20	-11.18
1951年5月23日	23.00	-30.75	—	—
1971年12月	246.18	10.39	—	—
1978年7月	172.00	-39.07	—	—

※這裡將人民幣按1萬元舊幣等於1元新幣折合。

資料來源：《匯價手冊》（北京：中國金融出版社，1986）；馬洪、孫尚
　　　　　清主編，《現代中國經濟大事典》（北京：中國財政經濟出版
　　　　　社，1993），頁960。

　　(3)低工資和能源、原材料低價政策。在國民經濟發展水平普遍較低的條件下，傳統經濟部門占到很大的比重，傳統經濟生產的剩餘十分有限，整個社會的積累水平很低。此外，當時整個經濟的貨幣化程度很低，剩餘的部門間轉移十分困難，因而融資能力很弱。為了鞏固新生的政權及其與農民的聯盟，在一定時期必須實行輕徭薄賦的稅收政策。因此，發展重工業所要求的高積累率難以通過直接的剩餘轉移實現，而很大程度上需依靠其自身的積累能力。由於所能實現的積累率取決於利潤率的高低，而利潤水平又決定於總產出值與總投入成本之差，因而壓低勞動投入成本和能源、原材料成本是重工業實現高積

累的一個重要途徑。

　　以工資水平為例。1950年代初開始實行統一的工資制度，根據國家下達的工資總額和平均工資計畫，對生產工人採取八級工資制。從1956年起，全國實行統一的國家機關、企事業工資標準，職工的工資標準、工資定級和升級辦法，以及工資增長幅度，全部由中央統一規定，地方、企業無權調整。這種統一規定的工資水平是十分低下的，一直到1978年，大多數年份的職工年平均貨幣工資都在600元以下。即使按扭曲的官方匯率246.18元人民幣折100美元來換算，這些年份全國職工年平均工資水平也僅為200餘美元（圖2.1）。低貨幣工資壓低了工業發展的勞動成本，成為重工業優先發展戰略的必要政策環境。

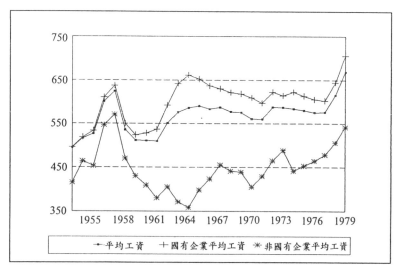

圖2.1　中國大陸改革前的工資水平

　　(4)低農產品和其他生活必需品及服務價格政策。低工資率降低了城鎮工薪階層購買生活必需品的支付能力，如果讓他們面對由市場決定的生活必需品價格體系，較低的工資水平可能不足以購買其生活所必需的消費品和服務，勞動力再生產將會在萎縮的狀態下進行，會引起社會的不安定，也影響重工業的勞動供給。解決這一問題的辦法就是實行農產品和其他生活必需品、服務的低價政策，降低勞動力再生產的費用，使之與低勞動報酬相適應。這類生活必需品包括食品、日用品、住房、醫療、教育、生活用能源及各種生活服務等。由於大工業集中在城市地區，因此這種低生活費用的優惠政策是按地區而有所區別的，農村人口不享受在農產品價格、醫療、教育、住房以及城市公用設施收費方面的這種優惠待遇。事實上，通過這種機制，重工業高積累的成本的很大部分仍然被轉移到農業等傳統經濟部門中。

　　為重工業優先發展戰略服務的物價政策，扭曲了農產品等生活必需品的價格水平，並使這種扭曲制度化，長期保持不變。我們從1952～1978年間一些年份消費品價格指數比較，可以看出這種扭曲(參見表2.2)。這裡暫且以集市貿易價格指數代表市場所要求的價格變動趨勢，而全國消費品價格指數因受到宏觀政策環境的壓抑，變動趨勢偏離了市場的要求。當我們考慮到1980年以前中國經濟生活中消費資料的嚴重而普遍的短缺現象時，這種價格指數就能更多地反映出宏觀政策環境所造成的扭曲。

表2.2　改革前消費品價格指數比較

(1950＝100)

時間	全國(1)	集市貿易(2)	扭曲程度(1)/(2)
1952年	111.3	111.0	1.02
1957年	122.5	120.9	1.01
1962年	155.6	354.8	0.44
1965年	138.2	192.3	0.72
1970年	137.8	197.7	0.70
1975年	143.0	259.5	0.55
1976年	143.4	269.8	0.53
1977年	147.8	263.3	0.56
1978年	150.0	246.0	0.61

資料來源：《中國統計年鑑(1992)》。

2.4 資源的計畫配置制度

在一個競爭的市場環境中，產品和生產要素的價格是其供給與需求相等時形成的均衡價格。一方面，產品和要素的供給特徵以及對它們的需求特徵決定價格的形成，另一方面，價格水平反過來影響和調節供給和需求的水平。當一種產品或要素的價格被人爲固定在低於均衡價格的水平時，會同時產生兩種效果，一是刺激需求量，一是抑制供給量，這時產品需求和供給的數量偏離均衡，不再相等，產生了供不應求的缺口。如果壓低價格是一種穩定的制度安排，則供給與需求之間的缺口成

為持續的現象，或者說短缺成為經濟中的常態現象 [18]。正是由於這種機理，扭曲產品和要素相對價格的政策環境造成了資金、外匯、原材料、農副產品及各種生活必需品的供給與需求嚴重不平衡，經濟生活中的短缺成為普遍現象。為了替代市場的作用，在這種常態的短缺經濟中配置資源，也為了保證緊缺的物質、資源能夠配置到政府所要優先發展的產業，就需要建立一套與這種政策環境相應的資源計畫配置制度。下面將討論這種制度結構的形成邏輯和形成過程。

在上述旨在壓低重工業發展所需要的投入品和生產要素價格的政策環境下，低利率一方面降低了儲蓄意願，減少了可貸資金的來源，另一方面卻提高了企業對資金的需求；低匯率抑制出口積極性，鼓勵進口衝動；低能源、原材料價格也造成原材料供給不足和需求過旺的趨勢。這些情況形成資金、外匯、能源、原材料供求之間的巨大缺口。如果由市場來引導這些資源的使用方向，這種人為壓低價格的政策便不能維持，同時也不能保證這些資源流入優先發展的戰略部門中。因此，為了保證有限的資金、外匯和物資的使用符合重工業優先發展的目標，首先必須有一個計畫，為多個產業的發展和投資項目確立優先序，同時用行政性的計畫配置資源的手段代替市場配置的職能。

---

18 我們把短缺現象歸因於為推行趕超戰略而形成的宏觀政策環境。以研究社會主義短缺現象著稱的科爾內（J. Kornai）也承認，在非社會主義的發展中國家，也同樣存在短缺現象（科爾內，《短缺經濟學（上）》（北京：經濟科學出版社，1986），頁12。

　　此外，超越階段推行重工業化或進口替代，相應的產業缺乏足夠的國際競爭力，為了保護這類產業並使它們獲得稀缺的外匯，對外貿易就必須實行統制。為了與體現重工業優先發展戰略的第一個五年計畫的執行相配合，一系列計畫配置資源的管理機構在1950年代中期前後建立起來。隨著這些機構職能的確定和完善，一個高度集中的資源計畫配置制度就逐步形成了。

　　首先是金融管理體制的形成。在銀行的金融業務中，存款利率低於資金的機會成本或影子價格，通常的結果是降低了持幣者的儲蓄意願，銀行所能吸收的資金就大大少於社會潛在的資金供給能力。在存在其他融資渠道的情況下，儲蓄就會流到銀行以外的渠道中。壓低利率的政策既然是為發展重工業這個重點服務的，而國家控制之外的金融渠道又不能執行支持重工業的任務，則必須實行金融的壟斷。在貸款利率低於資金的機會成本或影子價格的情況下，所有企業都傾向於使用更多的資金。面對眾多的資金需求者，把有限的資金配置到符合國家發展戰略目標的企業和部門，要求有一套有效而集中的資金配置制度。

　　為適應這個要求，早在1949～1952年，中國就已逐步實現了以中國人民銀行為中心的金融體系和銀行業的基本國有化。中國人民銀行成為全國現金、結算和信貸中心，總攬了全部金融業務。隨後，為了實施重工業優先發展的工業化目標和體現這一目標的第一個五年計畫，1953年中國人民銀行在所屬各級銀行建立了信貸計畫管理機構，編制和實施綜合信貸計畫。銀

行內部則相應實行「統收統支」的信貸資金管理制度，即基層行吸收的存款全部上交總行，貸款由總行統一核定計畫指標，逐級下達。存款和貸款利率由中國人民銀行統一制定。通過這種高度集中的金融體系和單一的融資渠道，把有限的資金優先安排到國民經濟的計畫重點產業和項目中，實現了資金配置與發展戰略目標和低利率宏觀政策環境的銜接。

其次是外貿外匯管理體制的形成。外匯價格被人為壓低到均衡水平之下，會產生兩種效果。對出口品的生產者來說，低匯率意味著其產品用外匯衡量的價格低於用國內貨幣衡量的價格，出口是不合算的事情。而如果沒有人願意出口，則外匯來源就會枯竭。對進口品的使用者來說，低匯率意味著使用進口品比使用國產品便宜，各行各業都傾向於盡可能多從國外進口其投入品。為解決這個矛盾，就要求國家出面統一安排進出口業務。因而，國家對外貿的壟斷和一套高度統制的外貿外匯管理體制便是十分必要的。

國家對外貿的統制早在1950年就開始實行了。1950年2月國務院頒布的《關於全國貿易統一實施辦法的決定》規定，由中央貿易部統一管理對外貿易業務，各大行政區的大區貿易部、各省廳（或工商廳）兼管地方對外貿易。在中央貿易部領導下，設若干全國性對外貿易專業總公司。1952年成立對外貿易部以後，保持了這種外貿組織形式。

國家對於外貿活動的計畫管理包括以下幾個方面：(1)實行進出口許可證制度。許可證制度的目的是對進出口商品的數量、價格、貿易方式、支付方式和貿易期限進行統一管制，並

對經營成份、貿易對象進行嚴格管制；(2)實行外匯管制。規定社會團體、企業和個人的一切外匯收入，都必須按國家規定的匯率賣給國家銀行，一切外匯支出和使用，都必須經主管部門批准，向國家銀行購買；(3)對(國有化前)私營進出口企業、外商企業實行登記管理辦法；(4)實行保護性關稅和進出境商品品質檢驗制度。從1950年代中期開始，對外貿易全部由國營經濟統一、集中經營。

從1958年起，國務院規定對外貿易由外貿部門獨家經營，實行統一政策，統一計畫、統一對外的原則，匯率則由中國人民銀行統一制訂，外匯由中國人民銀行、對外貿易部和財政部實施集中管理。與低匯率政策相配套的外貿外匯管理體系從此形成。

第三是物資管理體制的形成。在物資短缺的條件下，完全競爭的市場通常用均衡價格將市場結清，使市場處於供給和需求相等的均衡狀態。但是，在價格被人為壓低的情況下，需求被人為地刺激起來，而供給的積極性反而受到抑制，造成了供需的不均衡。在供需不均衡成為一種常態的情況下，要保證物資首先滿足重工業的需要，就要求建立高度集中、按計畫運行的物資管理體制。

為了配合「一五」計畫的實施和能源、原材料低價政策，1953年成立國家計畫委員會後，開始在全國範圍內對重要物資實行統一分配的制度，把各種物資分為(1)國家統一分配的物資(簡稱統配物資)，(2)中央工業主管部門分配的物資(簡稱部管物資)和(3)地方管理的物資(簡稱三類物資)等三類進行管理。

1953～1957年，由國家計委直接分配的工業品由110多種增加到
300多種，占工業總產值的比重提高到60%，統配物資則由227
種增加到532種[19]。由此實現了國家對經濟建設所需物資的直接
配置。

　　最後是農產品統購統銷制度的建立。農產品低價政策既壓
抑農民發展生產的積極性，又降低他們向國家出售產品的積極
性。國營商業部門作為農副產品市場上的一個競爭者，以這種
低價便不能完成收購任務。為了獲得足夠的糧食、棉花、油料
等產品，保證城市居民的生活消費和加工企業的原料供應，就
要對主要農副產品實行貿易壟斷即統購派購的制度。為了確保
在低價統派購的條件下農民仍然能把資源投入到國家工業化所
需要的農產品生產中，就要求作出一種強制性的制度安排，使
國家能夠以行政力量直接控制農業的生產。按照這種邏輯，實
行主要農產品的統購統銷政策之後，農業集體化運動隨之開始
並不斷加速，直至1958年建立人民公社體制。公社的領導為政
府任命的幹部，對政府負責。在農產品低價政策下產生的供求
缺口，導致農產品供給的短缺。為了維持其低價政策，則要求
建立城市農產品供應的計畫銷售制度。

　　建國以後的一段時間裡，國營商業組織曾在市場上與私商

---

19 劉國光主編，《中國經濟體制改革的模式研究》（北京：中國社會科
　學出版社，1988），頁238。還有另一種數據，1957年統配物資和部
　管物資分別為231種和301種。（李德彬，《中華人民共和國經濟史
　簡編（1949-1985年）》〔長沙：湖南人民出版社，1987〕，頁272）但這
　個期間計畫配置物資的種類大幅度增加是大家都承認的。

一道收購農副產品。隨著工業化建設的加快，國營商業向城市居民提供農副產品的任務不斷加重（參見表2.3）。而一旦採取農產品低價收購政策，國營商業則喪失了與私商競爭的優勢，難以勝任調節供需關係，穩定市場物價，保障人民生活和國家建設的任務。

表2.3　實行統購統銷前主要農產品產量和銷售量指數

時　　間	糧　　　食		棉　　　花		油　　　料	
	產量	國營銷量	產量	市場銷量	產量	國營銷量
1950年	100	100	1936=100	100	100	na
1951年	110	192	123	133	na	100
1952年	133	366	152	156	141	na
1953年	135	542	139	231	約141	150以上

資料來源：根據《過渡時期的商業》（新知出版社，1955），頁47-49提供數據計算。

1953年秋收後，國家糧食收購計畫在很多地區不能按期完成，糧食銷售量卻遠遠超過計畫，形成購銷不平衡的局面。在這種情況下，1953年11月，中共中央和國務院分別發布命令，決定對油料和糧食實行計畫收購和計畫供應。第二年9月國務院又發布了關於實行棉花計畫收購的命令。1955年8月，國務院頒布《農村糧食統購統銷暫行辦法》，規定了具體的定產、定購、定銷辦法。繼糧食、棉花、油料實行統購統銷政策之後，國家又把烤煙、麻類、生豬、茶葉、蠶繭、羊毛、牛皮等重要副食品和工業原料先後指定為派購產品。1958年國務院頒布的農產品及其他商品分級管理辦法，把農副產品的統購統銷和派購等

政策進一步制度化、法規化。對關係國計民生及生產集中、消費分散的重要商品及外銷的某些重要商品，作爲第一類商品，由中央集中管理；對於一部分生產集中、供應面廣，或者生產分散需要保證重點地區供應，或者必須保證特殊需要的商品，作爲第二類商品，中央實行差額調撥；上述兩類商品以外的各種農副產品和食品等商品，作爲第三類，由地方自行管理，必要時由商業部組織交流。

2.5 以國有化和人民公社化爲特徵的微觀經營機制

首先是國有經濟占絕對主導地位的工業所有制結構的形成。低利率和低匯率政策的實行降低了工業經濟的資本形成門檻，低能源、原材料價格和低貨幣工資政策的實行壓低了工業企業的生產成本，因而可以提高已建成企業的利潤率和積累率。這爲經濟發展初期的工業化建設創造了必要的宏觀政策環境。但這還不是以重工業爲中心發展工業的充分條件。如果企業爲私人所有和經營，它就仍然保持著對利潤分配使用權和投資方向的選擇權，企業積累方向未必能符合重工業優先發展的期望。

事實上，以利潤爲經營動機的私人企業，總是傾向於把資源投向能夠產生最大收益的生產部門。例如，一方面由於市場稀缺程度從而對輕工業產品的需求很大，另一方面輕工業技術結構也更加符合中國的比較優勢，所以當政府以重工業爲中心時，受到壓抑的輕工業部門往往具有更高的贏利水平。不言而

喻，為了取得剩餘的支配權、把握積累方向，使之用於國家意
圖的發展目標上，就必須最大限度地把私人企業改造成國有制
企業，使後者占據工業所有制結構中的絕對優勢地位，並在此
基礎上建立統一的指令性生產計畫體制和統收統支的財務體
制。

中華人民共和國成立前後，根據當時新民主主義政策的主
張，在相當長的時期裡，民族資本主義工商業將與社會主義工
商業長期共存[20]。但隨著「一五」計畫的實施，重工業優先發
展戰略與工業經濟中多種成份並存的局面越來越不相適應。因
此，黨和國家開始改變最初的設想和承諾。從1954年起，國家
把許多規模較大的私營工廠逐步納入公私合營的範圍，投資並
對其進行擴建、改建。對中小私營企業則通過個別企業的公私
合營到全行業的公私合營，對整個行業進行改組，形成新企業。
1956年初，從北京開始，隨後遍及其他城市實行了全行業的公
私合營。全行業公私合營後，隨著每個企業單獨進行盈利分配
變為統一分配盈利的定息制度，原來的企業所有者便失去了管
理企業的權利，企業事實上成為國營經濟。1956年社會主義國
營工業的產值占工業總產值的比重為67.5%，公私合營工業產值
占32.5%，私人工業幾乎全部消失[21]。

---

20 毛澤東1950年6月在中國共產黨七屆三中全會上就曾批評那種認為
　可以提早消滅資本主義、實現社會主義的認識，指出「這種思想是
　錯誤的，是不適合我們國家的情況的」。(轉引自趙德馨主編，《中
　華人民共和國經濟史》〔鄭州：河南人民出版社，1989〕，頁118。)
21 薛暮橋，《中國社會主義經濟問題研究》(北京：人民出版社，1979)，
　頁38。

　　國家通過對國營企業下達一系列指令性指標，實行直接計畫管理。在工業企業歸國家所有的條件下，企業經理人員和職工的利益與國家利益產生了矛盾。國家的目標取向是最大限度地創造剩餘，擴大積累，爲重工業發展目標服務。而企業經理人員和職工則傾向於增加工資和福利。在可能的情況下，他們便會以擴大成本開支範圍、低報產量等方式減少上繳利潤，並將這些所得用於增加工資和福利的用途。其結果將是國有資產和利潤被企業和個人侵蝕。由於信息結構的不對等，國家對此進行監督的成本十分高昂。而在宏觀政策扭曲了價格、企業盈虧也不能真實反映其經營水平，以及消滅了私有經濟並以計畫的方式配置資源的條件下，企業經營好壞不能通過市場競爭間接表現出來。

　　在這種條件下，如果企業擁有生產和經營的自主權，國有企業剩餘被侵蝕的現象就無法避免。爲了防止這種情形，國有企業的自主權就被全面剝奪了。因此，生產原材料由國家計畫供應，產品由國家包銷和調撥，財務上則統收統支。企業的利潤和折舊基金全部上交，納入國家預算。企業所需基本建設投資、固定資產更新和技術改造基金、新產品試製費和零星固定資產購置費等，全部由國家財政撥款解決，企業生產的流動資金也由財政部門按定額撥付，季節性、臨時性的定額外流動資金由銀行貸款解決。企業用人和工資分配完全由國家計畫安排。

　　其次是實現農業經營的人民公社化。建立農產品統購統銷制度只是農村經濟傳統體制形成的第一步，人民公社化才是這

套與宏觀政策環境相配套的農村經濟體制完全形成的標誌[22]。
根據過渡時期的總路線和總任務，土地改革以後真正符合農民
組織起來、利用規模經濟要求的生產組織形式是以家庭經營為
基礎的、於農忙季節臨時組成的三到五戶的生產互助合作。當
時採取的主要是互助組的形式。但隨著以重工業優先為特點的
經濟發展戰略的推行，以及扭曲價格的宏觀政策環境的形成，
繼統購統銷制度形成後，為了便於執行低價收購並在低價下增
加農產品收購數量的政策，農業集體化的速度便驟然加快[23]。

在全國範圍的土地改革基本結束的1952年，參加農業生產
互助組的農戶占全國農戶總數的39.9%，參加農業生產合作社的
農戶只占總農戶數的0.1%，且全部為二、三十戶規模的初級社。
以後農業集體化雖然有所發展，但直到1955年，農業生產互助
組仍然是農業生產互助合作的主要形式。50.7%的農戶參加互助
組，只有14.2%的農戶參加初級社。當時毛澤東估計農業社會主
義改造的全部完成大約要到1960年以後。但1956年一年內這個
任務就完成了。參加農業生產合作社的農戶從1955年底的14.2
%，增加到1956年初的80.3%，並進而增加到該年年底的96.3

22 毛澤東當時承認：「統購統銷是實行社會主義的一個重要步驟。」(《毛
澤東選集》第5卷〔北京：人民出版社〕，第335頁。)時隔不久，他
又很符合邏輯地指出：還是辦人民公社好，它的好處是可以把工、
農、商、學、兵合在一起，便於領導(參見〈毛澤東視察山東農村〉，
《人民日報》1958年8月13日)。

23 從經濟學的基本道理可知，對農產品收購實行壟斷的政策，只賦予
政府低價收購農產品的權力。但如果要同時擴大農產品的收購數
量，則必須對農業生產進行直接的控制。農業集體化便是提高政府
對農業生產直接控制程度的一個制度安排。

%。同時，200戶左右規模的高級社迅速發展，參加的農戶從1956年初的30.7%，增加到年底的87.8%[24]。

1958年推行經濟建設的「大躍進」，提出要在短期內趕上並超過英國和美國的經濟發展水平，並進一步強調重工業特別是鋼鐵工業的重要性，提出了一些不切實際的工業發展高指標。由於基本建設規模急劇擴張，全民所有制單位職工人數在一年裡增加了85%。在積累和消費的比例失調，消費基金不足的情況下，農業的增產速度又不能滿足需要，這就要求用加大征購比重的辦法擴大糧食征購數量。這一年糧食產量比上年只提高2.5%，而徵購量卻增加了22.3%。

這種情況不啻是一次將重工業優先發展戰略的政策扭曲加以放大的試驗，對相應的微觀經濟管理體制的需求也更強烈，因而導致人民公社的迅速發展。幾乎是在1958年8月至11月初三個月的時間裡，就實現了從第一個人民公社誕生到全國範圍的人民公社化的過渡，參加公社的農戶達到1.27億，占農戶總數的99.1%[25]。

這個過程造成了災難性的後果。從1952～1958年的農業合作化運動期間，農業生產仍然得以穩定地增長。但從1959年開始，突然發生了一場連續三年的農業大危機。1959年和1960年兩年糧食產量都比上年減產15%，而1961年的糧食產量僅維持

---

24 蘇星，《我國農業的社會主義改造》（北京：人民出版社，1980），頁156。

25 趙德馨主編，《中華人民共和國經濟史》（鄭州：河南人民出版社，1989），頁449。

了1960年的水平 [26]。其結果是爆發了一場空前的大饑荒。在這場大饑荒中，估計非正常死亡人數達3000萬 [27]。這場危機發生之後，人民公社並沒有被取消，但實際上生產單位被劃小了，即實行公社、生產大隊、生產隊三級所有制，以生產隊為基本核算單位，實行獨立核算，自負盈虧，直接組織生產和收益分配。通過這種制度安排，國家實現了對農業生產、農產品消費和分配的控制。

如上所述，執行重工業優先發展戰略的宏觀政策環境、相應的資源配置制度和微觀經營機制在第一個五年計畫期間已逐漸形成。1950年代末1960年代初，針對當時經濟上出現的困難，曾對微觀經營體制作了一些調整。但這一點沒有改變其與戰略目標、宏觀政策環境以及資源配置制度相配合的性質，反而通過一些有關「條例」、「決議」把這一體制進一步制度化和完

---

26 農業生產由於週期長、空間分布廣大而監督不易，因此農業合作社
　的成功有賴於社員的自律。但自律只有在自願形成的合作社中才能
　維持。林毅夫認為，1959年中國農業生產的突然崩潰，是因為從互
　助組到高級社階段，農民有退社權，即參加合作社是自願的。因而
　隨著生產規模的擴大，農業生產得以不斷發展。但從1958年底開始
　的人民公社化運動，剝奪了農民的退社權，入社成為被迫的行為。
　在這種情況下，社員自律的行為規範就無法維持，生產積極性降
　低，農業生產隨之受到挫折，從而導致了這場危機（見Justin Yifu Lin,
　"Collectivization and China's Agricultural Crisis, 1959-1961", *Journal
　of Political Economy*, vol. 98, no. 6, December 1990）。圍繞林毅夫的
　論文，在美國的學術界展開了一場爭論，有關論文見*Journal of
　Comparative Economics* 1993年6月出版的第17卷第2期專集。
27 參見Basil Aoton, Kenneth Hill, Alan Piazza and Robin Zeitz, "Famine in
　China, 1958-1961", *Population and Development Review*, vol. 10
　（December 1984）, pp. 613-45.

善化[28]。因此，1960年代初是在重工業優先發展戰略選擇之下，宏觀政策環境、資源配置制度和微觀經營機制三位一體的傳統經濟體制完全確立的時期。

2.6　三位一體的傳統經濟體制：國際比較

從中國的傳統經濟體制的形成過程，可以比較清晰地看到從選擇重工業優先發展戰略，到形成扭曲產品和要素價格的宏觀政策環境，以致建立高度集中的資源計畫配置制度和毫無自主權的微觀經營機制這樣一個歷史和邏輯的順序關係。

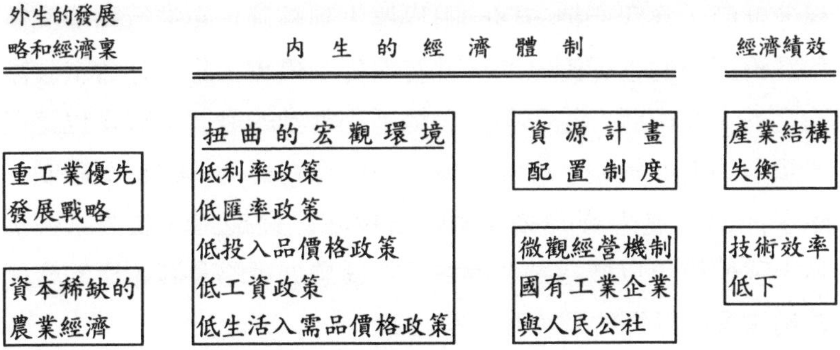

外生的發展略和經濟稟	内　生　的　經　濟　體　制		經濟績效
重工業優先發展戰略	**扭曲的宏觀環境** 低利率政策 低匯率政策 低投入品價格政策 低工資政策 低生活入需品價格政策	**資源計畫配置制度** **微觀經營機制** 國有工業企業 與人民公社	**產業結構失衡** **技術效率低下**
資本稀缺的農業經濟			

圖2.2　中國傳統經濟體制

圖2.2概括了這種關係。圖中表明，經濟發展戰略是外生的

28　例如，1962年9月中國共產黨第八屆十中全會通過的《農村人民公社工作條例修正草案》，正式確立了人民公社體制以及管理原則。

可以由政府選擇的變量；而在資本稀缺的農業經濟中，一經選定了重工業優先發展戰略，就會形成相應的扭曲價格的宏觀政策環境，以及以計畫爲基本手段的資源配置制度和沒有自主權的微觀經營制度。這三者是內生變量，在邏輯上是由特定的資源結構和發展戰略的選擇而誘發形成的，構成不可分割的或三位一體的傳統經濟體制；一定的資源配置方式必然相應導致特定的經濟結構類型，而一定的微觀經營機制也產生特定的激勵效果，這兩個方面就表現爲一種經濟績效。中國傳統經濟體制下的經濟發展績效，將是下一章討論的內容。

　　不僅中國經歷了從發展戰略選擇爲起點的經濟體制形成過程，對前蘇聯的同一過程的簡要回顧，也看到了同樣的演進過程。進而，當我們把考察的眼界擴大到整個正在進行經濟改革和經濟調整的世界範圍時，就將看到，事實上除了社會主義國家之外，在南亞、拉丁美洲等地區相當多的發展中國家也選擇了類似的發展戰略，從而形成了有同樣特徵的傳統經濟體制。除了前面論述中國的發展戰略選擇時已經提到的幾個原因之外，我們還可以概括幾個導致了這種發展戰略及其相應的經濟結構選擇的共同的理論和實踐因素。

　　第一，發展中國家政府的強烈趕超願望。第二次世界大戰後，一大批原來的殖民地、半殖民地國家獲得了政治上的獨立。如何獨立自主地發展經濟，實現迅速的經濟起飛，以便在經濟上擺脫貧窮、落後的局面，是擺在每一個民族政府面前的迫切任務。而從當時的世界經濟格局來看，這些發展中國家已經大大地落後於工業發達國家的經濟和社會發展水平。具體來說，

與發達國家相比，這些發展中國家具有十分低下的經濟增長率和人均收入水平、高的人口出生率和死亡率、教育程度低下、缺乏稱職的管理人材、政治制度長期不變等特徵。爲了迅速改變面貌，相當多的發展中國家政府強烈希望能走一條快捷的工業化道路。

　　第二，在發展中國家占有重要位置的激進主義經濟發展主張的影響。大多數發展中國家長期處於發達國家的殖民地或半殖民地統治之下。這些國家的領導人受到當時激進經濟學家觀點的影響，認爲市場的作用將導致國內嚴重的兩極分化和經濟的不發達，而對外貿易帶來的將是寶貴資源的廉價流失。特別是從這種認識出發，他們預計作爲不發達國家主要出口構成的初級產品的貿易條件將呈現出不斷惡化的趨勢。因此，發展中國家領導人和經濟學家傾向於認爲，在世界經濟發展十分不平衡的條件下，發展和不發展猶如一枚硬幣的兩面，如果發展中國家不建立自己獨立的工業體系，而僅僅依賴於初級產品的出口，其結果只能是長期充當發達國家的「外圍」，繼續處於不發達的地位 [29]。

　　第三，發達國家的發展經濟學中政府干預主義傾向的影響。受凱恩斯經濟主張的影響，當時發展經濟學的主流傾向是，市場存在著不可克服的缺陷，而政府則是克服市場不足，加快

---

29 參閱查爾斯・威爾伯主編，《發達與不發達問題的政治經濟學》第二編〈從歷史上看經濟發達和不發達問題〉（北京：中國社會科學出版社，1984）。

發展步伐的有力工具 [30]。從這種發展經濟學的角度看發展中國家的現實，反對單一的經濟學，強調發展中國家市場的不完全性，輕視市場和價格機制的作用，主張採取集中、周密的計畫管理，以使國民經濟順利、合理地運轉。這種發展傾向通過學術交流、發達國家的經濟學家充當發展中國家的經濟顧問，以及像世界銀行這樣的國際經濟組織介入發展中國家的經濟發展政策制訂，而對這些步入獨立自主發展經濟的國家的發展戰略選擇，產生了重大的影響。

　　無論是發展中國家的激進發展理論，還是那些受凱恩斯思想影響的發達國家經濟發展理論，都過分強調發展中國家不同於古典資本主義經濟發展的特徵。錢納利概括了這些發展經濟學理論的基本假設：(1)〔生產〕要素的價格無需準確地反映其機會成本；(2)部分地作為生產過程本身的結果，生產要素的質量和數量皆可隨時間發生重大變化；(3)在許多生產部門，與現有市場的大小有關的規模經濟都是十分重要的；(4)商品之間的互補性強烈地影響著生產者和消費者的需求。由此產生的有關經濟發展戰略的觀點，大都強調的是不斷擴大經濟增長的速度，從而擴大對生產要素的利用，而忽略市場機制的作用、對比較

30　「直到1970年代中期的時間裡，發展經濟學家的時尚態度是反價格機制、傾向於計畫方式、傾向於干預和反貿易，……他們作實證分析時，就要指出市場的無效，他們作規範分析時，通常便主張干預」，參見Knight, "Current Issues in Development Economics", in Deepak Lal, *The Poverty of 'Development Economics'* (MA: Harvard University Press, 1985), pp.5-16.

優勢的利用和從對外貿易中獲得發展的動力和源泉[31]。

由於有這樣一些共同因素的影響，無論是中國、前蘇聯和東歐這些實行社會主義制度的國家，還是亞洲和中南美洲的非社會主義發展中國家，都通過發展戰略的選擇、宏觀政策環境的推行、資源配置制度和微觀經營機制的建立，形成了大致相同的三位一體的傳統經濟體制。

首先，這種經濟體制的邏輯起點是其趕超型發展戰略選擇。如前所述，中國和前蘇聯在當時是典型地選擇了重工業優先發展戰略的國家。而其他許多發展中國家也明確提出了優先發展重工業的戰略主張。

例如，在已故總理尼赫魯的領導下，由馬哈拉諾比斯制訂了印度的重工業發展計畫。在其第一個和第二個「五年計畫」期間，重工業成為經濟發展的主要目標。在此之後，印度政府的投資重點也放在重工業。從1976/1977年度中央政府的企業投資分配來看，鋼鐵工業占28.5％，化學和製藥占18.7％，煤炭工業占11.5％，重型機器製造業占7.3％，採礦業占6.4％，石油工業占6.2％，合計為78.6％[32]。對於這種直接把重工業優先發展體現在經濟計畫或發展戰略中的情形，經常被認為是實行重工業優先發展的戰略。

以中南美洲為代表的一些發展中國家，將其經濟發展戰略

31　Hollis B. Chenery, "Comparative Advantage and Development Policy", *American Economic Review*, March 1961, p.21.

32　資料引自陳立成等，《發展中國家的經濟發展戰略與國際經濟新秩序》（北京：經濟科學出版社，1987），頁147。

稱為進口替代型戰略。這種發展戰略旨在以本國生產的工業製成品來滿足國內需求，取代進口品並通過進口替代工業的發展推動國家工業化。而重工業的優先發展則是這種戰略的必然階段即次級進口替代階段。因此，重工業優先增長和進口替代本質上是同一種發展戰略。我們稱之為趕超戰略。趕超戰略這個用語，在中國曾經用來概括1950年代後期提出的「超英趕美」的口號所誘導的經濟發展方式。例如，1958年5月，中國共產黨第八屆全國代表大會第二次會議明確提出，在今後五年或稍長一些時間趕上超過英國，15年或稍長一點時間趕上或超過美國，並將其作為經濟發展的戰略目標。由此導致了「大躍進」的經濟增長方式和後果。

　　發展中國家在其發展初期，大都具有資本稀缺而勞動力或自然資源豐富的要素稟賦特點。不顧這種資源約束，以重工業以致整個工業體系去趕超發達國家，實際上是超越經濟發展階段，不顧自己的資源比較優勢的戰略設想。因此，「趕超」戰略是重工業優先增長和進口替代戰略的形象概括，我們用它來稱謂所有類型的不顧資源比較優勢而盲目趕超的發展戰略。

　　其次，扭曲產品和要素價格的宏觀政策環境是這種經濟體制的核心。推行超越發展階段和違背資源比較優勢的發展戰略，所要優先發展的產業在自由競爭的市場環境下缺乏自生能力，因此依靠市場和價格機制來發展是不行的。在所有推行趕超戰略的國家，都不可避免地要用一系列政策手段來扭曲價格體系，以便為其工業化創造政策環境。這些政策通常包括壓低利率、匯率，壓低資本投入品價格、壓低農產品價格等。比較

研究表明，凡是推行趕超戰略的發展中國家和中央集權的計畫
經濟國家幾乎無一例外地實行了有利於發展戰略實施的價格抑
制，我們稱這樣一套政策措施爲扭曲政策或扭曲價格的宏觀政
策環境。

　　最後，高度統制的管理體制是扭曲政策的實施保障。人爲
扭曲產品和要素的價格就意味著限制或壓抑市場機制的作用，
排斥競爭，因而就需要以各種管制、歧視和保護來替代市場和
價格的作用。這一套執行扭曲政策的管理體制包括：

　　（1）爲控制經濟命脈而推行經濟的國有化或過高的國有經
濟比重。例如，印度的國有企業幾乎在所有重要的工業經濟部
門占據主導地位，生產出了1980年代國內生產淨值的22%。又
如在典型地推行進口替代戰略的巴西，1984年最大的200家企業
中，有81家爲國有企業，其總資產占這200家大企業的74.2%，
純收入占56.3% [33]。

　　（2）政府參與稀缺資源的配置和實行貿易壟斷，爲扶持沒有自
生能力的工業而建立產業保護制度和設置進入障礙。實行趕超戰略
的國家幾乎無一例外地採取了關稅、多重匯率制、數量限額等貿易
保護措施，以及諸如生產許可證及國家壟斷等國內歧視政策。

　　（3）爲了向處於戰略優先地位的產業提供優惠的投入條件
而訂立利率上限並控制金融業，實行金融壓抑。通過將典型的
實行趕超戰略的國家，與發達國家和實行不同的經濟發展戰略

---

[33] 陳立成等，《發展中國家的經濟發展戰略與國際經濟新秩序》（北京：
　　經濟科學出版社，1987），頁34。

的國家和地區作比較，從前者金融抑制的結果——銀行業的不發
達和可貸資金不足可以看到這一制度特徵。表2.4的數字表明，
由於實行低利率和金融壓抑政策，這些經濟中銀行可貸資金率
（M2占國民生產總值的比重）大大低於其他類別的經濟。

表2.4　實行不同發展戰略的可貸資金率比較

（M2對國民生產總值的比率）

國家和地區	年份	可貸資金率
實行趕超戰略的經濟		
巴西	1960-75平均	0.168
阿根廷	1960-75平均	0.222
印度	1960-75平均	0.276
菲律賓	1960-75平均	0.205
工業發達經濟		
比利時	1960-75平均	0.573
法國	1960-75平均	0.533
瑞典	1960-75平均	0.638
美國	1960-75平均	0.665
實行不同戰略的經濟		
日本	1975	1.087
韓國	1975	0.334
新加坡	1975	0.750
臺灣	1975	0.702

資料來源：約翰.科迪等主編，《發展中國家的工業發展政策》（經濟科
學出版社，1991），頁98-99。

　　(4)爲了鼓勵工業發展和鼓勵工業企業家而實行的向城市
傾斜的社會福利政策。同樣，我們可以從衡量這種城鄉歧視政
策的結果之一——收入分配的不平等程度來看這個特性（參見表
2.5）。

表2.5　實行不同發展戰略的收入分配狀況

國家和地區	年份	按家庭計算的基尼係數
實行趕超戰略的經濟		
阿根廷	1961	0.425
巴西	1970	0.500
印度	1964-65	0.428
菲律賓	1971	0.490
實行不同戰略的經濟		
韓國	1970	0.351
臺灣	1964-77*	0.321
香港	1971	0.434

*注：算術平均值；

資料來源：Jacques Lecaillon etal, *Income Distribution and Economic
　　　　　Development* (International Labour Office), pp.26-27; 胡
　　　　　勝益，《經濟發展與社會福利》（中央文物供應社，
　　　　　1980），頁39。

　　由此可見，通過選擇趕超型的經濟發展戰略而形成傳統經
濟體制，既非中國特有的經歷，也不是實行社會主義制度的結
果。事實是，無論一個發展中國家採取了社會主義基本制度，
還是採取了資本主義的基本制度，都有可能因選擇趕超型發展
戰略而形成類似的經濟體制。也正是由於這一點，分析中國傳
統經濟體制的形成、實行的結果和改革過程，對於有類似經歷
的發展中國家和曾經實行社會主義計畫經濟的國家具有一定的
借鑒意義。

第三章
經濟績效與發展戰略

　　重工業優先發展戰略以及與之相應的經濟體制，儘管解決了在一個經濟十分落後的發展起點上把積累率提高到15%以上的增長問題 [1]，並以較快的速度建成了比較完整的中國工業經濟體系。但是，推行該戰略步履艱難，所付出的代價是極其高昂的。

　　傳統經濟體制下的中國經濟發展，受到了兩個方面的限制，一是扭曲的產業結構，二是低下的微觀經濟效率。由於違背資源比較優勢，人為地推行重工業優先增長的發展戰略，使經濟結構遭到嚴重扭曲，由此喪失了本來可以達到的更快的增長速度；過密的資本構成抑制了勞動力資源豐富這一比較優勢的發揮，加劇了傳統部門和現代部門相互分離的二元結構現

---

1 劉易斯指出，「經濟發展理論的中心問題是去理解一個由原先的儲蓄和投資占不到國民收入4%或5%的社會本身變為一個自願儲蓄增加到國民收入12%到15%以上的經濟的過程。」（劉易斯，《二元經濟論》〔北京：北京經濟學院出版社，1989〕，頁15；Lewis, W. A., "Economic Development with Unlimited Supplies of Labour", *Manchester School of Economics and Social Studies* 22〔1954〕.）

象，由此喪失了本來可以達到的勞動就業和城市化水平；依靠
高積累維持的經濟增長扭曲了國民收入的分配，致使人民生活
水平提高緩慢；扭曲的產業結構還導致經濟的封閉性，造成既
不能利用國際貿易發揮自身的比較優勢，又不能借助於國際貿
易彌補自身的比較劣勢的局面。由於實行生產所需的要素統一
調撥、生產出的產品全部上調、發生的成本統一核算、創造的
利潤全部上繳的企業制度，企業發展與其經濟效率沒有聯繫，
勞動者的收入與其作出的貢獻沒有聯繫，嚴重束縛了勞動者的
生產積極性，造成微觀經濟效率極為低下的問題，以致生產只
能在生產可能性邊界之內進行。

　　推行以重工業優先增長為特徵的趕超戰略不僅是中國領導
人的選擇，也是諸多發展中國家決策者的選擇。通過國際比較
可以發現，實行這種戰略的國家經濟發展的績效都不理想，不
但未能實現趕超的初衷，而且面臨著基本相似的難題。由此說
明，改革前中國經濟增長高成本、低效益的根本原因在於選擇
了錯誤的發展戰略。

3.1 改革以前的經濟增長

　　中國的經濟總量水平經過1950年代初到70年代末的增長有
了巨大的提高。1952-1978年期間，中國的經濟增長速度是比較
高的。統計資料表明：這一時期按可比價格計算的社會總產值、
工農業總產值和國民收入的年均增長率，分別達到7.9%、8.2
%、6.0%（參見表3.1）。這樣的經濟增長速度不僅高於世界平均

水平，即使與發展較快的韓國、臺灣省相比也不低多少。以這樣的經濟增長速度，在近30年的時間裡，中國在以農業部門為經濟主體的基礎上，建成了門類比較齊全的工業體系，經濟結構發生了很大的變化。

表3.1 1952-1978年經濟增長基本指標

單位：%

	社會總產	工農業總產值	國內生產總值	國民收入	積累率
一五時期	11.3	10.9	9.1	8.9	24.2
二五時期	-0.4	0.6	-2.2	-3.1	30.8
1963-1965	15.5	15.7	14.9	14.7	22.7
三五時期	9.3	9.6	6.9	8.3	26.3
四五時期	7.3	7.8	5.5	5.5	33.0
1976-1978	8.1	8.0	5.8	5.6	33.5
1953-1978	7.9	8.2	6.0	6.0	29.5

註：增長速度按可比價格計算，積累率按現價計算。
資料來源：國家統計局國民經濟平衡統計司編，《國民收入統計資料匯編(1949-1985)》（中國統計出版社，1987），頁2、45-46。

同1949年相比，1978年國民收入中工業所占份額從12.6%上升到46.8%，農業份額由68.4%下降為35.4%，建築業和運輸業分別從0.3%、3.3%上升為4.1%、3.9%，商業則從15.4%下降為9.8%。1952-1980年工業投資累計3599.19億元，新增固定資產2734.5億元。按可比價格計算，1980年中國工業總產值達4992億元，比1952年的343.3億元增長17.9倍[2]。

---

2 馬洪主編《現代中國經濟事典》（北京：中國社會科學出版社，1982），頁79、153。

　　但是問題在於，何以在這種較高的經濟增長率之下，中國
沒有實現經濟現代化，擺脫低收入發展中國家的位次？與周邊
的國家和地區作比較，在1950年代初期，中國大陸與韓國、臺
灣的經濟發展條件大致相同，在1950年代至1970年代，經濟增
長速度也非常接近[3]。然而，中國人均國民生產總值仍然很低，
根據人均國民收入和官方匯率計算，1952年的人均國民生產總
值為52美元，1978年為210美元[4]。一直未突破人均265美元這
一低收入發展中國家的界限[5]。對於導致中國實際人均國民生
產總值增長緩慢，未能實現趕超目標的深層原因，我們將在下
面兩節作較為細致的分析。這裡僅試圖對表面上的高增長率與
實質上的低發展水平之間的關係作一簡要解釋。

　　在缺乏充分證據的情況下就冒昧否定關於中國1952-1978
年期間的經濟增長率數據的可靠性是不明智的。但是，仍然有
以下理由使我們確信，這一期間的增長率數字不能完整地反映

3　1950年代初的的人均國民生產總值均不足100美元；1958～1979年
　　間，中國的產出增長率為9.3%（引自世界銀行，《如何管理技術發
　　展，可供中國考慮的一些問題》〔北京：氣象出版社，1984〕）；韓
　　國和臺灣省的國內生產總值年增長率，1961～1970年分別為8.9
　　%、9.3%，1971～1980年為8.7%、9.7%（引自亞洲開發銀行，《1990
　　年亞洲發展展望》）。

4　世界銀行的估計數為220美元。（The World Bank, *World
　　Table*(1992)〔Baltimore: The Johns Hopkins University Press, 1992〕, p.
　　184.）

5　聯合國工業發展組織1980年將人均國民生產總值低於265美元
　　（1975年美元）的發展中國家列為低收入發展中國家。（聯合國工業
　　發展組織，《世界各國工業化概況和趨向》〔北京：中國對外翻譯
　　出版公司，1980〕，頁49）。

中國經濟的實質性發展，或者說有助於我們理解這種表面上的高增長率事實上並沒有實現可能的增長潛力。

首先，中國的經濟增長是在一個非常小的基數上起步的。按1952年不變價格計算，中國工農業總產值的絕對額在1949年只有466億元，1952年也不過827億元，人均工農業總產值僅分別為86.03元和143.87元。從國民收入、社會總產值和國內生產總值的絕對值和人均占有值來看，當時的基數也是非常低的，與許多戰後獨立的發展中經濟比較，較小的基數成為中國發展條件的重要特徵之一。十分顯而易見的是，基數越小，越容易表現出較高的增長率[6]；而在增長率相同的情況下，基數較小的經濟產生的經濟結果明顯就差一些。從表3.1所列出的各個發展時期的增長速度變動也可以看出，隨著中國經濟基數的加大，增長率趨於減緩，工業增長的階段性水平更明顯地表現出這種特徵。1949～1952年恢復時期，年均遞增34.8%，「一五」時期年均增長18%，經過1960年代初的大幅度下降之後，1963～1965年又達到17.8%，爾後逐漸減緩，1965～1980年為10%。

其次，中國經濟增長率在各產業間的分布十分不平衡。由於推行重工業優先發展戰略，國家在政策上實行傾斜式的投資和保護，工業特別是重工業的增長明顯快於農業和第三產業，構成經濟增長速度中起主導作用的因素。例如，1951～1980年期間，工業的平均年增長速度為11.0%，而農業僅為3.2%，商業

---

6 參見鄭友敬、方漢中，〈經濟增長趨勢研究〉，《經濟研究》，1992年第2期。

為4.2%[7]。在工業中重工業又有較快的增長率，1949～1981年期間，平均年增長率為15.3%，重工業因具有較快的增長率而起到支撐國民經濟增長和提高國民經濟中工業所占比重的作用。但是，這種片面依賴重工業部門的發展速度，並不能產生各產業增長比較協調條件下的效果，因而這種較快的速度並不能代表實質性的經濟增長。

第三，中國具有很高的積累率。在利用政府的計畫手段配置資源的條件下，可以超越發展階段地安排國民收入的分配和使用，即抑制消費資金比例，提高積累率。從表3.1可以看出，中國的積累率始終處於相當高的水平，不僅高於世界平均水平，也高於大多數實現了快速經濟增長的發展中經濟。用這種通過政府計畫管制手段實現的高積累率，無疑有利於發動起較快的增長。但是，國民收入分配和使用結構的偏倚，造成居民收入和生活水平長期得不到提高；又由於產業結構向投資品生產傾斜，消費品短缺，人民生活水平提高緩慢，經濟發展的一項重要內容在表面較快的經濟增長中被忽視了。

最後，增長速度是在效率十分低下的水平上實現的。本章第3節將專門討論傳統經濟體制下的效率問題。

3.2 傳統戰略下的畸形結構

推行重工業優先發展戰略的主觀意圖，是想從突破資金稀

---

7 商業為1952-1980年的平均年增長速度。

缺對產業結構升級的制約入手，較快地克服經濟結構中因重工業薄弱對增長與發展產生的影響，使國民經濟盡快增長，進而用最短的時間達到趕超發達經濟的目標。通過扭曲產品和要素的相對價格，以動員資源和降低重工業發展的成本，並建立相應的資源計畫配置制度以保證資源優先流向重工業部門，中國的確實現了重工業優先於其他部門的增長。我們以重工業年平均增長率與輕工業年平均增長率的比值作為重工業增長的領先係數，可以看到1953～1979年期間重工業領先係數為1.47，其中恢復時期為1.68，「一五」時期為1.97，「二五」時期高達6.00，1963～1965年期間經過結構調整該係數下降到0.70，「三五」和「四五」時期又分別達到1.75和1.32。

表3.2　1952-1978年投資結構的變化（用現價計算）

年　　份	固定資產總投資(億元)	基本建設總投資(億元)	基本建設投資結構（％）			
			農業	輕工業	重工業	其他產業
一五時期	611.58	587.71	7.1	6.4	36.2	50.3
二五時期	1307.00	1206.09	11.3	6.4	54.0	28.3
1963-1965	499.45	421.89	17.6	3.9	45.9	32.6
三五時期	1209.09	976.03	10.7	4.4	51.1	33.8
四五時期	2276.37	1763.95	9.8	5.8	49.6	34.8
1976-1978	1740.96	1259.80	10.8	5.9	49.6	33.7

資料來源：國家統計局，《中國統計年鑑(1992)》(中國統計出版社，1992)，頁149、158；國家統計局固定資產投資統計司編，《中國固定資產投資統計資料(1950-1985)》(中國統計出版社，1987)，頁97。

推行這一戰略造成中國產業結構的極大扭曲。從表3.2可以看出,「一五」期間重工業與輕工業的投資比爲5.7,1976-1978年間該比值上升到9.1。我們把這種未能充分利用勞動力豐富的比較優勢並有效規避資金缺乏的比較劣勢的資源配置所造成的後果概括爲兩點。

第一,產業結構中製造業部門的比例特別高,服務部門的比例又異常的小。從表3.3和表3.4中可以看出,在改革前的27年裡,農業占國民收入份額持續下降,工業所占份額持續上升,但其他產業(建築業、運輸業和商業)占國民收入的份額從1952年的22.75%上升到1957年的24.5%以後,一直處於下降和徘徊狀態,至1978年,仍比1957年低6.7個百分點。而工業占國民收入的份額雖從1952年的19.52%上升到1978年的49.4%,但在工業就業的勞動力份額卻只從1952年的6.0%上升到1978年的12.5%。到1978年73.3%的勞動力還在農業部門就業。這樣的產業結構和勞動力就業結構的變化顯然不符合經濟發展的一般規律。

表3.3 1952-1978年各部門占國民收入份額的變化

(用現價計算)

	1952	1957	1962	1965	1970	1975	1978
農　　　　業	57.72	46.81	48.05	46.21	40.39	37.79	32.76
工　　　　業	19.52	28.3	32.79	36.41	40.97	46.02	49.4
其 他 產 業	22.75	24.5	19.15	17.37	18.64	16.18	17.84

資料來源:國家統計局,《中國統計年鑑(1992)》(中國統計出版社,1992),頁35。

表3.4　1952-1978年勞動力就業結構變動

年份	勞動力數量（萬人）				勞動力份額（%）				
	社會	農業	工業	其他產業	農業	工業			其他產業
						合計	輕工業	重工業	
1952	20729	17317	1246	2166	83.5	6.0	4.2	1.8	10.5
1957	23771	19310	1401	3060	81.2	5.9	3.6	2.3	12.9
1965	28670	23398	1828	3444	81.6	6.4	3.0	3.4	12.0
1978	40152	29429	5008	5715	73.3	12.5	4.6	7.9	14.2

資料來源：馬洪、孫尚清主編，《中國經濟結構問題研究》（人民出版社，1981），頁104；國家統計局編，《中國統計年鑑(1992)》（中國統計出版社，1992），頁97。

　　第二，在製造業中，粗加工的比例高，精加工的比例低。由於片面追求實物指標及其速度，致使粗加工能力的增長遠遠超過了精加工能力的增長。例如鋼鐵工業，屬於粗加工的煉鋼生產能力增長得非常快，而屬於精加工的軋鋼生產能力等卻增長得極慢，造成了一方面積壓大量鋼錠，另一方面進口大量鋼材的局面。

　　爲了說明產業結構扭曲的嚴重性，我們用世界銀行根據歷史上一些國家產業結構演變過程而構造的「錢納里-塞爾昆大國模型」來比照中國1981年經濟結構的偏離狀況[8]。「大國模型」分別提供了按1981年美元價格計算，處於典型的低收入水平（人均300美元）、下中等收入水平（600美元）和中等收入水平（1200

---

[8] 王慧尚、楊光輝主編，《中國經濟結構變化與增長的可能性和選擇方案》（北京：氣象出版社，1984），頁67-68。

美元)的大國所具有的「典型的」經濟結構。1981年中國的人均
國民生產總值估計為300美元或350美元[9]。這樣,我們就可歸納
出3種可供比較的經濟結構狀況(參見圖3.1)。比較表明,中國在
較低的人均收入水平下達到了過高的製造業比重,與此相對應
的是第三產業的發展極其不足,占國內生產總值的比重過低。

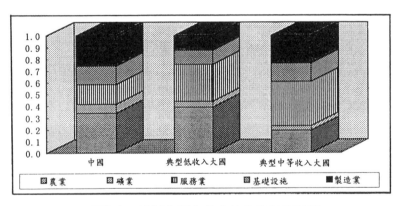

圖3.1　1981年國內生產總值的部門結構

　　這種過重的產業結構背離了中國的資源比較優勢[10],給中
國經濟的發展和人民生活的改善帶來了一系列的障礙。這也是
推行傳統經濟發展戰略造成的一個重大弊端。為了把問題分析

9　按照與其他發展中國家可比的口徑,對300美元這一水平進行調整
　　得出。

10　相對於資金密集的重工業,輕工業是勞動密集的產業,中國的資源
　　比較優勢是勞動力相對豐富,所以在宏觀政策環境未遭扭曲的情形
　　下,輕工業在國民經濟中的比重應該大大高於重工業。

得更清晰直觀，我們暫且不考慮傳統經濟體制中經濟效率的損失（這是下一節所要考察的內容），並且假設政府的計畫安排能夠達到有效地實現其優先發展的目標，僅對扭曲產業結構造成的經濟結果作出概括。

1. 產業結構背離資源比較優勢壓抑了經濟增長速度。在中國所處的發展階段上，資本是稀缺的要素，而勞動力十分豐富。如果由市場來誘導產業結構的形成，由於勞動力價格較低，勞動密集型產品的相對成本較低，在國內和國際市場上都比資本密集型產品更富有競爭力。在利潤動機的驅使下，生產者會將資源投向勞動密集型產業，並熱衷於採用節約資本和使用勞動的技術。

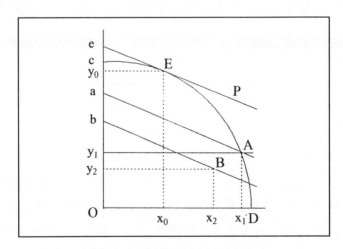

圖3.2　發展戰略與生產效率

以圖3.2表示，這種符合比較優勢的產業結構表現在生產可能性邊界上，適宜的生產組合在E點，即位於生產可能性邊界

和沒有扭曲的相對價格線的切點上。生產OY_0的勞動密集型(輕工業)產品和OX_0的資本密集型(重工業)產品。由於超越階段地推行重工業優先發展戰略和人為扭曲要素價格，資本反倒成為一種相對便宜的要素，政府通過計畫手段將其配置到給予優先發展權的重工業部門，就抑制了具有比較優勢的輕工業部門的發展(這種抑制表現在圖3.2中的Y_1A線)。結果，實際的生產可能性邊界曲線從原來的CEAD縮小為受限制的Y_1AD。形成的產品生產組合在生產可能性邊界上的A點，相應的勞動密集型產品產量為OY_1，資本密集型產品產量為OX_1。

由圖3.2可以看出，壓抑具有比較優勢的產業部門的靜態結果，是按不變價格計算的國民收入損失一個ea的絕對量或ea/eo的相對量。國民總收入的減少就意味著可供投資的剩餘的減少。假設國民總收入按一定的比例用來投資，則一方面減少的投資額會按一個乘數效應進一步減少總投資，這個乘數則為社會邊際積累率的倒數。另一方面，假設政府的傾斜性產業目標是通過勞動密集型和資本密集型產業之間的一個固定的比例關係來達到的，則每一期再生產都會同樣產生一個相對量為ea/eo，而絕對量不斷大於ea的收入損失，從而通過乘數效應減少社會總投資。這種情形大大地抑制了整個國民經濟的發展速度，或者說雖然重工業得到較快的增長，但卻是以犧牲能加以利用的總體經濟增長潛力達到的。由此可以得出的結論是，推行重工業優先增長的戰略，從整體上看並不必然導致經濟增長的高速度。相反，實行這種戰略的結果往往與最初的期望背道而馳。

2. 扭曲的產業結構降低農業勞動力轉移速度，造成城市化水平的低下。重工業是資金密集型的產業，也就是說一定的資金，在重工業中容納的就業量要低於其他產業。有關中國統計資料的分析表明，重工業部門每億元投資提供0.5萬個就業機會，只及輕工業的三分之一，國有企業每億元投資提供1萬個就業機會，只及非國有企業的1/5；然而在這一時期，重工業企業職工增長的人數為輕工業的4.1倍，國有企業職工增長的人數為非國有企業的3.1倍[11]。由此可見，中國實行重工業優先發展戰略的結果，減弱了經濟增長吸收勞動力在非農產業就業的能力，阻礙了伴隨著經濟發展勞動力從第一產業轉移出來的就業結構轉換過程。這也是在改革前的27年裡，農業的產值份額從57.72%下降到32.76%，下降了約25個百分點，而農業的勞動力份額由83.5%降至73.3%，僅下降10.2個百分點，即勞動力份額下降明顯滯後於產值份額的主要原因（參見表3.3、表3.4）。

由於實行城鄉分隔發展的政策，工業集中在大中城市，既不需要周圍地區的產業結構互補，也沒有拉動相關產業的發展，導致了城市結構小而全、大而全，阻礙了城市化的正常發展。1980年，中國城市化率僅僅達到19.4%，同1952年相比只增長了6.9個百分點。這大大不同於一般的發展經驗，形成中國城市化水平的非典型化特徵。錢納里等曾經描述了在常態發展過程中不同發展水平上平均的城市化水平（參見表3.5）。與之相

---

11 馮蘭瑞、趙履寬，《中國城鎮的就業和工資》（北京：人民出版社，1982），頁10。

比較可以看出中國城市化水平的滯後。以1964年美元不變價格計算，1980年中國人均國民生產總值大約為154美元[12]，可以與表中100美元或200美元的時點相比較。該年中國城市化水平不僅大大低於200美元時點上的城市化預測值，而且低於100美元時點上的城市化預測值。低城市化水平壓抑了第三產業的發展，使其在整個經濟結構中的比重大大低於一般水平。

表3.5　不同收入（GNP）水平上城市化預測值

人均國民生產總值（美元）	100	200	300	400	500	800	1000
城市人口比重（%）	22	36.2	43.9	49	52.7	60.1	63.4

　　資料來源：錢納里等，《發展的型式（1950-1970）》（經濟科學出版社，1988）。

　　3. 結構扭曲使人民生活水平在長達20多年的時期內改善甚微。在這種經濟結構中，資源最大限度地配置到了資本品生產部門，消費品生產受到很大制約，嚴重影響了消費品總供給的增長。為了加速發展重工業，極為有限的外匯收入又不可能用於消費品進口，以致提高人民生活水平缺乏最基本的物質保證；城市中的就業人員受低工資和凍結工資水平政策的制約，收入水平以及消費水平都處於增長緩慢乃至停滯的狀態（參見圖2.1、表3.6）；而被城鄉隔絕政策強行滯留在農業中的農村居民受就業不足和集體生產中勞動激勵不足的制約，難以實現人均產出的增長，更是失去了增加收入、提高生活水平的機會。

---

12 蔡昉，〈我國城市化的新階段〉，《未來與發展》1990年第5期。

消費品工業發展不足和農產品總供給不足，造成日用消費品和
食品的長期短缺，大部分基本必需品長期憑票證供應。

表3.6　城鄉居民消費水平的變化

年　份	國民收入 指數	全國居民消費 水平指數	農民消費 水平指數	城鎮居民消費 水平指數
1952	100	100	100	
1957	153	122.9	117	126.3
1978	453.4	177	157.6	212.6

註：國民收入指數和消費水平指數均按可比價格計算。
資料來源：《中國統計年鑑(1993)》，頁34、281。

　　由於在這種產業結構下，政府並非不想增加生活必需品產
出，而是沒有所需的資源，人們並非不想提高收入水平，而是
提高努力程度並不能產生提高收入的效應。所以，應該把人民
生活水平長期得不到改善的主要原因歸結為產業結構扭曲。

　　4. 違背資源比較優勢的產業結構導致國民經濟結構的內向
性進一步提高。在這個片面發展資本品的產業結構中，一方面資
源集中投放在不符合比較優勢的資本密集型產品的生產上，需要
通過國際市場獲得的資本品占資本品總需求的份額必然大大下
降；另一方面，具有比較優勢的勞動密集型產業因資源供給嚴重
不足而失去了發展的條件，能夠進入國際市場的勞動密集型產品
的數量必然大大減少。進出口規模的縮小必然導致國民經濟內向
性的提高。這一結論可以得到有關統計資料的支持。從表3.7可
以看出，對外貿易總額占工農業總產值的份額由1952～1954年的
8.16%下降到1976～1978年的5.89%，下降了2.27個百分點。

表3.7 1952-1978年對外貿易變動

年　　份	工農業 總產值	進出口貿 易總額	進出口貿易占工 農業產值的份額
1952-1954	2820	230.2	8.16
1976-1978	15148	891.6	5.89

資料來源：國家統計局編，《中國統計年鑑(1993)》（中國統計出版社，
　　　　　1993），頁57-58、633。

3.3 缺乏激勵和效率低下

　　傳統經濟體制運行的結果，除了產生3.2節描述的畸形的產業結構之外，還因資源配置效率低、缺乏競爭和勞動激勵不足，造成資源利用效率低下。

　　首先是計畫配置所造成的資源配置效率低下。為了按計畫配置稀缺資源和監督計畫的執行，產生了縱向的部門管理系統和橫向的地方行政管理體系的交叉，各部門和各地區之間的投入產出聯繫便為爭投資、爭物資的關係所替代。由於計畫制訂者事實上很難獲得決策所需的信息，因而計畫往往只能是一種事後的調整。同時，這種計畫調節不是用價格機制來矯正經濟結構對政策目標的偏離[13]，而是用扭曲的價格，以及各種直接、間接補貼（預算軟約束）和數量調節手段來安排和調整國民經濟比例，因而事實上所有部門都分別在兩種狀態下進行生產。

　　如圖3.3所示，一類部門是在高於均衡價格的計算價格（或

---

13 我們暫且假設符合政策目標的結構狀況為均衡條件。

會計價格）[14] 下生產（如圖3.3（a）所示），另一類部門是在低於均衡水平的計算價格下進行生產（如圖3.3（b）所示）。在前一種情形下，由於生產部門獲得較高的計算價格，提供大於均衡水平的產品，剩餘量為Q_0Q_1 [15]。

注意到該部門的供給曲線SS實際上是其邊際成本線，所以較高的計算價格實際上是引導該部門在較高的邊際成本狀態下生產過剩產品。在後一種情形下，部門得到的計算價格低於計畫的均衡水平，其產品產生Q_0Q_2的短缺。

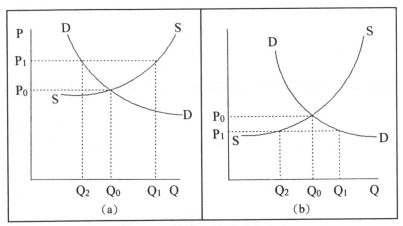

圖3.3　兩種計算價格下的生產

14 我們將計算價格定義為部門或企業計算其生產實際盈虧的一個會計指標。在傳統體制下，由於預算軟約束，該指標不僅包括計畫價格，還包括資金、原材料等的計畫供給，以及一系列影響生產盈虧的鼓勵或抑制性政策。

15 由於這裡產生了消費者價格（P_0）與生產者計算價格（P_1）的不一致，所以剩餘量僅為Q_0Q_1而不是更大。下面談到產品短缺時，道理亦同。

　　究竟各個部門是怎樣被納入到有利或不利的計算價格水平下進行生產呢？有兩種情況。一種是取決於部門的討價還價地位，即它在計畫盤子裡的相對重要性，造成有些部門具有較高的處於有利的計算價格待遇下的頻率。有些則相反，如農業、能源、交通等基礎部門具有作為重工業投入品的地位和價格波及效應強的特徵，往往處在不利的計算價格下，因而長期不能擺脫其成為國民經濟瓶頸的地位。另一種情況是，對於產業特徵比較接近的部門，有著大致相同的處於較有利或不利的計算價格條件的頻率，它們在何種狀態下進行生產，則取決於計畫者對前期結構狀況的判斷。這類部門的生產能力是根據計畫要求（或假設為長期供求均衡狀況）形成的。當計畫價格有利時，便在較高的邊際成本水平上生產，當計算價格不利時，便出現開工不足。兩種情況都造成效率的損失。

　　其次是缺乏競爭，生產效率低下。優先發展重工業就意味著同時實行初級（生活用品）進口替代和次級（機器、設備等）進口替代。當時中國的技術水平尚處於低級階段，又沒有利用自己的資源比較優勢，因而國內產品的成本必然很高，缺乏競爭力。為了獨立自主地發展工業體系，就要對國內工業實行保護，為此又要付出效率上的代價。一方面許多產品在國內生產所耗費的資源成本，高於這種生產所節省或換取的外匯價值。另一方面，持續的保護使工業部門失去了改進生產力的機會並增大了國民經濟的動態成本。其一是國內市場的有限性限制了某些產業利用規模經濟；其二是因缺少外部競爭，以及因進入障礙消除了國內競爭，使這些受到保護的部門和企業缺乏創新動力。特別是，

當企業和部門的資源完全由計畫配置，產品統購包銷，生產按指令進行時，它們就不再具有改進效率、提高產品質量的激勵。

第三是勞動激勵不足。在價格扭曲和缺乏競爭的條件下，企業盈虧不取決於經營好壞。如果給企業自主權，必然會出現企業經理人員和工人侵蝕利潤和資產的情況。為了防止侵蝕利潤和國有資產，就必須剝奪企業自主權；而取消了自主權，就不能根據工人的努力程度決定工資標準，就必然造成勞動激勵不足。勞動激勵與勞動獎懲具有正相關的關係。要提高勞動激勵，必須實行多勞多得的分配制度。問題是在傳統經濟體制下，企業沒有自主權，無權選擇雇傭對象，也無權解雇工人，更為棘手的是，在這種體制下，城市職工的報酬是固定的，與個人勞動努力及企業績效都沒有聯繫，即無論職工個人幹多幹少還是職工群體幹多幹少，都不會影響職工個人收入。由於職工個人多勞不能多得，勞動激勵必然不足[16]。

農業的情形有所不同，雖然生產隊有權支配其剩餘的一部分，但農業所具有的生產空間分散性高和生產周期長的特點，使它的勞動監督極為困難。農業的這一特徵迫使人民公社體系中的管理者選擇較低程度的監督；而沒有嚴格的勞動監督，就不能對勞動者的努力作出準確的度量，勞動者也就得不到與其付出相對應的報酬。事實上，生產隊為每一個年齡相仿、性別相同的勞動者制定了相同的工分標準（工資率），因而勞動報酬與勞動者的實際工作態度和效果完全脫節。在「出工一窩蜂，

---

16 參見林毅夫、蔡昉、李周，《中國國有企業改革》（香港：中文大學出版社，1999；台北：聯經出版公司，2000）。

幹活大呼隆」的生產隊集體勞動中，一個人如果工作更努力，
爲集體創造的產品中，他本人得到的份額與那些努力程度不如
他的人是一樣的。那些不努力甚至偷懶的人爲集體帶來的產品
損失，也是在全體勞動者之間平均分攤。這就造成集體農業生
產中勞動激勵不足，免費搭車成爲十分普遍的現象 [17]。

在討論傳統經濟體制所造成的產業結構傾斜時，我們曾假
設不存在效率的損失，社會生產仍然是在生產可能性邊界上的
某一點(如圖3.2中的A點)上進行。而事實上因缺乏激勵機制所
造成的效率損失是非常嚴重的。下面利用資源利用效率的國際
比較來說明這一問題。

通過材料使用和總要素生產率的國際比較可以看出，中國
爲經濟增長所付出的代價是非常高昂的。表3.8、表3.9和表3.10
中的數據表明，中國經濟增長的效率很低。其中，按單位國內
生產總值計算的能源、鋼材消耗和所需運輸量，分別超過其他
發展中國家的63.8％～229.5％、11.9％～122.9％和85.6％～
559.6％；按主要產品的單位工業產值計算，除印度的鋼材消耗
量略高於中國外，其他情形大致相同；同發達國家比，差距就
更大了。在資產總量構成中，中國流動資金占全部資產總量的
份額最大，高出其他國家4.8～25.7個百分點，這意味著中國投入
品與產出品的庫存量比其他國家多，庫存時間比其他國家長。反

---

17 林毅夫，《制度、技術與農業發展》(上海：上海三聯書店，1992)，
　　頁44-69。或見Justin Yifu Lin, " Supervision, Peer Pressure, and
　　Incentive in a Labor-Managed Firm", *China Economic Review*, vol.2
　　(Oct.1991), pp213-29.

映經濟增長代價高昂最重要的指標是總要素生產率增長太慢。在1952～1981年間,即便採取最有利的假設,中國的總要素生產率年均增長也僅為0.5%,是表中所列各國中增長最慢的國家。

表3.8 單位國內生產總值材料消耗率的國際比較

(1980年美元)

國別	單位國內生產總值的消耗			單位主要工業產值的消耗		
	能源	鋼材	貨運量	能源	鋼材	貨運量
	公斤標準煤/美元	噸/百萬美元	噸公里/美元	公斤標準煤/美元	噸/百萬美元	噸公里/美元
中國	2.90	127.3	3.10	1.06	353	6.74
印度	1.77	98.4	1.67	0.99	379	6.43
韓國	1.12	113.8	0.47	0.48	291	1.22
巴西	0.88	57.1	1.40	0.32	103	4.12
日本	0.51	63.0	0.41	0.30	146	1.00
法國	0.45	30.9	—	0.30	88	—
美國	1.05	44.8	1.80	0.47	132	5.32
英國	0.57	30.0	—	0.23	91	—
德國	0.49	43.7		0.26	95	

資料來源:世界銀行1984年經濟考察團,《中國:長期發展的問題和方案》附件5〈從國際角度來看中國的經濟體制〉(中國財政經濟出版社,1987),頁23。

表3.9 流動資金占資產總量份額的國際比較(%)

	年　份	流動資金占資產總量份額
中　國	1981	32.7
印　度	1979	27.9
韓　國	1963	7.0
日　本	1953	19.9
英　國	1970	12.6
蘇　聯	1972	29.5

資料來源:世界銀行1984年經濟考察團,《中國:長期發展的問題和方案》附件5,〈從國際角度來看中國的經濟體制〉(中國財政經濟出版社,1987),頁23。

表3.10　總要素生產率增長的國際比較

國　　名	時　　　　期	總要素生產率年增長		總要素生產率年增長占產值增長的比率	
中　　國*	1952-1981	0.53	(-1.0)	8	(-17)
	1952-1975	0.3	(-1.1)	5	(-18)
	1975-1981	1.0	(-0.3)	17	(　-5)
巴　　西	1950-1960	3.7		54	
	1955-1970	2.1		34	
	1966-1974	1.6		22	
韓　　國	1955-1960	2.0		47	
	1955-1970	5.0		57	
	1960-1973	4.1		42	
日　　本	1952-1971	3.8		38	
	1952-1964	5.1		53	
	1953-1971	5.9		58	
	1955-1971	2.9		25	
	1955-1970	5.6		55	
	1966-1973	4.5		41	
美　　國	1947-1960	1.4		38	
	1960-1973	1.3		30	
蘇　　聯	1950-1960	1.9		32	
	1960-1970	1.5		29	
	1960-1970	1.5		29	
	1970-1975	0.1		3	
西班牙	1959-1965	5.0		44	
19個發展中國家的平均數		2.0		31	
12個市場經濟國家的平均數		2.7		49	

註：括號外按資本0.6、勞動0.4計算，括號內是按資本0.4、勞動0.6計算。

資料來源：世界銀行1984年經濟考察團，《中國：長期發展的問題和方案》附件5〈從國際角度來看中國的經濟體制〉（中國財政經濟出版社，1987），頁23。

　　據世界銀行的估計，在1957-1982年間，中國國營企業的總要素生產率處於停滯或負增長狀態 [18]。

　　在討論了傳統經濟體制所造成的一系列效率損失之後，我們可以看到，事實上社會生產是在生產可能性邊界之內（例如圖3.2中的B點）進行的，社會資源遭受到浪費。將這一結論考慮進去，傳統體制下的經濟增長所受到的抑制就更大了。

3.4 步履艱難的趕超：國際透視

　　從中國1950年代至1970年代末的經濟增長績效來看，重工業優先增長戰略以及相應的宏觀政策環境、資源配置制度和微觀經營機制造成產業結構扭曲和激勵機制不足兩大問題，人民生活水平長期得不到明顯的改善。雖然這幾十年的發展養活了占世界人口22％的中國人民，也初步建立了一個比較完備的工業體系，但代價是極其高昂的，趕超的目標並沒有實現。本章前面三節的分析所要說明的是，中國經濟發展的不成功，是由於選擇了違背資源比較優勢的趕超戰略。在這一節，將分析其他推行趕超戰略的發展中經濟的績效。

　　選擇資本主義制度的「四小龍」的成功和推行社會主義經濟體制的國家紛紛轉軌，很容易使人看不到發展戰略對經濟績效的決定作用，而將經濟發展績效的差異歸結為社會制度的選擇。然而，這種不對發展戰略、宏觀政策環境和資源配置制度、

18　世界銀行1984年經濟考察團《中國：長期發展的問題和方案》（北京：中國財政經濟出版社，1985），頁145。

微觀經營機制等方面的差異作細致的經濟學分析，簡單地將發展差異抽象爲社會制度差異的結論是經不起推敲的。

　　第一，如果「四小龍」的成功是資本主義制度的成功，爲什麼許多其他實行資本主義制度的國家不能成爲新興工業化經濟？第二，如果社會主義國家經濟注定躑躅不前，爲什麼最近20年的中國經濟能夠發生如此顯著的變化，並在沿海地區創造出比亞洲「四小龍」快速增長時期更出色的經濟奇蹟？第三，如果社會主義國家經濟增長緩慢的癥結是社會制度問題，爲什麼前蘇聯和東歐國家改制以後依然處在重重危難之中？

　　我們在考察各國經濟發展成敗的經驗和教訓時發現，凡是推行「趕超戰略」的國家，經濟增長與發展都沒有取得成功。正如前述，不僅中國、前蘇聯和東歐一些實行社會主義計畫經濟的國家選擇趕超戰略沒有獲得成功，一批實行資本主義經濟的發展中國家選擇趕超戰略或進口替代戰略也沒有獲得成功，沒有實現其趕超的願望。例如，位於拉丁美洲的阿根廷、烏拉圭、智利和玻利維亞等資本主義國家，它們的人均收入在19世紀末與德國相差無幾，歷經了一個世紀以後，目前仍處在經濟上困難重重，財富分配兩極分化，廣大人民生活水平的改善十分緩慢的不發展狀態之中。在1960年代曾被認爲是亞洲地區僅次於日本的明日之星菲律賓，現在經濟處於混亂、停滯的狀態。

　　概括而言，這些國家所選擇的經濟體制所導致的結果有以下幾個方面。第一，不盡人意的增長速度和較低的收入水平。從1960～1981年期間的國內生產總值年平均增長率看，印度爲3.5％，菲律賓爲5％～6％，巴西從前10年的5.4％上升到後11

年的8.4％，阿根廷從前10年的4.3％銳減到後11年的1.9％，烏拉圭在這兩個區間分別為1.2％和3.1％[19]。這樣的增長速度是談不上趕超的。特別是與一些採取其他發展戰略的經濟相比，上引數字都是比較低的。巴西是個例外。在1970-1981年期間，它依靠高度的保護和補貼政策刺激制成品出口擴張，達到了較高的增長速度。但是，由於出口擴張仍然是以傳統方式推動的，所以由此帶來的高增長並未能夠改變巴西經濟和社會受傳統戰略影響而形成的其他主要特徵。格里芬指出，對於巴西這一時期的出口擴張，外國資本和政府補貼起了很大作用，而巴西工業企業所貢獻的份額最小。事實上，這一時期之後，巴西經濟增長速度驟跌，1980-1991年國內生產總值的年均增長率僅為2.5％[20]。

　　從1960-1981年人均國民生產總值的年平均增長率看，印度為1.4％，菲律賓為2.8％，巴西為5.1％，阿根廷1.9％，烏拉圭1.6％。除巴西外，全都低於各自所屬收入組別的平均增長水平。由此可以看出這些國家發展水平的提高是很緩慢的，趕超的實踐無疑是失敗了。

19　世界銀行《世界發展報告(1983)》（北京：中國財政經濟出版社，1983），頁150-151。

20　在推行趕超戰略時，在一定時期特別是早期階段，刺激起較快的經濟增長速度並非難事。但這種高速增長是依靠資源的最大限度動員而達到的。一旦國內可動員的資源枯竭而國外的資金流入終止，增長速度就會急劇地跌落下來。因此，巴西在1970-1980年期間實現的快速增長也是趕超戰略的一種常態；而隨後的低速也是必然的。巴西在1980-1991年期間的增長速度見 World Bank, *World Development Report*(*1993*)(New York: Oxford University Press, 1993), pp. 241, 81.

　　第二，扭曲的經濟結構和社會結構，導致收入分配惡化。由於推行資本密集型產業優先發展戰略，工業結構偏重，吸收就業的能力受到限制。如在1963-1969年期間，印度、菲律賓和巴西的製造業產值年平均增長率分別為5.9％、6.1％和6.5％。而同期製造業就業的年平均增長率分別為5.3％、4.8％和1.1％[21]。這導致了高失業率。大量低收入人口的存在使得收入分配不均等的狀況不能隨著經濟發展而得到改善。以巴西為例，最富有的5％的人口所占有全部收入的比例在1960年為27.7％，1976年上升到39％；同期，最貧窮的50％的人口所占有全部收入的比例從17.7％降至11.8％。也就是說，1976年最富有的5％的人口的人均收入是最窮的50％人口的33倍。從基尼係數來看，1960年為0.50，1970年為0.56，1976年達到0.60[22]。

　　第三，低效率和福利損失。政府為了推行趕超戰略，對一些工業部門實行了高度保護和補貼的政策，這些產業和企業處於不受外來競爭的壟斷地位，反而失去了技術創新動力和改善經營管理的激勵，結果效率非常低下。例如，在1955-1975年期間，印度製造業的總要素生產率一直是負數[23]。對這些經濟來說，最有典型意義的是尋租行為的泛濫。由於政府通過發放許可證、設置限額、低息貸款，以及價格干預等方式對各產業實行差別待遇，企業一旦取得這些優惠條件或補貼便可獲利，因

21　托達羅，《第三世界的經濟發展（上）》（北京：中國人民大學出版社，1988），頁317。
22　格里芬，《可供選擇的發展戰略》（北京：經濟科學出版社），頁153。
23　同上，頁157。

而私人企業家們使用了大量人力、物力、財力去尋求這種制度租金,不僅腐化了官員、敗壞了政府聲譽,還浪費了大量資源,造成國民福利的淨損失。據對巴西1967年的估計,如果說,保護造成資源配置不當帶給國民生產總值的損失為1%,則尋租行為造成的這種損失為7%~9% [24]。而長期對製造業進行高度保護,則是推行趕超戰略經濟的重要特點。

第四,財政狀況惡化和通貨膨脹。由於這些國家超越自己的發展階段,依靠政府補貼或直接的公共投資發展資本密集型的工業,加重了財政負擔乃至產生巨額財政赤字。為了填補這個資金缺口,便大量借用外債。例如巴西和墨西哥在1970年代以後,特別是1980年代初期,為了追求高速度,擴大投資,不惜大規模舉債,以致先後陷入債務危機,增長速度驟降,分別出現了負增長,人民生活水平也由此倒退了十幾年。通貨膨脹也是許多推行趕超戰略國家的通病。為了人為扶持經濟增長速度,一系列宏觀經濟政策都鼓勵投資和擴大基本建設規模,而由於產業結構本身是不平衡的,所以經濟過熱的結果就是出現一個又一個瓶頸。產品和要素的供不應求導致價格上漲,進而形成比較嚴重的通貨膨脹的局面。例如,巴西的年平均通貨膨脹率從1960年代的46.1%保持到1970年代平均的42.1%;而阿根廷則從1960年代的21.4%上升到1970年代的134.2% [25]。

由上面的資料可以看到,導致一些發展中國家經濟未能趕

24 格里芬,《可供選擇的發展戰略》(北京:經濟科學出版社),頁153。
25 世界銀行,《世界發展報告(1983)》(北京:中國財政經濟出版社,1983),頁148-149。

超成功的根本原因，恰恰在於它們所共同選擇的趕超戰略，以及相配套的扭曲產品、要素相對價格的宏觀政策環境和政府干預型的管理體制。

最後，試圖通過中國與印度經濟增長與發展的全面比較來作進一步的說明。我們選擇印度作爲比較對象的主要依據是：第一，中國和印度是亞洲相鄰的兩個大國，人口總量居世界前二名。第二，中國和印度都是發展中國家，取得政權和在政治上獲得獨立的時間基本接近，所選擇的經濟發展戰略也極爲相同[26]。第三，中國和印度的資源條件沒有明顯差異。

中印兩國的資源比較優勢都是勞動力相對豐富，農業生產條件都有降水量季節分配和地區分布不均勻的特點，等等。第四，中國和印度經濟發展的起點大體相似。1950年代初，中印兩國的經濟結構是極爲相似的。從農業看，1952年，中國國民收入中農業所占的份額爲57.7%，農村人口占全國總人口的份額爲87.5%；1950-51年度，印度的這兩個指標分別爲59%和82.7%。從總體上看，中國第二次產業相對大一些，而印度第三次產業相對大一些，但差異並不顯著(參見表3.11)。

---

26 印度的重工業優先發展戰略創導者尼赫魯曾一再強調：「重工業的發展就是工業化的同義語」，「如果要搞工業化，最重要的是要有製造機器的重工業」。這一戰略的實際制定者馬哈拉諾比斯在其設計的印度「二五」計畫綱要中曾明確闡述：「工業化的速度以及國民經濟的增長，都要依靠煤、電、鋼鐵、重型機械、重型化工生產的普遍增長，……所以，必須竭盡全力盡快地發展重工業」(轉引自孫培均主編，《中印經濟發展比較研究》〔北京：北京大學出版社，1991〕，頁51-55)。

表3.11　中印兩國產值結構(%)

	中國(1952)	印度(1950-51)
總　　　計	100	100
第一次產業	58	60
第二次產業	23	14
第三次產業	19	26

註：中國的產值結構根據國民收入計算。
資料來源：國家統計局，《中國統計年鑑(1993)》(中國統計出版社，
　　　　　1993)，頁33；孫培均主編，《中印經濟發展比較研究》(北
　　　　　京大學出版社，1991)，頁57。

表3.12　中印兩國農業總產值的增長指數
(1950-1951為100)

年份或年度	中　　　國	印　　　度
1965-66	172.9	138.1
1980-81	326.7	231.1
1985-86	569.5	270.1

資料來源：孫培均主編，《中印經濟發展比較研究》(北京大學出版社，
　　　　　1991)，頁131。

　　1950年代至1970年代，中印兩國發展農業的微觀組織方式
差異最大，中國推行了高度集中的人民公社體制，而印度則直
至1980年代初期，全國的農業共耕社才有9000多個，社員25萬
人，耕地面積37.5萬公頃，僅占全部耕地面積的0.34%。然而，
由於推行的都是重工業優先發展戰略，面臨的都是扭曲的宏觀
政策環境，造成農業增長的結果極為相似。1950-1980年期間，
中國糧食產量的年平均增長率為3.00%，而印度為3.08%。從表
3.12中可以看出，如果不考慮中國改革以來農業快速增長，中

印兩國農業產值的增長是大致相同的。從表3.13還可以看出，經過漫長的30年，中印兩國的就業結構依然如此相近。這或許可以作為中印兩國人均國民生產總值都停留在100～300美元以下的原因之一。

表3.13　1980年中印兩國的就業結構（％）

產業類別	中　　國	印　　度
總　　計	100	100
第一次產業	74	70
第二次產業	14	13
第三次產業	12	17

資料來源：世界銀行，《世界發展報告（1988）》（中國財政經濟出版社，1988），頁282。

趕超戰略不僅在中國和其他社會主義國家沒有獲得成功，而且在印度和其他發展中的資本主義國家也沒有獲得成功的事實表明，改革前中國經濟發展沒有取得成功的根本原因，在於所採取的發展戰略。

關於趕超戰略和趕超思想，必須說明的是，它們並不應混淆於後進國家趕上和超過發達國家的願望，而是指一整套政策體系，通過扭曲宏觀政策環境和體制，運用行政干預，實行產業歧視和保護的經濟學思想和政策傾向。

作為一種經濟學思潮和政策主張的趕超思想，早在16世紀就出現了。其代表作是從16世紀至1776年亞當・斯密出版《國富論》時流行於歐洲各國的重商主義。在哥倫布發現美洲大陸和麥哲倫發現印度洋航線之後，歐洲各國爭相向外擴張。國家

經濟和軍事實力則是這種擴張的前提條件。所以，發展國家經
濟、積累國家財富成爲這一時期各國政府的努力目標。重商主
義正是適應這種需要，從傳統的學院派經濟學中脫穎而出，形
成一種在政策和理論上具有相對一致性的經濟思想體系。對於
重商主義主張的一個早期概括十分地恰如其份：在16世紀和17
世紀所流行和實施的各種重商主義措施，是「政治家引導他們
時代的經濟力以建立一個強有力的獨立國家的努力的產物。重
商主義體系的目標是建立一個工業和商業的國家。在這個國家
裡，通過權力當局的鼓勵或限制，私人利益和部門利益應服從
於提升國民實力和國家獨立性……」[27]。這個概括從兩個層面
上揭示了重商主義的實質。第一，反映了重商主義的功利目的
性，即幫助一國積累財富、提升國力；第二，揭示了重商主義
在達到目標的政策主張上，不是著眼於借助經濟當事人的利益
驅動，而重在增強國家的權威本身[28]。

　　趕超思想的另一個理論淵源來自19世紀40年代的德國歷史
學派。當時德國經濟的發展水平落後於英法等先進國家。「國
家要求達到獨立、堅強地位的自然努力」[29]，在當時德國經濟
學中的反映就形成了該學派關於經濟上趕超的理論和政策主
張。典型的觀點是否認各個國家的經濟發展具有共同的普遍的

27　Palgrave, R.H. ed., *Dictionary of Political Economy*, vol.2（Macmilan,
　　1896), p.727.

28　Hecksher, E., *Mercantilism*（2 vols. Rev. 2d ed., Allen & Unwin,1955),
　　pp.21,22.

29　李斯特，《政治經濟學的國民體系》（北京：商務印書館，1961）。

規律，而認爲各國的發展都要依據特殊的政策獨立進行。

　　鑑於德國工業的落後狀況，他們反對古典經濟學關於自由貿易的政策主張，而提倡對本國的「新生工業」進行保護。進一步，他們認爲即使經濟發展水平提高了，也不應完全進行自由貿易，因爲那樣的話，以出口初級產品爲主的國家將會處於不利的競爭地位，並對它國形成依附關係。由此很自然地，德國歷史學派竭力主張國家在經濟生活中發揮重要作用，以國家的力量來促進工業發展。

　　第二次世界大戰後興起的並流行於1950年代至1970年代的發展經濟學中，充溢了強烈的趕超思想及其相應的政策主張。隨著一大批民族國家在戰後的獨立，這些國家領導人面對其經濟大大落後於發達資本主義國家的現實，急切地要向發達國家的經濟水平靠近，這對無論是發展中國家的經濟學家，還是發達國家或國際組織中經濟學家提出了需求。由於幾個原因，這種應因而生的發展經濟學家先天地帶有趕超思想的印記。這些原因之一是當時人們對1920年代末1930年代初資本主義經濟世界性危機和形成鮮明對比的蘇聯經濟的高速增長這些經驗的觀察，得出了計畫化、國家干預之必要性的結論。原因之二是當時經濟學中凱恩斯主義占據統治地位，作爲新生學科分支的發展經濟學不可避免地要移植這種理論體系的時尚態度。原因之三是最早涉及發展問題的經濟學家從一些暫時性的經濟事實中概括出若干似是而非的規律。例如，關於外圍國家貿易條件惡化的假說，中心國家與外圍國家不平等交換的假說等等，都建議了發展的不可避免的過程就是以進口替代爲直接目標的工業

化 [30]。

因此，戰後發展經濟學的傳統時尚是誇大市場的失敗，主張政府干預，從而繼承了重商主義和德國歷史學派的國家干預教條，並在十分廣泛的國際範圍內變成了經濟發展戰略或政府政策。從趕超思想的整個發展脈絡，我們可以簡約地將其政策特徵作一歸納。

首先，不論其著眼點何在，趕超戰略都主張對貿易實行抑制。例如，重商主義不懂得比較優勢原理，誤認為多賣少買即可增加國家的財富總量，因而倡導鼓勵出口、抑制進口的政策；德國歷史學派更主要是從保護幼小的民族工業的目標出發，主張實行貿易保護主義，反對貿易自由化的；而戰後發展經濟學中的「依附論」和「中心–外圍論」等則是從發達與不發達的政治經濟學，即初級產品貿易條件惡化論和不平等交換等判斷出發而主張發展中國家與發達國家脫離經濟和貿易聯繫的。

其次，為了實施貿易抑制，相應要主張的便是對一系列產品和生產要素價格的扭曲。無論出於何種理由實行抑制對外貿易的戰略，其核心都是保護本國某些不具自生能力的產業部門免於國際競爭。在不能發揮本國資源比較優勢的情況下，欲使這些產業能夠生存，就必然要由政府出面給予各種補貼，直至用人為壓低工資率、金融抑制、高估幣值和扭曲價格等辦法降

---

30 例如參見伊特韋爾、米爾蓋特、鈕曼編，《新帕爾格雷夫經濟學大辭典》第3卷（北京：經濟科學出版社，1992），頁999-1001；威爾伯主編，《發達與不發達的政治經濟學》（北京：中國社會科學出版社，1984）。

低產業發展成本。

　　第三，為了把這些優惠條件有選擇地進行配給，則需要給予某些部門和機構以特權，使其居於壟斷地位，並形成一套經濟統制體制。這些政策的實施，不僅造成資源配置效率的巨大損失，還由於激勵、信息等問題導致技術效率低下；此外，這些政策實施中不可避免地衍生出賄賂、尋租、逃稅和非法的地下經濟活動等弊端[31]。

　　理論認識上的分歧，是對同一問題產生截然不同看法的根本原因。在關於發展戰略的討論過程中，不難發現，「趕超戰略」的思想，在許多國家特別是發展中國家的知識界異常地根深蒂固。而當我們略為回顧經濟學說史，又感到此種情形並不奇怪。首先是因為在經濟學說史上，「趕超」思想是如此淵遠流長；其次是盡管古典經濟學和新古典主義始終作為趕超思想的對立面而存在，並在經濟學說中占據了主流的地位，但它們並未一貫地提出與趕超戰略相對應的經濟發展戰略主張。

　　本書的下面一章，將提出並加以表述這樣一種新的經濟發展戰略——比較優勢戰略，力圖在前人探討的基礎上，主要通過對中國經濟改革前後的比較，以及創造了東亞奇蹟的四小龍的發展經驗與中國發展經驗及實行趕超戰略的拉美經濟發展相比較，並加以概括而成。而此前包括亞洲四小龍在內的各個經濟發展過程，都未明確以此為戰略來加以倡導。所以，我們有必要在經濟思想上作進一步的反思。

---

31 Lal, D., "Political Economy and Public Policy", Occasional Paper No. 9, (San Francisco: International Center for Economic Growth, 1990).

第四章

比較優勢戰略

在經濟上趕超先進國家，是幾乎所有落後國家政治和社會精英的熱切願望。然而，幾乎所有那些實行趕超戰略的經濟體，因忽視自身所處的發展階段和特有的資源比較優勢，不僅未能實現預想的發展結果，反而陷入諸如日益加深的城鄉貧困化、曠日持久的高通貨膨脹，以及積重難返的經濟結構失衡的困境之中。如果這種趕超戰略是唯一的選擇，我們又沒有發現任何採取其他戰略成功地實現趕超發達經濟的事例，則還不能說趕超戰略失敗了，只能說這種戰略的推行和結果是無法迴避的。

然而，事實並非如此。一些沒有採取趕超戰略的發展中國家和地區，反而取得了快速的經濟增長，成為世界經濟發展中的明星。第一個成功的故事發生在日本，緊隨其後的是地處東亞的韓國、新加坡、臺灣和香港。在過去數十年，這些經濟體以與其他發展中經濟體相同的起點，實現了完全不同的發展績效，成為世界經濟中高速、持續經濟增長的典型，被譽為「東

亞奇蹟」[1]。這些成功的發展事例，是否代表了一種可供替代的發展戰略，這種發展戰略的不同之處何在，它對經濟發展理論提供了哪些新的知識，是本章嘗試回答的問題。

4.1　對「東亞奇蹟」的不同解釋

與大多數發展中經濟體一樣，日本和亞洲四小龍也是自第二次世界大戰後，從較低的經濟發展水平上起步的。特別是亞洲四小龍國家和地區，其工業化水平在1950年代初期仍然很低，資本和外匯十分稀缺，人均國民生產總值只有100美元左右。但是，這些經濟體得以在二三十年的時間裡持續、快速增長。隨著資本、技術的積累，它們又逐步發展資本、技術密集型的產業，成為新興工業化經濟體，進入或接近發達經濟體的行列。

我們以亞洲四小龍在經濟起飛時期 [2] 和以後十年的發展速度，來看一看其不同凡響的發展績效。1965～1973年間，韓

---

1 World Bank, *The East Asian Miracle: Economic Growth and Public Policy* (New York: Oxford University Press, 1993).

2 蔣碩傑以平均儲蓄率大於資本-產出比例與人口增長率的乘積作為「經濟起飛」的條件，估計「亞洲四小龍」的起飛時間大致都在1960年代中期前后(見蔣碩傑，《亞洲四條龍的經濟起飛》，臺灣《中國時報》1984年3月29日)。根據費景漢和古斯塔夫‧拉尼斯提出的「轉折點」(Fei and Ranis, *Development of the Labour Surplus Economy : Theory and Policy* 〔Homewood Ⅲ,Richard D. Irwin.Inc〕.) 的分析方法,我們也同樣可以大致估計出這些經濟經濟增長的加快時期或所謂「起飛期」。

國、新加坡和香港國內生產總值的年平均增長率分別爲10.0％、
13.0％和 7.9％，臺灣的國民生產總值年平均增長率爲11.0％；
而同期低收入國家的增長率平均僅爲5.6％，下中等收入國家（地
區）爲6.8％，上中等收入國家（地區）爲7.7％，高收入石油出口
國爲9.0％，市場經濟工業國爲4.7％。在隨後的11年裡，即1973
～1984年期間，韓國、新加坡和香港國內生產總值的年平均增
長率分別爲7.2％、8.2％和9.1％，臺灣的國民生產總值年平均增
長率爲7.8％；而同期低收入國家的年平均增長率爲5.3％，下中
等收入國家（地區）爲4.2％，上中等收入國家（地區）爲4.5％，高
收入石油出口國爲4.5％，市場經濟工業國爲2.4％ [3]。值得指出
的是，在這些經濟體中，高速增長還伴隨著收入分配的相對均
等，經濟結構的優化，以及一系列社會福利指標的提高。

　　關於日本、東亞四小龍何以能夠成功地實現經濟快速增
長，從而達到了趕超發達經濟的目標，學術界存在著種種不同
的解釋。有不少研究者的解釋已經超出了經濟範疇，這些解釋
顯然暗示著，這些經濟的成功與經濟因素無關。其中一種是從
文化的角度進行解釋。例如人們觀察到，日本和亞洲四小龍都
深受儒教思想的影響，認爲勤懇耐勞和奉行節儉的儒教文化是
這些經濟實現成功趕超的原因 [4]。如果事實真是如此，其他國
家實現經濟成功的機會就相當有限了。因爲文化是不同的，而

---

3 資料分別取自世界銀行《1986年世界發展報告》（北京：中國財政
　經濟出版社，1986），頁183；傅政羅等，《亞洲「四小」與外向型
　經濟》（北京：中國對外貿易出版社，1990），頁34-35。

4 例如金耀基，〈東亞經濟發展的一個文化詮釋〉，《信報財經月
　刊》，1987年第11期。

且是最難以在短期內發生變化的。然而，問題在於這些國家和地區長期以來就在儒家文化的濡染之下，但為什麼它們並沒有在16世紀、17世紀率先實現現代化和經濟發展。此外，同樣受到儒家文化影響的許多其他國家並沒有實現同樣的經濟成功，而許許多多與儒家文化無緣的國家卻更早地實現了經濟現代化[5]。

第二種解釋是由一些從政治地理的角度觀察問題的學者作出的。他們認為，由於長期的東西方冷戰，美國和西方國家向日本和亞洲四小龍提供了大量的投資和援助，以期減弱社會主義陣營對這些國家和地區的影響，同時美國也更加樂於向這些國家和地區轉移知識、技術和開放市場[6]。然而，問題在於當年捲入冷戰的國家遠不止這些實現成功趕超的經濟體，為什麼成功者寥寥？按照這個邏輯，亞洲的菲律賓和大量拉丁美洲國家都應該在這個成功者的名單上。而恰恰是這些國家成為經濟發展不成功的典型事例。可見，由於冷戰的需要而形成的政治因素對經濟發展的影響，充其量可以

---

[5] 如果要說儒家文化的影響，中國應該執天下之牛耳。但是，近代以來中國經濟落後的歷史表明，作為儒家文化的發源地，她的經濟發展績效並未得益於這種文化傳統。相反，有著類似的思想方法的文化極端主義者，卻知恥於落後挨打的民族地位，喊出了「打倒孔家店」的口號。可見，用儒家文化解釋不了「李約瑟之謎」，也無法回答東亞奇蹟產生之謎，正如這種解釋本身就否定了用所謂「新教倫理與資本主義精神」對著名的「韋伯之疑」（Max Weber, *The Protestant Ethic and the Spirit of Capitalism* 〔London: Harper, 1991〕）所作解釋的有效性一樣。

[6] 例如 Haggard, S., "The Politics of Industrialization in the Republic of Korea and Taiwan", in Hughes, H. (ed.), *Achieving Industrialization in Asia* (Cambridge: Cambridge University Press, 1988), p. 265; Woo, J. E., Race to the Swift: State and Finance in Korean Industrialization (New York: Columbia University Press, 1991), p. 45.

視爲促進成功的經濟發展的輔助性因素，而遠非決定性因素。

從經濟學角度解釋東亞成功原因，吸引了許許多多經濟學家的興趣，揭示了許多事實，並提供了各種不同的假說。我們可以將這種種觀點歸納爲三類。提出第一種假說的學派以世界銀行的經濟學家爲代表[7]。他們認爲這些經濟的成功是由於實行了自由市場經濟，價格扭曲較少，資源配置得當且效率高。但這種解釋過於理想化了，從而遠遠不能令嚴肅的觀察者滿意。因爲人們同時很容易觀察到，事實上，這些經濟體同樣存在著明顯的政府干預，競爭障礙乃至價格扭曲和貿易保護也是存在的。例如，臺灣、韓國和日本的政府都積極地採用了進口限額和許可證、信貸補貼、稅收優惠、國有制等等手段，以培育和保護其幼稚產業。

與此恰好相反，以麻省理工學院經濟學家Alice Amsden 和英國經濟學家Robert Wade爲代表的另一學派提供的解釋是，這些經濟體的成功是由於政府有意識地扭曲價格，限制市場的作用，利用產業政策來扶持某些關鍵性的戰略產業[8]。誠然，這些干預的確存在，可是，許許多多存在著經濟干預和扭曲價格的經濟體，卻往往

7　參見World Bank, *The East Asian Miracle: Economic Growth and Public Policy* (New York: Oxford University Press, 1993); William E. James, Seiji Naya and Gerald M. Meier, *Asian Development: Economic Success and Policy Lessons* (San Francisco: ICS Press, 1987).

8　參見Alice H. Amsden, Asia's Next Giant: South Korea and Late Indus-trialization (Oxford: Oxford University Press, 1989); C. Johnson, *MITI and the Japanese Miracle* (Stanford: Stanford University Press, 1982); Robert Wade, *Governing the Market: Economic Theory and the Role of Government in East Asian Industrialization*(Princeton: Princeton University Press, 1990).

成爲經濟發展最不成功的例子。我們前面討論的推行趕超戰略的國家，就以其發展經驗表明這種理論假說缺乏說服力。

第三種假說把日本和亞洲四小龍經濟發展的成功歸結爲這些國家實行了外向型發展政策。由於實行外向型發展戰略，需要介入國際競爭，所以一個國家或地區的產業必須具備競爭力，從而必須是有效率的 [9]。因此，這種觀點認爲，國際貿易對於經濟發展的成功是至爲關鍵的。然而，需要提出疑問的是，經濟的外向型究竟是經濟發展的結果，還是導致經濟發展的原因？如果是後者，完全可以不惜代價地人爲推行出口鼓勵型的發展政策，提高貿易在經濟中的比重，以便達到經濟發展的目標。實際上，那些推行趕超戰略的國家，也經常把鼓勵出口作爲其趕超的一個階段。但由於採取的是扭曲價格和匯率，以及直接補貼的辦法鼓勵出口，不可避免地導致資源配置的失誤，經濟仍然陷入重重困境。最近一些經濟研究也發現出口比重和一個經濟總要素生產率的提高並沒有顯著的關係 [10]。

4.2　可供替代的發展戰略

任何一種有效的理論，一方面需要在邏輯上具有內部的一

9　A. O. Kruger, *Economic Policy Reform in Developing Countries*（Oxford: Basil Blackwell, 1992）.

10　Robert Z. Lawreace and Daid E. Weinstein, *Trade and Growth: Import-led Or Export-led? Evidence from Japan and Korea*（Mimeo,1999）. D. Rodrik, *The New Global Economy and Developing Countries: Making Openness Work*（Washington D.C.: Overseas Development Council,1999）.

致性，另一方面需要在經驗檢驗中站得住腳。上述關於日本和亞洲四小龍成功地實現經濟趕超的解釋，無疑都觸及到事物現象本身的某個方面，但都沒有揭示事物的本質，因而相互之間是矛盾的，而且各自的解釋力都在這種矛盾中彼此抵銷了。因此，我們所要提出的理論解釋應該是一種能夠包容上述假說的。

從日本和亞洲四小龍的發展經驗來看，它們的經濟發展是一種循序漸進的過程。一個與趕超戰略截然不同的特點就是，它們在經濟發展的每個階段上，都能夠發揮當時資源稟賦的比較優勢，而不是脫離比較優勢而進行趕超。表4.1表明，這些經濟在其不同的發展階段上，由於不同的比較優勢，因而形成的主導產業也是不一樣的。一個共同的規律是，隨著經濟發展、資本積累、人均資本擁有量提高，資源稟賦結構得以提升，主導產業從勞動密集型逐漸轉變到資本密集型和技術密集型，乃至信息密集型上面。

無論是日本還是亞洲四小龍在其經濟發展過程中，都沒有明確地宣布過它們實行怎樣的發展戰略。毋寧說，除了香港之外，這些經濟體在發展的早期，都曾經嘗試推行進口替代政策或者說作為次級進口替代階段的重化工業優先發展政策。如果照那樣的道路走下去，我們今天也許沒有機會討論所謂的「東亞奇蹟」了。但是，這些經濟體與其他發展中經濟體不同之處在於，由於這些經濟體感受到趕超戰略的高成本和沉重代價，因而較早地放棄了與其比較優勢相牴觸的趕超戰略，而按照各自的資源稟賦條件，積極發展勞動密集型產業，從而增加了出口和經濟的外向型程度，達到了比較優勢的充分利用。由於它們這種從未明確表述出來的發展戰

略，特點是其主導產業在發展過程的每一個階段都遵循了經濟學中所說的「比較優勢原則」，因此，我們稱之為比較優勢戰略。

表4.1　日本和四小龍的關鍵產業與發展階段

	日　本	韓　國	臺　灣	香　港	新加坡
紡織	1900-1930, 1950年代		1960年代和1970年代	1950年代初	1960年代初, 1970年代再次
服裝、成衣	1950年代		1960年代	1950年代至1960年代	
玩具、表、鞋			1960年代至1970年代	1960年代至1970年代	
煉製		1960年代初（推動）			
鋼鐵	1950年代至1960年代	1960年代末1970年代初（推動）			
化工	1960 年 代至 1970 年代	1960年代末至1970年代			
造船	1960年代至1970年代	1970年代			
電子	1970年代	1970年代末至1980年代	1980年代		1970年代
汽車	1970年代至1980年代	1980年代			
電腦與半導體	1980年代	1980年代末			
銀行與金融				1970年代末至1980年代	1980年代

資料來源：Ito, Takatoshi, "Japanese Economic Development: Are Its Features Idiosyncratic or Universal?", paper presented at the XIth Congress of International Economic Association at Tunis, December 17-22, 1995.

　　日本和亞洲四小龍為什麼能夠不同於其他發展中經濟體，而在較早的階段上放棄趕超戰略呢？經濟學家也嘗試作出解釋。而我們將這些經濟體與那些固守趕超戰略的經濟體作比較時，會發現兩者截然不同之處在於前者的人均自然資源占有水平很低，同時人口規模較小。趕超戰略是一種效率很低、浪費很大的發展道路。一個經濟體能夠在多久的時期持續推行趕超戰略，通常取決於兩個因素。第一是人均自然資源的豐裕程度。自然資源可供無償開發的程度，決定了一個經濟體在低效率的發展戰略下得以延續的時間長短。第二是人口的規模。人口規模的大小決定了平均每個人對資源浪費的負擔程度。相對小的人口規模就無法維持長期的資源浪費。

　　日本和亞洲四小龍由於經濟規模太小、人均擁有的自然資源太少，在發展的早期，政府每次要想推行重工業優先發展戰略時，馬上就遇到財政赤字增大、外貿收支不平衡、通貨膨脹過高的難題，而無法堅持下去，只好放棄政府的積極干預，而由企業作自由的選擇。企業的目標是利潤最大化，要實現這個目標，在選擇技術和產業時，就必須以充分利用經濟中資源稟賦的比較優勢為出發點。日本和亞洲四小龍遵循比較優勢發展經濟，是在政府放棄了趕超戰略後企業自發選擇的結果。可見，它們都沒有把按照比較優勢發展經濟作為一種主動的政策選擇。但既然它們成功的經驗表明，遵循比較優勢原則可以快速地發展經濟，作為後來者，就應該以此作為替代傳統趕超戰略的一種主動的戰略選擇。

　　從這裡我們也可以看到趕超戰略與比較優勢戰略之間的一

個最重要的差別。無論是早期重商主義者、德國的歷史學派經濟學，以及「霍夫曼定律」，還是第二次世界大戰之後傳統發展經濟學中五花八門的發展戰略的倡導者，以及推行形形色色趕超戰略的實踐者 [11]，都把產業結構和技術結構的差異看作是發達經濟體與落後經濟體之間的根本差別。於是，發展經濟學文獻中的「大推進理論」或「中心－外圍理論」也好，實踐中的重工業優先發展戰略或進口替代戰略也好，都把提升一個經濟的產業結構和技術結構，視爲經濟發展和趕超發達經濟的同義語 [12]。爲了提升產業結構和技術結構，這些國家或地區高度動員有限的資源，人爲地扶持一兩個資本密集型的產業。

問題在於，產業結構和技術結構的升級，都是經濟發展過程中內生的變量，即它們僅僅是發展的結果，或者說是一個經濟體中資源稟賦結構變化的結果。資源稟賦結構是指一個經濟體中自然資源、勞動力和資本的相對份額。自然資源通常是給定的；勞動力增加的速度取決於人口的增長率，國家之間並無巨大的差異，一般在1%～3%之間；所以，唯一可以有巨大的

11　1980年代世界銀行邀請那些曾經以某種發展理論和政策而著稱一時的經濟學家，以及一些評論家，回顧了他們理論的實施效果，後來形成文集（邁耶等，《發展經濟學的先驅》〔北京：經濟科學出版社，1988〕）。

12　「發展不可避免的先決條件就是工業化」（普雷維什語，見伊特韋爾、米爾蓋特、鈕曼編，《新新帕爾格雷夫經濟學大辭典》第三卷，〔北京：經濟科學出版社，1992〕，頁1001），而「重工業的發展就是工業化的同義語」（尼赫魯語，見孫培均主編，《中印經濟發展比較研究》〔北京：北京大學出版社，1991〕，頁51）就是最典型的一些說法。

增長差異的資源是資本。有的國家可以達到年平均20%～30%的資本積累速度，而有的國家僅能達到10%甚至更低的年平均資本積累率。如果這種差異持續一個較長的時期，譬如說一個世紀，將會產生巨大的不同。因此，當我們討論資源稟賦結構的提升時，事實上是指資本相對豐裕程度的提高。

在發展的早期階段上或當今的發展中國家，資源結構的特徵是資本的嚴重缺乏。在通過扭曲要素價格和其他經濟管制人為推行重工業化的情況下，所能作到的也僅僅是把有限的資本傾斜地配置到幾個產業上，與此同時必須壓抑其他產業的發展。由此必然產生的幾個問題是：

第一，以犧牲經濟整體進步為代價的少數產業的趕超，不足以支持資源結構的升級，或總體經濟實力的提高。受保護產業沒有競爭力，利潤低，經濟剩餘少；受壓抑產業沒有資本，也難以形成有效的生產力，因此也提供不了足夠的資本積累。在這種狀況下，資源結構的升級最終只能落空。前蘇聯就是一個典型的例子。由於推行重工業優先發展戰略，國家用強制性計畫手段動員資源，使其軍事工業和空間技術產業得到高度發展，在冷戰期間堪與超級大國美國媲美，其工業產值與發達經濟比較也不算低，但在以人均國民生產總值衡量的綜合國力和資源結構水平上，前蘇聯與美國等發達資本主義國家相比，差距並未能縮小。更重要的是，前蘇聯在民生工業上極端落後，人民生活水平長期得不到改善。

第二，趕超戰略所扶持的產業部門，由於不符合資源稟賦的比較優勢，只好完全依賴於扭曲價格和國家保護政策才得以

生存。在缺乏競爭的條件下，它們固然可以成長起來，並在統計意義上改變國家的產業結構狀況，但這些產業必然是缺乏效率的，毫無競爭能力可言。中國在改革過程中，國有企業特別是那些資本密集性產業的國有企業所面臨的窘境就證明了這一點。

第三，在趕超戰略下，違背比較優勢所形成的畸形產業結構與勞動力豐富的資源結構形成矛盾。這種偏斜的產業結構大大抑制了對勞動力的吸收，形成資源利用的二元性質，使廣大人民不能均等地分享經濟發展的好處，相當大規模的人口處於貧困的狀況之中。

第四，趕超戰略著眼於在前沿上趕超與發達經濟體之間的技術差距。然而，既然不能改變資源結構，某些產業資本密集程度的提高，必然降低其他產業的資本密集程度，也就不能在整體上縮小與發達經濟體在資本和技術水平上的差距。

由此可見，經濟發展的真實涵義不是幾個重工業產業鶴立雞群式的增長，而是國家綜合國力的提高。具體來說，對於一個處於落後地位的經濟體來說，所要尋求的發展，應該是資源結構的提升或人均資本占有量的增加。產業結構的升級、技術水平和收入水平的差距只是這個過程的自然結果。

日本和亞洲四小龍經濟由於人均自然資源和人口規模的制約，對這種犧牲大部分產業而集中扶持少數產業的做法所帶來的巨大代價承受力較低，所以較早地放棄了趕超戰略，企業從利用其勞動力豐富的優勢出發，發展勞動密集型產業，反而使資源稟賦結構的提升速度加快，作為其人均資本擁有水平提高的結果，產業結構和技術結構得以更快地升級（表4.1），最終進

入發達經濟體的行列。實際上，按照比較優勢來發展經濟的原則，不僅適用於勞動力相對豐富的經濟體，對於那些自然資源豐富的國家和地區也同樣適用。

　　以澳大利亞、新西蘭的發展績效與拉丁美洲的阿根廷、烏拉圭等國相比較，是十分有說服力的。在上世紀末和本世紀初，這些國家的經濟發展水平大致相同。由於澳大利亞和新西蘭在隨後的經濟發展中充分利用了自然資源豐富的比較優勢，製造業在國民經濟中的比重並不高，在1991年分別也不過占國民生產總值的15％和18％，大大低於其他發達國家的水平，但卻分別以人均國民生產總值17,050美元和12,350美元的水平保持在發達國家的行列；而不顧自身資源比較優勢，推行趕超戰略的阿根廷和烏拉圭卻從當時的發達國家行列倒退到中等發達國家的地位。雖然擁有更高的製造業比重（分別為35％和25％），人均國民生產總值卻大大低於前兩個國家，分別只有2,790美元和2,840美元 [13]。

　　日本和亞洲四小龍的實踐表明，除了立足於趕超的重工業優先發展戰略或進口替代戰略之外，還有一種更為成功的經濟發展道路。把這種道路總結為比較優勢戰略，有助於我們準確地理解這種成功經驗，從而更好地理解實行趕超戰略之所以失敗的原因。由此，這種發展戰略就可以從不自覺的行為變為自

13　除阿根廷的製造業比重為1984年的數字外，其他皆為1991年的數字。World Bank, *World Development Report*(*1993*)(New York: Oxford University Press, 1993), p243; World Bank, *World Development Report*(*1989*)(New York: Oxford University Press, 1989), p209.

覺的行為，從「必然王國」走向「自由王國」。

4.3　比較優勢戰略與資源稟賦結構的提升

　　經濟發展歸根結底是要改變資源結構，即增加資本在資源稟賦中的相對豐富程度。資本來自於積累，而社會資本的積累水平取決於經濟剩餘的規模，而後者又依賴於生產活動的績效和特點。如果一個經濟體的產業和技術結構能充分利用其資源稟賦的比較優勢，那麼這個經濟體的生產成本就會低，競爭能力就會強，創造的社會剩餘也就會多，積累的量也就會大。其次，我們可以把一個社會中的生產性活動分為社會生產性活動和私人生產性活動，社會生產性活動可以增加整個社會可用的產品或服務總量，而私人生產性活動雖能增加個人的收益，有時未必能增加社會的產品和服務總量。尋租行為是造成私人的生產性活動與社會的生產性活動不一致的一個主要原因。例如，如果政府可以利用權力設定一項生產限額，就會使該產品的國內生產者獲得更高的利潤。因而，相關的生產者就會採取各種手段去說服政府官員設定和執行這個生產限額。這類尋租活動消耗社會資源增加個人收益，但並不增加社會產出，因而是有益於私人的活動而對社會只有損害。如果每個人的私人生產性活動同時也是社會生產性活動，社會產出就會較多，可供積累的剩餘也會較多。我們將論證如果一個經濟充分發揮其比較優勢，私人的生產活動和社會的生產活動將會取得一致。

　　除此之外，積累的水平還決定於儲蓄傾向，在同樣的經濟

剩餘水平下，儲蓄傾向越高，社會資本的增加就會越多，資源稟賦結構的升級也就越快。一個發展中經濟體若能充分發揮其比較優勢，儲蓄傾向也會較高。然而，傳統的經濟增長理論也強調資本積累，甚至把儲蓄率和投資率的作用強調到決定一切的地步 [14]。但是，最重要的而增長理論沒有提出的問題在於：怎樣增加社會剩餘總量及怎樣才能使所有的生產活動從社會的角度看是生產性的、競爭性的，以及如何才能提高儲蓄率。

從理論上看，一個國家怎樣才能發揮其比較優勢呢？根據赫克歇爾－俄林模型 [15]，如果一個國家勞動資源相對豐裕，該國的比較優勢就在於勞動密集型產業。如果這個國家遵循比較優勢多發展輕工業即勞動密集型產業為主的產業，由於生產過程使用較多的廉價的勞動力，減少使用昂貴的資本，其產品相對來說成本就比較低，因而具有競爭力，利潤從而可以作為資本積累的量也就較大。

要使整個社會都能夠對比較優勢作出正確的反應，就需要有一個能夠反映生產要素相對稀缺性的要素價格結構。即在勞動力相對豐富的稟賦條件下，勞動力價格應該相對便宜；而在資本變得相對豐裕的稟賦條件下，資本就相應地成為相對便宜

14　例如參見Roy F. Harrold, "An Essay in Dynamic Theory", *Economic Journal* (1939), pp. 1433; Evsey Domar, "Capital Expansion, Rate of Growth, and Employment", *Econometrica* (1946), pp. 137-47; Robert M. Solow, *Growth Theory: An Exposition* (Oxford: Oxford University Press, 1988).

15　B. Ohlin, *Interregional and International Trade* (Cambridge, MA: Harvard University Press, 1968).

的要素。如果一個經濟體中的要素價格結構能夠充分反映各種
要素的相對稀缺性，企業就會自動地作出調整，即在其產品和
技術的選擇中盡可能多使用便宜的生產要素，從而實現比較優
勢。必須指出的是，要素相對稀缺性在要素價格結構上的準確
反映，必然是市場競爭的結果，任何人為的干預和計畫機制都
做不到這一點。所以，世界銀行經濟學家把亞洲四小龍發展的
成功歸結為市場機制作用的解釋是有一定道理的。

　　日本和亞洲四小龍實行的是市場經濟，政府又較早地放棄
了趕超戰略，因此，各種產品和要素的價格基本上由市場的供
給和需求競爭決定，能夠比較好地反映各種要素的相對稀缺
性。企業在作產品和技術選擇時就能利用各個發展階段顯現出
來的比較優勢。此外，這種價格決定的競爭機制，政府不對價
格的形成進行干預，還可以減少一個社會中的尋租行為。這樣，
企業和個人要增加收益就只能通過提高技術水平和管理水平，
私人的生產性活動也就會是社會的生產性活動。同時，在發展
中國家，資本是稀缺的要素，資本的價格即利率如果由市場競
爭來決定必然高，利率同時也就是現在消費和未來消費的相對
價格，利率高則現在消費的相對價格高，未來消費的相對價格
低，因而會抑制現在消費，增加儲蓄傾向。

　　在一個競爭性的市場體系中，必要的制度環境建設包括以
下幾個方面：

　　首先是要有一個靈活、有效的金融市場。由於在任何一個
經濟體的早期發展階段上，資本都是最稀缺的生產要素，因此
市場利率必然很高。這有利於鼓勵儲蓄和節約資本的使用，而

且只有效率高、利潤大，即較好地利用比較優勢的企業才能付得起這樣的資金價格。因此，在勞動力相對豐富而資本相對稀缺的經濟體中，靈活、有效的資金市場的存在，可以保證資本被配置到勞動密集型的企業和產業中，從而最大限度地利用比較優勢。

　　其次是要有一個競爭的勞動力市場。由於勞動力是相對豐富的生產要素，相對於資金利率而言，工資率應該相對較低。由此，企業才會以廉價的勞動力來替代昂貴的資本，這樣有利於豐富的勞動力資源的充分就業。

　　最後是要有一個充分競爭的和良好發育的產品市場。帕金斯概括了市場機制發揮作用的5個方面[16]：(1)價格穩定，從而生產者是靠生產和銷售獲得的利潤而不是靠投機取利；(2)產品通過市場渠道流通，而不是靠政府機構的分配；(3)價格須反映經濟中的相對稀缺性；(4)有競爭存在，生產者是價格的接受者；(5)生產的決策者按市場規則行動，靠降低成本、增加銷售來獲取利潤，而不是靠補貼和壟斷牟利。實行比較優勢戰略能夠加快經濟發展的幾個主要因素也正是由上述市場機制的作用中得出的。

　　由於生產要素和產品的價格都是由市場競爭決定的，能夠反映產品和要素的供求狀況和相對稀缺性，微觀經營單位在依據這樣的價格信號從事經營和生產的過程中，會對通過市場價

16　Perkins, D. H., " China's Gradual Approach to Market Reform ", Paper presented at a Conference on "Comparative Experiences of Economics Reform and Post-Socialist Transformation"(EL Escorial Spain, 1992).

格傳遞的關於產品和要素的供求狀況及相對稀缺性作出反應，並相應於一定的市場需求和資源稟賦狀況進行產品結構和技術選擇。從全社會的角度來看，這樣的產品和技術選擇的結果就是形成了與特定的資源稟賦相適應的產業結構和技術結構。

在產品和要素的價格沒有扭曲的自由競爭經濟體中，一個微觀經營單位要想生存和發展，除了通過尋找更廉價的投入品、開闢新的市場、改進經營管理、選擇適宜技術等途徑實現微觀上的技術創新之外別無他途。因此，微觀經營單位不僅要密切注視當前的市場，利用當前的適宜技術從事生產，還要研究和預測將來的市場，以及未來的比較優勢。靜態比較優勢的發揮使經濟發展速度加快，資本積累的速度將遠高於勞動力和自然資源增加的速度。因此，資本將由相對稀缺逐漸變成相對豐富，資本的價格將由相對昂貴逐漸變成相對便宜。企業為了競爭的需要，就要根據相對價格信號的變化，調整產業和技術結構，實現動態的比較優勢。

在一個勞動力相對豐富的經濟體中，推行比較優勢戰略不僅能夠通過靜態和動態比較優勢的利用實現有效率的增長，並能通過充分利用豐富的勞動力資源使勞動者充分就業。隨著經濟增長，勞動力逐漸變得相對稀缺，工資水平則不斷提高，勞動者因而可以從經濟的增長中不斷受益；而「趕超戰略」優先發展的是資金密集的產業，所能創造的就業機會少，勞動力無法充分就業，工資水平將長期受到抑制，使勞動者難以分享增長的果實。因此，與趕超戰略相比，比較優勢戰略才真正可以實現公平與效率的統一。

　　由於在一個充分競爭的市場體系中，生產者經營好壞完全取決於能否對市場信號作出靈敏而正確的反應，企業利潤只能來自於競爭，而無法依靠統制價格和市場價格之間的差別來獲得制度租金。據有關的研究表明，扭曲價格所造成的在資源配置上的直接效率損失，遠不是這種政策環境帶來的社會福利損失的全部，由於尋租行為所導致的社會資源的浪費數倍於直接效率損失。而在一個價格由市場決定，政府不再對市場進行直接干預，從而無租可尋的宏觀政策環境下，這種社會資源的浪費及體制弊端就得以避免。

　　在這樣的制度環境下，每一個企業乃至整個經濟結構都發揮比較優勢，其產品的國際和國內競爭力都必然是較高的。同時，這種發展戰略也必然通過國際貿易來發現和實現自身的比較優勢，並利用國際貿易提高本國產業和企業的效率，因而是外向型的。可見，用經濟外向型特徵來解釋日本和亞洲四小龍經濟成功的說法，也正確地觀察到了這個重要的現象，只是未能理解這種現象是充分利用比較優勢發展經濟的結果，而不是這些國家和地區經濟發展成功的原因。

4.4　政府在經濟發展中的作用

　　政府在經濟發展過程中的適當作用，也是實行比較優勢戰略的題中應有之義。政府在經濟發展中的作用是什麼，政府應該如何發揮其促進經濟發展的作用，是經濟理論和經濟政策討論中一個曠日持久的論題。

　　例如我們前面所討論過的，日本和亞洲四小龍經濟快速增長的奇蹟，在經濟研究的文獻中，既可以用於支持新古典經濟學強調市場作用和企業家個人積極性，反對政府干預的主張，又常常被用來證明政府通過產業政策干預市場的成功。劉易斯的一段話，概括出了這個關於政府在促進經濟發展中的作用的悖論：「如果沒有一個明智的政府的積極促進，任何一個國家都不可能有經濟進步，……另一方面，也有許多政府給經濟生活帶來災難的例子，以致要寫滿幾頁警惕政府參與經濟生活的話也是很容易的。」更明確地說，「政府的失敗既可能是由於它們做得太少，也可能是由於它們做得太多。」[17]

　　然而，從實行比較優勢戰略出發，就能夠使我們既認識到政府在經濟發展中的作用所在，又能夠將政府作用界定在適宜的範圍內。我們可以在與趕超戰略的比較之中來理解這一點。在實行趕超戰略的情況下，為了支持一些不具自生能力產業發展，對經濟進行人為的干預，對市場和價格信號給予扭曲，是趕超戰略的內生要求。因此，政府作出不恰當的行為，以致傷害經濟發展過程，幾乎是必然的，而且除非改變這種發展戰略，這種災難性的政府干預是無法糾正的。

　　而在實行比較優勢戰略的情況下，發展戰略內生的要求是使市場充分運行，價格信號正確。因此，政府的作用首先在維護市場的競爭性和規則性。由此而提出的這些政府經濟職能包括：

17　阿瑟‧劉易斯，《經濟增長理論》（上海：上海三聯書店、上海人民出版社，1994），頁475-576。

　　(1)建立市場規則和實施反壟斷法。這是保證市場機制充分發揮資源配置作用的關鍵，因為一旦市場被壟斷，價格信號和比較優勢信息就被扭曲，企業也就難以按照比較優勢進行投資決策。從這個意義上看，政府的職能不僅不在於消除市場競爭和限制價格機制的作用，相反是保護這種競爭，從而讓價格機制發揮最充分的資源配置作用。

　　(2)採取獨立的貨幣政策和財政政策降低經濟發展過程中的過度波動。在價格機制調節生產和消費的過程中，經濟波動有時是難以避免的，而對生產者造成傷害。在經濟周期波動中，市場需求的信息發生紊亂，生產者和創新者無所適從，無從依據，所以這時需要政府發揮職能，以反周期的財政政策和貨幣政策來最大限度地減少波動。顯然，這也不是任何意義上的否定市場競爭和價格機制。

　　(3)採取適當的方式，參與建設和投資於那些具有某些外部性的產業，以及那些需要較大規模的初始投資，以及需要較長建設周期的項目，例如教育、衛生、交通運輸和能源等必要的基礎設施部門。這樣可以為社會經濟活動建設起必要的基礎設施，降低經濟活動和市場機制運行的交易成本。

　　一個經濟體在較低的發展階段上，資本通常是最為稀缺的要素，具有比較優勢的是土地和勞動相對密集的產品，譬如農產品。隨著資本積累和勞動力的增加達到一定水平，土地的相對稀缺性有所提高，勞動密集型的農業如鮮花、水果、蔬菜等精細農業，以及如紡織、製鞋、家用電器的組裝等製造業成為具有比較優勢的產業。進而，隨著經濟進一步增長，資本積累

進入更高的階段，勞動力變為相對稀缺，其成本也逐漸提高，資本成為相對豐富和便宜的要素，資本和技術密集型的產業相應成為具有比較優勢的產業。由此可見，無論經濟發展處於何種階段，皆有自身的比較優勢。一個經濟體越是能夠充分發揮比較優勢，經濟增長從而資金積累越快，比較優勢的變化，以及向資金密集型產業轉移的速度也越快。

所以，通過比較優勢的發揮，可以化解稀缺資源不足所造成的瓶頸制約，資源結構升級要快於實行其他發展戰略的情形，從而產業結構和技術結構的變化速度將十分迅速。比較優勢戰略加快產業結構和技術結構升級的這個特點，對政府提出了除了維護市場的秩序的許多迫切的額外要求，而特別表現在產業政策的制訂和實施上面。下面分別根據實行比較優勢戰略的經濟和實行趕超戰略的經濟的相關經驗，對產業政策的本質、內容，以及與趕超戰略的經濟計畫之間的差別作一些概括。

首先，隨著資源稟賦結構的變化，產業結構和技術結構也要相應地發生變化。現實中存在著各種各樣的產業與技術可供選擇。為了產業結構升級的目的，無論企業家還是政府，都需要有關於哪些技術或產業最能充分利用比較優勢，以及新的產品市場潛力有多大、可能存在的競爭狀況等一系列信息。然而，信息是一種準公共品。任何企業固然可以投資於某種活動去取得這種信息，但信息一旦取得，其傳播成本接近於零，最佳的社會方案應該是讓所有企業得以知曉。此外，信息的收集、傳輸和處理過程具有規模經濟。因此，自然而然地，政府應該充當這個集信息收集、處理和分布的職能於一身的角色，並把處

理過的信息以產業政策的形式公布於社會，以作爲企業在根據
比較優勢的變化做產業和技術升級時的參考。實行比較優勢戰
略條件下的產業政策是一種指導性的，其主要特徵與其說是要
求企業家去作什麼或怎樣作，不如說是提供一些可能的機會供
企業家們選擇。

　　其次，實施這種產業政策需要政府履行社會協調的職能。
當資源稟賦的升級要求一個社會的產業隨之升級時，所需的投
資範圍十分廣泛。由於資金的限制、風險和外部性的存在，單
個的企業不會在所有的領域進行投資，而有時這種投資活動的
不配套會導致社會最佳投資機會的喪失。例如，要從以農業爲
主導的產業結構升級爲輕加工業爲主導的產業結構，教育、交
通運輸、商業、流通基礎設施及進出口活動等都有所變化；而
從輕加工業升級爲資本、技術密集型的產業，在教育、科研和
資本市場等方面，也同樣需要有相應的調整。而單個企業是不
能勝任這種協調職能的。政府的作用就在於通過決定朝哪個方
向努力，對需要採取的行動進行分析，以及提供引導和支持，
幫助單個企業就其自身的狀況和經濟發展前景作出最有利的投
資決策，並同時達到社會上各個企業投資活動之間的協調。由
於這種政府引導是協調性的，以資源稟賦結構的變化爲依據，
而不是強制性和扭曲性的，因而不會距離當前比較優勢太遙
遠，從而可以避免嚴重的決策失誤。

　　最後，提供一定的財政支持以補償企業進行產業創新和技
術創新時面臨的外部性。對那些遵循政府產業政策的企業來
說，作爲創新者，與任何創新者一樣，都面臨著外部性。即由

於政府並不總是正確的，所以他們的創新活動可能成功，也可能失敗。如果成功了，其他企業可以隨之跟進，而使超額利潤很快消失。如果創新失敗，表明這個社會的比較優勢尚未達到如此高的階段，或是選擇的技術方向、市場需求判斷等不正確，其他企業得以避免重蹈覆轍。結果，創新的企業付出成本，其他企業則因獲得的信息而坐享收益。由於無論是成功還是失敗，這種創新活動及其經驗對於社會都有價值，因此，如果這裡政府不能給創新企業提供一個補償，實際所發生的創新將會比社會最佳方案所要求的少。所以，政府需要通過減免稅收或貼息等補償形式，鼓勵這種具有創新性質的投資活動。

同樣地，這種政府干預由於是在資源稟賦結構已經發生變化的前提下進行的，所要支持的產業具有自生能力，所需提供的補貼只是對創新活動外部性的補償，範圍和數量都有限，所以不會像在實行趕超戰略時的情景，受到補貼的企業缺乏自生能力，補貼成為企業維持生存的依托，從而是不可遏止的。

以上分析表明，如果僅僅限於獲取信息提供中的規模經濟，以及對創新活動中的外部性提供補貼，政府的經濟職能乃至干預活動就是必要的，也是有效的。前述關於日本和亞洲四小龍成功經驗的政府干預學派也像盲人摸象一樣，反映了日本和亞洲四小龍發展成功經驗的一個側面。但這個學派未能看到，政府的這種干預是在比較優勢變化、產業結構升級過程中，用來補償創新企業所要面臨的外部性，而不是像趕超戰略下那樣，用來保護、扶持不具自生能力的產業。

歸納起來，產業政策的成功必須同時滿足兩個條件：一方

面，產業政策提供了關於一個經濟比較優勢的動態變化趨勢的信息；另一方面，這一政策目標又不能和現有的比較優勢相距太遠。19世紀後期德國依靠政府「鐵與血」的強制政策，成功地實現了趕超英法的經驗，常常被作為政府成功干預經濟的論據。這裡必須把握的是，德國是在與英國、法國具有大體相似的資源稟賦條件、比較優勢接近，而且經濟發展水平相差不多的情況下進行「趕超」的 [18]。

1950年代日本提出重工業優先發展戰略時，其人均國民生產總值已達美國的1/4以上 [19]，而且日本開始發展的重工業是勞動力相對密集的造船、煉鋼等產業。事實上，日本和四小龍的經驗與社會主義國家及拉美經濟的教訓表明，政府產業政策目標必須是可見的近期比較優勢。如果目標過於遙遠，為追求該目標就不可避免地要扭曲要素的相對價格。而當干預目標是「近」的和可見的，就可以使這種政府作用是順應市場的（Market Conforming)而不是扭曲市場的（Market Distorting)。

具體來說，著眼於近期比較優勢，政府不致使過多的資源用於干預本身。我們知道，政府的管理行為作為一種資源，也是有限的。如果政府使自己過多地陷入直接干預和替代企業作決策，必然造成「該幹的沒幹，不該幹的幹糟了」。政府著眼於可見的比較優勢，可以適宜地界定政府的作用範圍，使其對

18　1870年德國的人均國內生產總值接近於英國的60%，而比法國略高（Angus Maddison, *Monitoring the World Economy, 1820-1992*〔Paris: OECD, 1995〕, pp. 194, 196)。

19　Augus Maddison, *Monitoring the World Economy, 1820-1992*, p197.

產業的引導在大多數情況下只是通過與企業的信息交換進行的。由此形成東亞經濟的產業政策與社會主義國家及拉美經濟的趕超戰略最根本的分界。

日本和亞洲四小龍的經濟發展過程中，政府及其產業政策的作用可以從兩點來觀察。其一，這些經濟歸根結底是一種「小政府」型的。以1980年和1992年中央政府支出占國民生產總值的比重來看政府介入的程度，日本分別為18.4%和15.8%，新加坡分別為20.8%和22.7%，韓國分別為17.9%和17.6%，與之相比，拉美經濟普遍高出許多，智利分別為29.1%和22.1%，巴西分別為20.9%和25.6%，玻利維亞分別為29.0%和22.5%[20]。

其二，這些經濟體中政府的產業政策是市場導向的，是在價格機制的作用框架內執行的。政府並不干預企業決策，而是利用非正式的勸說指導企業界[21]。以日本重工業化時期的產業政策為例。日本在其戰後經濟恢復時期確曾有過政府對經濟過程干預過多的事實[22]。但到了1960年代初，日本產業政策開始

---

[20]　The World Bank, *World Development Report* (*1994*) (New York: Oxford University Press,1994).

[21]　Hayami,Y. *Are There Lessons to Be Learned--a Commentary on The Asia Miracle* (Nov. 1994).

[22]　仍然不能說這個階段政府扭曲了市場原則。事實上，1950年代日本產業發展也是按照比較優勢進行的。例如，當時的紡織、服裝和造船業正是充分利用豐富勞動力資源的產業。實際上，日本最成功的產業決策及發展實例并不是人們所熟悉的鋼鐵和汽車，而是造船業，而造船業在1950年代恰恰是大量使用勞動力的產業，因而是符合當時日本比較優勢的。參見Shinohara, M., *Industrial Growth, Trade, and Dynamic Patterns in the Japanese Economy*(Tokyo: University of Tokyo Press,1982).

從直接干預型的向指導型和採用間接的手段轉變。而1963年計畫出的產業前景規劃，即選擇重化工業為發展重點，正是這一轉變的產物 [23]。在1960年代初，日本的人均國內生產總值已經達到世界經濟強國美國的1/3以上，資本短缺的階段已經超越，非熟練勞動力密集型產業已不再具有比較優勢。正是在這種條件下，日本在整個1960年代加快了其能源密集型和材料密集型的重化工業發展，特別是在1960年代末期，工廠和設備投資以每年平均20%以上的速度增長。可以說，日本的產業政策是根據每一特定階段的特殊條件，用實用主義和折中主義的態度，政府與科學技術界、產業部門合作制訂一個可見的比較優勢動態前景的過程。

4.5 比較優勢戰略與金融危機

在人們探討和爭論日本和亞洲四小龍經濟發展成功之謎的時候，1997年的亞洲金融風暴幾乎波及所有我們所考察的這幾個經濟體，以致人們要提出這樣的疑問：金融危機與這些經濟體所實行的發展戰略是否有某種聯繫。同樣，本書作者在總結並推薦了這些經濟體所實行的比較優勢戰略之後，也不可迴避地要對上述問題作出解釋。讓我們先從金融危機產生的原因和發生機理討論起。

人們通常看到，金融危機與資本的跨國流動有著直接的關

---

23 Freeman, C., *Technology Policy and Economic Performance: lessons from Japan* (University of Sussex, 1987).

係。資金向回報率高的領域流動，本是天經地義的規律。在經濟高速增長且有良好的預期的情況下，投資以及信貸行為高度活躍是十分自然的。如果經濟活動是健康的，投資可以依賴於生產增加得到償還，跨國的資金流動不致釀成災難性的金融危機。然而，從東南亞和日本、韓國的經歷看，金融危機的直接導因是銀行的不良貸款過高，而不良貸款比例過高則是由於泡沫經濟的破滅和產業發展政策的失誤所致。

　　經濟的泡沫狀態（bubbles）是指一種或幾種資產的價格持續上漲，並以繼續漲價的預期吸引人們專門從事買賣活動以牟利，而對這些資產使用本身不再關心 [24]。泡沫經濟可分為房地產泡沫和股市泡沫。房地產泡沫在日本、韓國以及東南亞國家和地區幾乎無所不在。泡沫經濟的產生，有其經濟自身的規律。總體來說，亞洲國家和地區人口密度較大，土地資源相對稀缺。在正常情況下，土地價格將相對昂貴一些。更主要的是，在經濟發展過程中，隨著社會總需求的增長，一種要素的供給彈性越小，其價格的提高越快。特別是房地產業對土地的需求增長，加上這些國家和地區經濟活動的區域分布過度集中，使得土地成為這些經濟體中供給彈性最小的要素。在經濟增長十分迅速的情況下，人們預期土地價格會不斷上漲，從而大量資金被投入房地產業，以期獲得不斷增加的資本收益，並進一步刺激地產價格上漲。

24　伊特韋爾、米爾蓋特、紐曼編，《新帕爾格雷夫經濟學大辭典》（北京：經濟科學出版社，1992），頁306。

　　泡沫經濟的另一種表現是股票市場的過分膨脹。股票市場泡沫產生的機理與房地產泡沫相似。在短期內，股票的供給彈性很小。當經濟增長處於上升期時，人們看到股票價格普遍上漲。為了賺取價格上漲的資本所得，大量資金湧入股市，進一步推動股價狂漲。

　　正如經濟泡沫的出現具有普遍性一樣，泡沫的破滅也是必然的。泡沫經濟的持續受兩個因素影響。第一是受一個經濟可以用來投資的資金總量大小的影響。第二是受社會對經濟增長的實際預期和心理預期的影響。從靜態的角度講，當一個社會可動員的資金達到極限時，房地產和股票的價格就不會繼續上漲，因為投資於房地產不僅有風險，資金也有機會成本。當房地產和股票的價格停止上漲時，就會有人率先拋售，導致價格下跌。其結果是導致更多人拋售。從動態的角度講，價格上漲快時，社會上過多的資金被用於房地產開發的投機，生產性投資越來越少，生產的競爭力就會降低，經濟增長會停滯。對供給彈性小的房地產和股票價格上漲的預期就會從樂觀變為悲觀。與此同時，房地產供給的增加會使其價格達到高位後迅速跌落的時點很快到來，從而泡沫的破滅成為必然的。

　　不過，泡沫經濟本身未必一定導致金融危機。如果用於泡沫經濟的投機資金都是投資者自己的，則這種破滅還不會導致銀行危機。然而，當投資人看到房地產和股票價格不斷上漲，就會冒險以購買的房地產和股票作抵押，向金融機構借款進一步投機。這種不斷自我加強的預期也會使銀行和其他金融機構大量貸出資金，甚至直接投資於房地產和股票市場。一旦在泡

沫經濟破滅時房地產和股票的價格大幅度跌落，抵押品的價格
會跌落到其作為抵押品貸款時價格之下。投資者收不回投資，
銀行收不回貸款，於是形成大量的壞帳。

此時，是否形成銀行危機，還要看每一筆貸款中，投機者
自有資金的比重，以及整個銀行資產的結構狀況。所以，問題
還涉及到銀行資產結構和監管體制。如果對以房地產和股票作
抵押的貸款沒有限制，或者整個銀行體系的資金可用於房地產
和股票抵押貸款的比例沒有限制，或者雖然有所限制卻監管不
力，在泡沫增長時，投資者有意願用貸款來進行投機，銀行等
金融機構存在著道德風險 [25]，就會有大量銀行資金流向投機領
域。一旦經濟增長變緩，經濟泡沫破滅，不良貸款變成壞帳，
就會出現銀行危機。

如果投入到泡沫產業中的資金全部是國內儲蓄，當泡沫經
濟破滅時，銀行危機還不會演變為東南亞所出現的貨幣危機。
一旦外債直接進入投機性產業或通過金融機構進入到投機性產
業，就會吹起更大的泡沫。當經濟增長放慢從而預期發生變化
時，或者一旦遇到某種外生的變化，譬如說政府不再能夠對一

---

[25] 克魯格曼（Krugman）把金融體制中的問題歸結為金融中介機構行
為中的道德風險問題（moral hazard），即由於金融機構明確或暗含
地受到政府的信用保障，因而缺乏投資者的監督。在金融中介人主
要使用儲蓄者的錢的情況下，形成"賺了是我的，賠了是儲蓄者的"
這樣一種機會主義態度。所以，在選擇投資方向時，這些金融中介
往往不是採取風險中性的態度，選擇預期收益最大的項目，而是選
擇收益最大但風險也最大的項目。參見Krugman, Paul, "What Happened
to Asia?" Http://web.mit.edu/krugman/www/DISINTER.html, January
1998.

系列失敗的投資進行挽救，則投資人的信心便一下子變得無比悲觀。如果貨幣可自由兌換，資金可以自由流動，擠兌和撤資便發生。在資本具有很強的流動性的條件下，迅速的資本外流加快了金融體系的崩潰。在實行固定匯率制的條件下，爲了維持匯率穩定，中央銀行通常要進行干預，外國金融投機家於是便有機可乘。例如投機者向國內銀行借本幣，到國際市場上拋售，政府就要用外匯儲備托市。但國內儲蓄者看到國內金融機構的危機，在外國投機者攻擊本國貨幣時，很可能產生信心危機，國內資金擁有者隨著金融投機家拋售。正如《經濟學人》上一篇文章指出，在東南亞發生貨幣危機時，本地貨幣的最大賣主實際上並不是投機家，而是爲了避免損失和需要美元償付債務的本地企業 [26]。當中央銀行把有限的外匯耗盡而無力托市時，匯率就會像自由落體一樣直線跌落，從而出現東南亞金融危機中的貨幣危機和支付危機。

　　銀行不良貸款比例過高的第二個原因是政府產業政策失誤。如果政府人爲地扶持沒有競爭力的趕超部門，爲了支持這類型產業的擴張，政府以人爲方式壓低銀行利率，並指令銀行貸款支持這類型項目。由於這些項目自我積累的能力很低，在用完國有銀行的有限資金後，要繼續擴張就不得不大量向國外舉債。但資本密集、技術密集型的項目到底不是資金相對稀缺的東亞國家的比較優勢之所在，在政府的支持下，這類型產業可以建起來，但和發達國家相比生產成本較高，只有以虧本的

26　"Keeping the Hot Money out", *The Economist*, January 24th, 1998, p. 71.

方式才能把產品賣出去。導致投資于這類型項目的企業無力還本付息，國內外的銀行貸款變成呆帳、壞帳。

這樣，金融機構可貸資金開始減少，銀行資金緊縮，利率提高，還不起銀行貸款的企業增加，可貸資金進一步減少，利率進一步提高，金融機構的不良資產便迅速膨脹起來。一方面，這種膨脹一旦到了儲蓄者對某一家銀行失去信心，該銀行就會出現擠提而崩潰。而一、二家銀行的崩潰經常會產生多米諾骨牌效應，使許多家銀行同時發生擠提，從而爆發金融危機。

另一方面，如果經濟中已存在房地產泡沫和股市泡沫，銀行可貸資金減少，利率上升，投資和消費需求下降，經濟增長減緩，也可能導致前面論述的泡沫經濟的破裂而引發金融危機。

如果一個經濟體的總體投資是根據比較優勢進行的，產業結構不存在問題，企業效益好，產品具有競爭力，資金積累就快，或者可以較少地依賴外債，或者有較高的償債能力和信譽度，也就可以維持其經濟增長率，房地產和股市泡沫經濟也可能不致破裂。即使泡沫破滅而且出現銀行危機，由於整個經濟仍有競爭力，外貿繼續增長，貨幣危機和支付危機也不至於出現。在這場東南亞金融危機中，日本和臺灣就屬於這種類型。

這次受到金融危機衝擊的泰國、馬來西亞、印度尼西亞和韓國等國家，恰恰在上述幾個方面都具備了陷入危機的條件。房地產泡沫在東亞國家和地區上自日本、韓國，下到泰國、馬來西亞、印尼，幾乎是無一倖免。此外，銀行將可貸資金投向效益低的行業和企業，也是普遍的現象。

而政府對金融機構的發展和貸款額的發放幾乎沒有限制，

對銀行體系缺乏監管，甚至政治性貸款和家族化經營相結合，導致腐敗現象叢生。從而大量貸款流入房地產等泡沫經濟領域。一遇信心危機或國外投機者狙擊，金融機構大批破產，壞帳激增。據估計，1997年底泰國、馬來西亞、印尼和新加坡平均的壞帳率至少達到15％，壞帳總額占國內生產總值的13％。馬來西亞1998年壞帳總額達到國內生產總值的20％。而過高的外債負擔超過了經濟增長和出口增長所能支持的限度，除馬來西亞外的東南亞國家，每年需要償還的外債占當年出口額的比重，基本上都在國際公認的危險線25％上下 [27]。這些國家又實行了金融自由化，貨幣可自由兌換及資金自由流動，及固定匯率政策，結果在經濟增長放慢後出現了泡沫經濟破滅，銀行危機、貨幣危機和支付危機一齊並發的金融風暴。

　　從上述金融危機形成的機理來看，比較優勢戰略與金融危機並不具有必然聯繫。首先，泡沫經濟的產生是任何經濟快速增長時都可能發生的事情。比較優勢戰略可以加快經濟增長，所以也會產生泡沫經濟。其次，從泡沫經濟的破滅來看，比較優勢戰略並不必然帶來這種破滅，相反，如果一個經濟是始終如一地堅持發揮其自身的資源比較優勢，經濟高速增長的可持續性就強，從而可以延緩泡沫經濟的破滅的時間。第三，從泡沫經濟轉化為銀行危機，以及銀行危機轉化為貨幣危機這兩個形成金融危機的關鍵轉化來看，如果能加強銀行監管，減少銀

27　陳文鴻等，《東亞經濟何處去──’97東亞金融風暴的回顧與展望》
　　（北京：經濟管理出版社，1998），頁62-63。

行資金流入房地產和股票市場，那麼即使泡沫破滅也不致于出現銀行危機和貨幣危機等。遵循比較優勢戰略也具有防範金融危機的作用。產業的競爭能力強獲利能力高，即使向銀行借款來發展，也不致于形成大量的呆帳、壞帳。其次，在堅持比較優勢的條件下，產業的資金密集程度與資源稟賦結構是相適應的，必要的資金大多來自國內儲蓄，即可降低對外債的依賴程度，因此也就不會出現貨幣危機和支付危機。

在了解到比較優勢戰略並不必然導致金融危機，也不會加大發生金融危機的可能性，相反在某種程度上具有防範和抵禦金融危機的作用的同時，東南亞金融危機的發生也為我們關於比較優勢戰略和東亞奇蹟的討論，提供了兩點經驗。

第一，比較優勢戰略有助於把政府的干預限制在盡可能小的程度上，但並不意味著可以自然而然地擺脫金融風險。對於任何一種經濟發展方式來說，金融風險事實上都是存在的，因此，嚴格的銀行監管制度是十分必要的。

第二，從日本和亞洲四小龍的總體經濟發展過程來看，特別是與許多推行趕超戰略的發展中國家相比較來說，這些經濟體無疑實行的是一種我們前面概括的發展戰略模式——比較優勢戰略。然而，這些經濟體也並不是同等程度地遵循比較優勢原則，同時，即使就同一個國家和地區來講，也並不是在每個發展階段上同等程度地遵循比較優勢原則 [28]。因此，在發展的

28　日本產業政策偏離比較優勢從而遭到抵制，未能成功的事例可參見 Takatoshi Ito, *The Japanese Economy*（Combridge, MA & London: The MIT Press, 1982），p202.

績效上，在經濟結構的健康程度上，從而對於金融危機的防範
能力上，這些經濟體之間顯然存在著很大的差別。

　　銀行監管不力，在韓國和日本最爲典型。例如，日本的主
銀行體制允許銀行持有企業的股份。在泡沫經濟條件下，資產
膨脹使銀行和其他金融機構提高了貸款能力，從而進一步向泡
沫產業如不動產業大舉投資。一旦泡沫經濟消失，銀行和金融
機構持有的股票和地產迅速貶值，使其資本金急劇收縮，不動
產貸款也大都成爲壞帳。而韓國的情形則是，政府著眼於扶持
超大型企業集團，在產業政策的引導下無限制地對這些企業集
團貸款，以致韓國前30位大企業集團1996年的資產負債率高達
350%。而產品競爭力不足，企業經營效率低下，與這種金融的
軟預算約束相結合，導致企業償債能力很差。

　　比較臺灣和韓國的發展模式和經驗最爲典型。同爲亞洲四
小龍，自1960年代臺灣和韓國都曾經享有很高的經濟增長率。
在1970年代以前，都曾以勞動密集型產業爲主，發揮了資源比
較優勢。然而，以後兩者採取了不盡相同的發展戰略，從而在
經濟體制上也大相徑庭。韓國政府大力發展資本密集型產業，
扶持超大規模的企業集團。研究者早在1980年代初就發現，韓
國企業的集中度大大高於臺灣，甚至高於日本 [29]。自那以後，
這一特點幾乎是有增無減，目前韓國的四個大企業集團(現代、
三星、大宇和樂喜金星)擁有全國企業銷售額的1/3和出口額的一

29　世界銀行，《東亞的奇蹟》(北京：中國財政金融出版社，1995)，
　　頁66。

半以上。與韓國熱衷於建立超級大企業相反,許多臺灣企業常常選擇爲美國和日本企業的配套供貨,而不是創立自己的品牌。

　　以汽車產業爲例,韓國生產和出口的是整車,臺灣生產和出口的是零組件。以電腦產業爲例,韓國生產的是晶片,而臺灣生產的是滑鼠、鍵盤、主機板、顯示器,或者生產非品牌電腦,或者爲名牌廠家組裝品牌電腦。然而,韓國生產的整車和晶片卻無法與歐、美及日本的同類產品相競爭,只好以低於成本的價格出口。臺灣出口的汽車零組件和電腦產品則獲利甚豐。正是由於臺灣產業的利潤率高,企業資金雄厚,經濟體內部積累能力強、速度快,新的投資項目規模一般不超出島內資本市場所能動員的資金規模,因而外債很少。所有這些特徵,都大大降低了臺灣的金融風險。正是因爲如此,儘管臺灣經濟也有泡沫的跡象[30],但經濟和出口仍可維持適度的增長,房地產和股市泡沫並未受東南亞金融危機影響而破滅。即使臺灣將來像日本經濟增長那樣,由於縮小與發達國家技術差距的高速度增長期,轉向技術趨於成熟的慢速增長期,從而泡沫經濟破滅,也不至於立即轉變爲貨幣危機和支付危機,像泰國、馬來西亞和印度尼西亞那樣,立即發生大崩潰。

30　根據美林證券臺灣分公司的估計,臺灣銀行貸款的40%被用於房地產投資,與發生金融危機的東南亞經濟不相上下;全部金融貸款中有2/3是以土地作抵押的,這個比例是日本的2倍。

第五章

經濟改革的歷程

傳統經濟體制缺乏效率的問題早在1960年代初期就被察覺了，試圖解決這一問題的改革也可以追溯到那一時期。然而，直至1978年底中國共產黨第十一屆三中全會召開之前，經濟改革一直陷於行政性放權、收權，即部門和地方之間管理經濟權限的重新劃定，以及與此緊密相連的行政機構增減的循環往復之中，從未觸及到傳統經濟體制三位一體的基本格局。

始於1978年末的經濟改革與以往的改革相比，在做法上有兩個明顯的不同：一是將以往的行政性管理權限調整改為擴大農民和企業生產經營自主權，跳出了循環往復的條塊之間行政性管理權限調整的窠臼；二是當問題得到部分解決的微觀經營機制與資源計畫配置制度、宏觀政策環境發生衝突時，雖然曾屢次出現體制復歸，但從總體上看，沒有採取倒退回去的辦法或繼續維繫傳統經濟體制，而是逐步將改革從微觀經營機制方面深化到資源配置制度和宏觀政策環境方面，為繼續解決微觀經營機制問題創造條件。

　　本章考察始於1978年底的經濟改革。採用的方法是，根據
改革舉措的主要性質將它們分別納入微觀經營機制改革、資源
配置制度改革和宏觀政策環境改革之中加以論述；以重大改革
舉措為基本線索分析改革的進展，揭示出蘊涵在漸進性改革中
的內在邏輯。

5.1　1979年前後改革的不同點

　　中國針對傳統經濟體制缺乏效率所進行的改革可以追溯到
1960年代初期。然而，始於1978年末的改革與以往的改革相比
較又有顯著的不同。這就是以往的改革從不觸動傳統經濟體制
的基本框框架，而始於1978年末、目前仍在繼續進行的改革則
打破了傳統的三位一體的經濟體制的內部完整性。1978年以
前，在認識上將三位一體的傳統經濟體制作為社會主義的實現
方式，因而改革只能在不觸動傳統經濟體制基本框架的前提下
尋求改進，主要措施是：(1)通過行政性分權消除中央政府權力
過於集中的弊端；(2)借助於調整權限消除地區間和部門間利益
分配不均的弊端。

　　然而，無論是行政性分權還是調整權限，改變的僅僅是各
個地方和產業在資源配置中的地位，而沒有觸及傳統的發展戰
略和扭曲的宏觀政策環境、資源計畫配置制度和毫無自主權的
微觀經營機制。由於原有利益是在行政性調整中失去的，地方、
部門或產業必然想借助於新一輪的行政性調整再將它們找回
來，所以經濟改革一直陷於行政性放權、收權，即部門和地方

之間的權利的重新劃定，以及與此緊密相連的行政機構增減的循環往復之中(見表5.1)。幾十年來依賴三位一體的傳統經濟體制來推行重工業優先發展戰略，不能成功地發展經濟的國內外經驗，使中國的政府決策者悟出一個極為深刻的道理：已有的理論和實踐還不足以解決社會主義發展中的問題。要發展經濟，就必須對傳統經濟體制進行「傷筋動骨」的改革。

表5.1 中國改革以前分權、收權周期

	1953	1957	1958年底	1963	1971-3
中央直接控制的企業數	2800	9300	1200	10000	2000
中央部委分配的物資種類數	227	532	132	500	217

資料來源：Yu Guangyuan (ed.), *China's Socialist Modernisation* (Beijing: Foreign Languages Press, 1984), p.76.

始於1978年末的經濟改革，實際上就是中國政府尋求新的社會主義實現方式的探索。由於在認識上把改革作為尋求社會主義實現方式、構造新的經濟體制的探索，傳統經濟體制的基本框架不再有不可涉及的禁區，使改革深入到傳統經濟體制的所有層面上成為可能。也正是對傳統經濟體制的所有層面進行了由表及裡、越來越有力的改革，使指導性計畫替代指令性計畫、市場機制替代計畫機制成為現實，使新的經濟體制在優勝劣汰的機制中逐步形成。

中國之所以要進行旨在構造新的經濟體制的改革，主要有以下幾方面的原因。第一，中國長期推行重工業優先發展戰略的實際結果是：與所確定的「趕超」目標相比，差距不但沒有

縮小，反而越來越大；同自己相比，城鄉居民的收入水平長期得不到提高，生活必需品供給嚴重不足，甚至數億農民的溫飽問題也遲遲得不到解決；尤其是經歷了「十年動亂」之後，國民經濟已瀕臨崩潰的邊緣。所有這些，爲中國進行揚棄傳統經濟體制的改革提供了巨大的動力。

第二，在同一時期，最初與中國同在一條起跑線上的周邊國家和地區，尤其是成爲令世人矚目的「新興工業化經濟」的東亞「四小龍」，卻快速發展起來了，致使中國同這些經濟的差距不斷拉大，強烈的反差形成中國必須改革的巨大的壓力。

第三，面對微觀經營單位──國有企業和人民公社經濟效益低下、勞動者沒有生產積極性的嚴峻局面，新上任的領導人不願意在結構扭曲、激勵不足、效率低下的傳統經濟體制中越陷越深，他們想借助於改革來加速經濟增長與發展，使人民生活水平提高得快一些，進而使自己在全國人民中樹立起威信，也是中國進行改革的重要動力。

此外，由「趕超」戰略內生出的宏觀政策環境、資源計畫配置制度和毫無自主權的微觀經營機制的弊端，隨著時間推移暴露得越來越充分，特別是長達幾十年人民生活水平改善甚微，使得揚棄傳統經濟體制的機會成本越來越低，對於中國決心重構新的經濟體制也有重大影響。

5.2 微觀經營機制的改革

第二章已經指出，由推行重工業優先發展戰略內生出的以

扭曲要素和產品價格為主要內容的宏觀政策環境、高度集中的資源計畫配置制度和毫無自主權的微觀經營機制之間的邏輯關係是：形成壓低利率、匯率和緊缺物資的價格的宏觀政策環境，是保證不符合比較優勢的重工業能夠優先發展的基本前提；實行按計畫調撥資源的資源配置制度，是解決價格扭曲的宏觀政策環境下總需求大於總供給的矛盾，並確保資源流向不符合比較優勢的重工業部門的客觀要求；而實行毫無自主權的微觀經營機制，則是為了防止企業利用經營權侵蝕利潤和國有資產的行為。在農村推行人民公社制度則是為了便于執行農產品統購統銷制度。

　　然而，扭曲的宏觀政策環境和高度集中的資源計畫配置制度都是傳統經濟體制中的深層次問題，無法直接判定它們的負面影響。在現實中最容易看出的是企業和人民公社的生產經營缺乏效率與生產者缺乏積極性之間的相關性，所以1978年末以後的改革是從微觀經營機制入手的，試圖通過建立勞動激勵機制，誘發出勞動者生產經營的積極性，達到提高生產效率的目的。主要做法是：在農村，全面實行了家庭承包制；在城市，以放權讓利為中心，就經營機制進行了一系列綜合和專項改革。下面分別就這兩個方面展開論述。

　　我們先來看家庭承包制的實行。從1950年代推行合作化運動到1970年代末推行家庭承包制，中國農業在生產隊體制下維繫了二十餘年。在這一體制下，勞動者的勞動投入評定為工分，年末，生產隊的淨收入扣除國家稅收、公積金（公共積累）和公益金（公共福利）後，按每個人在一年裡累積的工分進行分配。由於農業生產的特性，完全的勞動監督因費用極其高昂而無法

採用,但是採用不能準確反映勞動者所提供的勞動數量和質量的工分制,必然嚴重影響勞動激勵;而社員退社權利(或制止「免費搭車」的機制)的被剝奪,又進一步影響了勞動激勵[1]。其結果是,農產品總供給絕對不足成為長期解決不了的問題。為了解決農業勞動激勵不足的問題,從1970年代末開始,家庭承包制在中國農村得到推行。

從形式看,家庭承包制的發展大致可分為包工、包產和包幹三個階段,每一個階段又都經歷了由包到組(或專業隊)、包到勞動力直至包到戶的演變過程,而包工到組、包產到戶和包幹到戶則是其發展過程中先後出現的三種最主要的形式。包工到組的基本做法是:生產隊將規定了時間、質量要求和應得報酬的作業量包給作業組,並根據承包者完成任務的好壞給予獎勵和懲罰。由於工作的數量、質量、時間限定和應得報酬都有明確的規定,而且作業組通常可以自願組合,所以它與「大呼隆」的作業形式相比,能夠減少勞動監督費用和「免費搭車」行為,較好地調動起勞動者的生產積極性。

包產到戶的基本做法是把規定了產出要求的土地發包給農戶經營,包產部分全部交給生產隊,超產部分全部留給承包戶或由承包戶與生產隊分成。包產到戶與包幹到組相比有兩點不

---

1 Justin Yifu Lin , "The Household Responsibility System in China's Agricultural Reform: The Theoretical and Empirical Study", *Economic Development and Cultural Change*, vol.36, no.3 (April 1988), pp. 199-224; Justin Yifu Lin, "Collectivization and China's Agricultural Crisis in 1959-1961", *Journal of Political Economy*, vol. 98, no. 6(December 1990, The University of Chicago), 1228-1252.

同，(1)承包由生產過程的某一個階段擴展到承包整個生產過程，繞過了農業中階段勞動成果不易考核的難題；(2)承包主體由勞動力群體改爲農戶，繞開了農業中勞動監督難以實施、「免費搭車」行爲難以制止的問題。

包幹到戶的基本做法是：按人口或按人口和勞動力（人口和勞動力規定了不同的分配係數）將土地發包給農戶經營；農戶按承包合同完成國家稅收、統派購或合同訂購任務，並向生產隊上繳一定數量的提留，用作公積金和公益金等，餘下的產品全部歸農民所有和支配。包幹到戶和包產到戶的最大區別是取消了生產隊統一分配。

從過程看，推行家庭承包制經歷了從完全非法、局部合法到普遍推廣的過程。在農村實行人民公社體制的歲月裡，一旦農業陷入困境，「包產到戶」就應運而生且在短期內使農業擺脫困境，繼而又因它不符合社會主義的理想而一次次地被政府取締[2]。早在1950年代人民公社體制剛剛建立的時候，「包產到戶」就出現了。而在國民經濟瀕臨崩潰的1970年代後半期，「包產到戶」又一次出現。值得慶幸的是，這次不象以往那樣將它作爲「資本主義復辟」行爲加以取締，而是採取了不贊成但容忍它作爲一種例外存在的態度。

1979年9月中共中央通過的《關於加快農業發展若干問題的

---

2 農業因具有內部規模經濟不顯著、勞動的監督和度量都極其困難等特點，而成爲一個適宜家庭經營的產業。發達經濟中以家庭經營爲主的農業能夠適應市場經濟要求的現實則表明，家庭經營並不是農業進入現代經濟的制度性障礙。

決定》明確指出，「除某些副業生產的特殊需要和邊遠地區、交通不便的單家獨戶外」，「不要包產到戶」。這是第一次正式宣布「包產到戶」可以作爲一種例外得以存在的政策條文。1980年底，鑑於「包產到戶」在解決農民的溫飽問題上發揮了積極的作用，政府對它的政策規定進一步放寬。1980年9月中共中央印發的一個會議紀要（《關於進一步加快和完善農業生產責任制的幾個問題》）中進一步指出，「在那些邊遠山區和貧困落後的地區」，「要求包產到戶的，應該支持群眾的要求，可以包產到戶，也可以包幹到戶」。

在國家政策的寬容下，1980年底，全國實行包產或包幹到戶的生產隊占生產隊總數的份額，由年初的1.1%上升到約20%。至此，全國最窮的生產隊都實行了包產或包幹到戶。包產或包幹到戶極大地刺激了農民的生產積極性，在推行聯產承包責任制的地方農業產出顯著增長。基於此，1981年從政策上進一步放鬆了限制，1982年又完全取消了限制，它們分別使30%中等偏下的生產隊和30%中等偏上的生產隊實行了包產或包幹到戶；1983年對這種微觀基礎變革作出了理論上的闡釋，明確指出家庭承包制是社會主義集體所有制經濟中「分散經營和統一經營相結合的經營方式」，「它和過去小私有的個體經濟有著本質的區別，不應混同」；它「既可適應當前手工勞動爲主的狀況和農業生產的特點，又能適應現代化進程中生產力發展的需要」，進而將15%較好的生產隊納入了包產或包幹到戶的軌道。1984年以提出鞏固和完善包產到戶的辦法和措施，並將4%最好的生產隊納入該軌道爲標誌，完成了農村微觀基礎變革的任務。

統計資料表明，在廣泛推行家庭承包制的1978-1984年間，按不變價格計算的農業總增長率和年均增長率分別爲42.23%、6.05%，是1949年中華人民共和國成立以來農業增長最快的時期。其中，家庭承包制又是這一時期農業實現高速增長的最主要的原因。計量研究表明，在該時期的農業總增長中，家庭承包制所作的貢獻爲46.89%，大大高於提高農產品收購價格、降低農用生產要素價格等其他因素所作的貢獻 [3]。

家庭承包制能夠成爲該時期農業增長的主要貢獻者的主要原因，是它通過「交夠國家的，留足集體的，剩下都是自己的」這樣一種追加產出全歸自己的產品分配方式，誘發出農民追求更多收入的生產積極性 [4]，進而將中國農業勞動力豐富的比較優勢發揮出來。

完善家庭承包制的一項主要內容是建立和健全農業雙層經營體制。在廣泛推行家庭承包制之初，絕大部分合作制經濟中的集體經營層次無力向家庭經營層次提供各種所需的服務，處於有名無實狀態。農業的基礎設施、要素的供給和產品的銷售，

---

3 Lin, Justin Yifu, "Rural Reforms and Agricultural Growth in China", *American Economic Review*, vol.82, no. 1（1992）: 34-51．

4 我們認爲，中國的農業改革並沒有觸及農村土地的所有權，因而可以把家庭聯產承包責任制看作爲一種租賃制。這樣，追加產出全歸自己的產品分配方式就與土地租賃制度下的「固定租」的產品分配方式相類似。這種分配方式與不知道追加產出歸不歸自己的「大呼隆」(類似於「勞役地租」)和僅有部分追加產出歸自己的「按固定比例分配全部產品」的承包制(類似於「分成租」)相比，能夠更好地將勞動投入和勞動報酬掛鈎，所以這種分配方式更能誘發農民的勞動熱情。

具有非常顯著的外部規模經濟。為了使廣大農戶都能夠分享到外部規模經濟，客觀上需要發展旨在為農戶提供服務的合作經營層次，以形成與家庭經營層次具有耦合性的雙層經營體制。有關調查資料表明，這些年來農戶合作經營層次的運作範圍正在逐步擴大，增長比較快的是科技推廣、良種服務和農田水利建設，大宗農產品銷售也有較好的增長勢頭。從總體上看，合作經營層次的主要事宜是擴大交易規模以降低交易費用，組織農戶進行單個農戶所不能完成的公共品建設，如通過勞動積累工制度開展水利工程建設，為農戶利用外部規模經濟創造必要的條件。

　　與此同時，農村基層經濟組織逐漸得以重建。在人民公社的體制下，農村基層組織的設立，是為傳統的經濟發展戰略服務的。也就是說，為了在資源稀缺以及農業經濟占主導地位的條件下推動國家工業化，需要最大限度地動員農村資源，轉移農村經濟剩餘。為此，這種社區組織需要履行以下幾種職能：(1)控制農村生產資源，使之既不能外流，又要使用到國家要求的生產領域。例如，保證農村勞動力不會轉移到農村外部或非農產業；保證農業生產的剩餘和積累控制在國家的財政盤子裡，等等。(2)控制農產品的出售和農業稅的繳納。其中最為重要的的是保證主要農副產品，要以規定的價格出售給國家流通組織，以便使國家通過工農業產品剪刀差，獲得直接稅之外的一個「超額稅」。(3)類似職能逐漸增加，以致包括了農村社會、政治、經濟生活的幾乎所有領域。當時，作為兩種生產過程之一的人口再生產的控制——計畫生育就是一個典型的例子。

　　為執行此類職能而形成的農村基層組織，與其說是社區群

眾選擇的結果，不如說是制度性安排的產物。因而，它本質上是一種強制性的制度安排，自然不能包含所謂「退出」機制。只要農村經濟爲國家工業化戰略服務的性質不變，這種組織的強制性質就不會發生變化，退出就是不能容許的。在此前提下，由於農業中計量和監督勞動努力程度的成本過高，勞動報酬與勞動者的努力失去了聯繫，多勞不能多得，少勞也不少得，因而這種組織不能提供生產努力的激勵，甚至具有破壞性。正是因爲如此，1980年代初隨著家庭聯產承包制在全國的普及，農民迅速而徹底地拋棄了人民公社這種組織形式。

幾乎與這個揚棄的過程同時，幾乎以與揚棄人民公社同樣的熱情，農民開始尋求另一種合作組織。如果說傳統的人民公社是涵蓋了「工農商學兵」的綜合性社區組織，這些農民尋求的組織同樣包括了相當廣泛的領域。例如，經常得到媒體報導並爲學者和政策研究者注意的形式有：農民科學種田協會、農會、農民經濟協會、專業技術協會（技術服務和銷售合作社）、農村合作基金會等等。與此同時，全國仍然有一個雖然就其比例來說微不足道卻實實在在地存在的社區保留了集體農業。而成爲1980年代以來農村經濟發展的主導力量的農村工業，其產值的60%～70%是由鄉（鎮）村兩級企業所創造的。這些合作組織的自願性質十分明顯，如遇到政府的不正常干預和組織內部的免費搭車成本過高以致傷害了激勵機制時，農民就以退出的方式揚棄它。這種合作由於可以解決激勵問題，作爲一種資源的聯合使用方式，其生產出了比這些資源的分別使用之和更大的產出，因而得到了農民的認同。

　　我們可以把農村社區組織劃分為兩類：一類是農民為獲得某種利益而採取的集體行動，另一類是國家為了以有效而低成本的方式徵稅而強加的社區組織。兩類農村社區組織的本質差別在於其與參加主體的激勵是否相容。在前一種場合，農民面對生產、流通、信用和其他社區經濟活動中存在的規模經濟或外部經濟，選擇一種彼此接受的集體行動或組織形式，以保持退出權的方式使每一個成員獲得相應的利益，並使總收益大於交易費用，從而保障激勵相容進而這種集體行動的成功。在第二種情形下，國家強加給農民某種組織形式，出發點是以較低的成本執行徵稅的職能，成本－收益的權衡標準不是農民的淨收益，權衡的主體也不是農民本身，因而這種組織本質上是不能退出的。在經濟理性的假設下，這種退出權一旦喪失，免費搭車現象就必然產生，從而激勵不相容就導致其失敗的結果。

　　如前所述，人民公社體制就是適應於通過強制性汲取農業剩餘為國家工業化服務的目標而形成的。通過對農村基本生產要素的控制和農產品流通過程的壟斷，主要以工農業產品價格剪刀差的形式實現了這種徵稅。我國經濟學家對1950年代以來國家通過剪刀差從農業中汲取的價值總額進行過多種計算。由於對價格剪刀差的理解不盡相同，對於有關數據資料的處理方式也有差異，因而計算結果差異頗大。但農業資源向該產業外淨流出這個事實是為絕大多數學者所贊同的。例如，1980年代中期發展研究所綜合課題組的估計是，在那時以前的30年中，農民通過價格剪刀差形式對國家工業化提供的總貢賦達8000億元。李溦估計，1955～1985年這30年國家通過剪刀差形式汲取的農業剩餘總額

為5430億元，而如果把通過公開稅、剪刀差和儲蓄淨流出三種徵稅渠道汲取的農業剩餘總額相加，這30年國家從農業獲取的剩餘總額為6926億元。周其仁的估算結果與此十分接近，即在1952～1982年期間，國家通過徵收農業稅、不平等交換和農村儲蓄淨流出這三條渠道，從農村獲取了6127億元的剩餘[5]。

由於傳統農業經濟體制存在的不可克服的激勵缺陷，其導致的經濟績效也無法保障其繼續執行國家汲取農業剩餘的職能，因而在1970年代末1980年代初最終為農民所拋棄，也得到了政府的首肯。然而，由於中國所處的發展階段所限，人民公社解體之後，通過公開稅、價格扭曲和儲蓄－投資流向向農業徵稅的積累方式並未被完全放棄。只要國家仍然要採用不平等的積累方式從農業中獲取工業化所需資源，就必然需要保留一種為此目標服務的農村社區組織。無論是最基層的政府（鄉鎮）還是農民自治組織（村）都無法規避這種職責和義務。正是因為如此，在農民對於經濟組織的態度上形成了「揚棄－再尋求」的特殊現象。隨著農業以及國民經濟發展階段性變化的發生，農民社區組織的職能有可能發生變化。也就是說，由農村社區組織全面執行對農民徵稅職能已經不再必要，這種組織可以越來越成為農民在生產、流通、信用和社會生活中利用規模經濟和外部經濟的組織形式。在這種情況下，退出權就可以得到保障，從而沒有根本性的障礙阻止建立和保持農民組織的激勵機

---

5 請分別參見發展研究所綜合課題組《改革面臨制度創新》（上海：上海三聯書店，1988）；李溦，《農業剩餘與工業化資本積累》（昆明：雲南人民出版社，1993）；周其仁，〈中國農村改革：國家和所有權關係的變化——一個經濟制度變遷史的回顧〉，《中國社會科學季刊》1994年夏季卷。

制，合作經濟就不再註定失敗。

　　國有企業改革是與農村的改革同時起步的，迄今經歷了三個階段。第一階段(1979-1984)的改革是圍繞著以權利換效率這個中心展開的。與以往的行政性分權不同，這次改革的主要手段是向企業「放權讓利」，即給予企業對新增收益的部分所有權，激勵企業經營者和生產者為獲得更多的收益或收入而努力提高勞動積極性和資源利用效率，達到社會財富和勞動者收入雙增的目的。1978年10月，四川省率先在6個企業中進行企業擴權的試點工作。1979年5月，國家經委、財政部等6個部委選擇北京、天津、上海3個直轄市的8個企業進行擴權試點。擴大企業自主權試點工作引起眾多企業和廣大職工的強烈反響，許多地方和部門因勢利導，仿照8個試點企業的做法，自行制定試點辦法加以推廣。

　　各地擴大經營自主權試驗的主要措施是：以增加工資、發放獎金、實行利潤留成等手段，刺激職工和企業家的生產經營積極性；以下放財政和物資分配等權力為手段，誘發各級地方政府和部門關注企業經濟效益的積極性。由於多年來一直實行職工收入同工齡掛鉤而與工作業績無關、企業支出全額核銷、企業收入全額上繳這樣一種「幹多幹少一個樣，幹好幹壞一個樣，幹與不幹一個樣」的分配制度和核算制度，所以這些具有衝擊「三個一樣」之含義的措施，在激勵經營者和生產者追求經濟效益，進而企業收益或個人收入增長方面產生了顯著的作用。有鑑於此，中央政府於1980年秋，將試點企業的某些做法引入約占全國預算內國有工業企業16％、產值60％和利潤70％的6000多個企業。

　　利潤留成確實產生了調動企業和職工生產積極性的作用。

但在宏觀政策環境扭曲如故，企業的盈虧不完全反映其經營好壞的情況下，擴大企業自主權，也給企業職工多用多占企業收入開了方便之門；因而企業職工積極性的提高，並不能確保財政上交任務的完成。針對這一問題，1980年初，山東省率先將利潤留成改為利潤包幹，即企業必須首先完成國家上交的利潤任務，餘下部分或全部留給企業或按一定比例在國家與企業之間進行分配。這一稱為工業經濟責任制的做法很快得到國家的肯定，並在總結經驗的基礎上迅速在全國推廣開來。到1981年8月底，全國縣屬以上的國有企業中，實行工業經濟責任制的占65％，其中承擔較多財政上交任務的東部9省市達到80％。

該階段改革的實際結果表明，這些以企業和職工為對象的物質刺激措施，在激勵勞動者生產積極性和增強企業活力方面收到了一定的效果，但也因現實中存在著「放權讓利」的邊界不清，要素和產品價格雙軌制等一系列可供尋租的漏洞，出現了企業為擴大自銷而壓低計畫指標、不完成調撥計畫，以及企業間爭相發放獎金等行為。

第二階段(1984-1986)的企業改革是圍繞著增強企業活力這個中心展開的，主要措施為簡政放權，改革稅制和實行廠長(經理)負責制。該階段的改革以增強企業活力為中心，與以鄉鎮企業為代表的非國有經濟進入所造成的壓力有一定的關係。與國有企業不同，非國有經濟得不到計畫內的低價資源，它們只有在市場競爭中取勝才能生存和發展，否則就將被淘汰。然而，也正是這一硬約束使篩選下來的非國有企業具有較高的經營效率，能夠以較高的價格獲取資源。在利潤動機的驅使下，越來

越多的稀缺資源流向非國有經濟。競爭稀缺資源的內在要求，有力地促使國有經濟進行旨在增強企業活力的改革。

事實上，國有企業在第二階段先後進行的包括利改稅、撥改貸、企業承包制和股份制等改革，都是在這種競爭壓力下內生出來的。為了提高國有企業的經營活力，進行了兩項改革：其一是政府逐步減少國有企業經營中指令性計畫的相對份額。截至到1990年，納入指令性計畫管理的產品已由1979年的120多種減少到58種，其占全國工業總產值的比重則由40％減少到16％。由國家計委負責調撥的重要物資和商品，分別由256種和65種減少到19種和20種；由國家承攬的出口商品由900種減少到27種，占出口商品總額的份額已下降到20％左右。

其二是頒布了一系列關於擴大企業自主權的行政性法規，擴權範圍涉及到產品銷售權、定價權、要素選購權、自有資金使用權、工資獎金分配權、聯合經營權、技術進步方向選擇權。1985年9月，國家體制改革委員會《關於增強大中型國營企業活力若干問題的暫行規定》中又進一步明確：企業在確保完成國家計畫的前提下，可以根據市場需要和自己的優勢，發展多種產品，進行多種經營。這些為國有企業發揮自己的比較優勢提供條件的改革措施，已具有激勵企業發揮比較優勢的取向。

為了理順企業和政府之間的關係，從1980年代中期開始，中國還進行了兩步「利改稅」的改革。實行利改稅的主要目的是劃清政府財政收入和企業可支配收入的界限，並形成國家財政收入與稅收掛鉤，企業收入與利潤掛鉤的機制。第一步利改稅從1983年1月1日起征，並於同年6月1日開始辦理。具體作法

是對除實行承包的小型企業外的全部國有企業計徵稅率爲55％
的所得稅，其實質是將55％的企業利潤轉換爲稅收。納稅後的
企業利潤，再在國家和企業之間進行分配。上交國家的利潤部
分，根據企業的不同情況分別採取遞增包幹上交、固定比例上
交、定額包幹上交和交納調節稅等辦法，一定三年不變。

　　第一步利改稅初步解決了原先把稅收和利潤混在一起的問
題。爲了解決第一步利改稅的遺留問題，1984年9月開始實施第二
步利改稅方案，即實行單一的徵稅制度，其中包括對第一步利改稅
設置的所得稅、調節稅進行改進，增加資金稅、城市維護建設稅、
房產稅、土地使用稅、車輛使用稅，劃出產品稅、增殖稅、營業稅、
鹽稅。從1985年1月1日起徵。第二步利改稅曾一度取得較好的效
果。問題在於，在經濟核算和審計制度尚不健全的情形下，企業可
採取各種各樣的變通辦法來增加自己的所得、減輕稅賦，如調用企
業勞動力修建職工住宅，並將修建職工住宅的材料打入生產成本等
等。其結果是，政府的稅收並未多得，不採取應對手段的企業又稅
賦太重，因而又不得不實行企業稅收承包制。

　　顯而易見，在政府直接控制國有企業經濟活動，價格不是
引導資源配置的信號的傳統經濟體制下，利稅無須一定分離。
在一個必須依靠價格引導資源配置的經濟環境中，利稅是肯定
不能合一的。從這個意義上講，「利改稅」是市場取向改革的
題中應有之義。利改稅的主要目的，是爲企業創造平等競爭的
環境。雖然兩步「利改稅」所確立的稅制因沒有妥善處理中央
和地方、政府和企業的關係，在現實中真正起作用的是企業稅
收承包制。但是，「利改稅」作爲一項無論如何也跳不過去的

改革，是無法回避的。兩步「利改稅」在方向上是正確的，在它的基礎上形成了包括20多個稅種的體系，對於中國建立市場經濟體系具有積極的作用，並爲後來推行「分稅制」提供了許多值得借鑑的經驗和教訓。

1988年，國家又對國有企業實行「稅利分流、稅後還貸、稅後承包」的改革試點(簡稱「利稅分流」)。「利稅分流」的主要內容是：(1)減輕稅負。所有試點地區一律取消國有企業調節稅，降低所得稅稅率。(2)對稅後利潤，或核定上交利潤基數，或交納國有資產占用費。按上海的做法，流動資金和固定資產的占用費率分別爲相應貸款的利率。(3)將原先銀行專項貸款的「稅前還貸」改爲稅後還貸，取消按還貸利潤數額提取福利基金和獎勵基金的規定。「稅利分流」既不同於「利改稅」前只上交利潤的「稅利不分」，也不同於「利改稅」後的「稅利不分」，使國家作爲社會管理者和國有資產所有者的雙重身份都得到了體現。

1987年以來，企業改革進入第三階段。這一階段的改革，主要是圍繞著重建企業經營機制這個中心展開的。基本舉措是實行各種形式的經營責任制，包括大中型企業的承包制，小企業的租賃制和股份制的試點。在1991年以前，最主要的手段是承包制。根據全國28個省、直轄市、自治區和7個計畫單列市的初步統計，截止1987年第二季度，實行承包經營的預算內工業企業33312戶，占企業總數的90%[6]。進入1992年以後，隨著將

---

6 國家經濟體制改革委員會編，《中國經濟體制改革年鑑(1992)》(北京：改革出版社，1992)，頁167。

國有企業缺乏活力的癥結歸結為產權不清，並將股份制作為消除產權不清問題最有效的方式的觀點占據了上風以後，推行股份制成了新的時尚。然而在現實中，股份制主要是在較好地體現中國比較優勢、因而富有效率的國有企業中推行，主要意圖是籌集資金；至少到目前為止，股份制並未能被證明，其具有改造體現「趕超」戰略意圖的國有企業的經營機制的作用。由於在現實中只有最富有效率的企業才有可能被批准發放股票，其股票才有可能被股民認購，因而才有可能推行股份制，所以從表面上看，股份制還是有效果的。

目前存在的主要問題是缺乏競爭性的產品、要素市場和經理人員就業市場，前者使監督企業經理人員的信息成本太高，後者使獎罰經理人員難以實現。其結果是，不放權企業經理人員缺乏積極性，放權又容易出現經營權侵犯所有權。總之，競爭的產品市場、要素市場和經理人員市場是推行股份制所需的基本條件，在這三個市場均沒有發育起來的經濟環境中，股份制的推廣和有效性都將是非常有限的，它不但不能消除國有企業中經營權侵犯所有權的行為，而且會因產權更加模糊而誘發出越來越多的產權侵犯行為。鑑於股份制能夠解決的問題，承包制也能解決，而承包制解決不了的問題，股份制不但解決不了，而且有可能越演越烈，所以，對於改革旨在實現「趕超」戰略意圖的國有企業，決非是一個推行股份制便能奏效的問題。

從總體上看，國有企業的改革，主要是生產非公共品的國有企業的改革，是圍繞著實現資產經營的競爭性、資產形式的

流動性和資產所有者對資產經營者的約束和監督三大任務進行的。在時間序列上，它是循著「調整國家和企業的利益關係」、「賦予企業更大的經營自主權」、「構造適應市場經濟體制的企業制度」這樣一條線索展開的。同中國經濟改革的目標模式隨著改革的深化不斷升華一樣，企業改革的目標也是隨著改革的深化逐漸升華的，最初的目標是解決國有企業經營效率低下的問題，隨著改革的不斷深化，現在的目標已調整為轉換經營機制，將國有企業推向市場。

雖然人們可以觀察到，在改革的進程中，國有企業經營參與市場的程度、自身優化資源配置的意識和能力都在逐漸提高，但到目前為止，國有企業改革尚未真正破題，企業經營也沒有從困境中走出。有關資料表明，全部預算內國有工業企業中，約有35％為虧損企業，虧損總額1994年達482.59億元[7]。這些資料反映的還僅僅是國有企業明虧的情況。一種常被援引的說法是，中國的國有企業除了1/3明虧以外，還有1/3處於潛虧狀態，真正能夠盈利的企業只占1/3。1997年時還出現全行業的虧損。由此可以看出，中國國有企業的改革還遠遠沒有完成。

5.3　資源計畫配置制度改革

實行微觀經營機制改革之後，企業開始擁有可自主支配的利

---

7 國家統計局編，《中國統計年鑑（1995）》（北京：中國統計出版社，1995），頁403；謝平，《中國金融資產結構分析》，《經濟研究》1992年第11期，頁34。

潤和產品。將企業可支配的利潤用於擴大再生產，需要開拓購買所需要素的渠道；為了使新增產品的銷售收入最大化，則需要開拓計畫外的銷售渠道，等等。所有這些變化，都衝擊著高度集中的資源計畫配置制度，於是，改革很自然地深化到資源計畫配置制度方面。為了給企業改革創造所需的條件，國家在物資、外貿和金融管理體制等方面也進行了一系列的改革。其中，物資管理體制的改革最為徹底，金融管理體制改革的步履較為緩慢。

　　首先來看物資管理體制改革。1978年末以來，中國的物資管理體制圍繞著「搞活企業、促進流通、培育市場」這一主題進行了兩個階段的改革：第一階段(1979-1984年)改革的重點是放鬆對計畫分配物資的管理，使賦予企業的經營自主權和部分利潤的配置權能夠落到實處。

　　這一階段改革的主要措施有：(1)擴大生產企業的產品銷售權。即企業在完成國家計畫和供貨合同之後，除了有特殊規定外，企業可以自銷按規定分成的產品、自己組織原材料生產的產品、試製的新產品，以及物資部門不收購的超計畫生產的產品。到1984年，全國重點鋼鐵企業自行支配的鋼材占總產量的份額為9.6％，大中型水泥廠自銷水泥占其總產量的份額為8.8％，機電產品企業自銷量的比重更高。(2)對部分計畫分配物資實行敞開訂貨。從1980年起，在77種統配機電產品和83種有色金屬中，各有7種產品按計畫分配，其餘的都實行敞開訂貨。(3)實行靈活的供給辦法。主要有定點定量供應、按需核實供應、配套承包供應和憑票供應。(4)開辦生產資料市場。在這一階段內，四川、上海等地的物資部門先後開設了一大批生產資料市

場。由於在這些市場上成交活動不受行政區劃、行政部門，以及企業所有制性質的限制，用戶可以自由選購，大大促進了資源的流動。(5)依托城市和按經濟區域合理組織物資流通，發展物資經營網點，以降低資源流動的交易成本。

　　第二階段(1985年至今)改革的重點是縮小計畫分配物資的品種、數量和範圍，建立多種形式不同規模的生產資料市場。主要措施有：(1)縮減國家計畫分配物資的品種、數量和範圍。從1985年開始，除保證重點生產建設需要之外，對一般需要只保持1984年的分配基數。國家統配物資的品種，從1980年的256種減少到1988年的27種；國務院各主管部門管理的指令性計畫分配物資由316種減為45種；國家合同訂購物資93種；產需銜接物資為209種；自由購銷物資為149種。(2)從1984年起，國家為了改善生產資料價格，依靠計畫內適當調整，計畫外逐步放開的做法，對煤炭、木材、生鐵、鋼材、水泥、燒碱、純碱、硫酸、輪胎等物資的計畫價格作了不同程度的上調。(3)探索物資流通的指導性計畫。(4)發育市場。1985年，在國家放開計畫外生產資料價格的基礎上，石家莊創造了對計畫內和計畫外的鋼材實行「統一銷價、價差返還、放補結合、擴大市場」的辦法。到1988年，全國已有90多個大中城市採用這種辦法，推廣的品種已從鋼材擴大到木材、水泥、生鐵等16個種類，計畫內鋼材轉入市場流通的，平均約占這些地區計畫內中轉供應的60%。1990年，由計畫參與配置的生產資料減少到19種，1992年雖然品種仍為19種，但統配比重下降較大。1994年減少到11種，到1997年，國家計委只對原油、成品油天然氣和不到40%的煤炭，

不到3%的汽車實行計畫配置。爲了促進市場發育，1998年，又將鋼材、水泥的指令性調撥計畫改爲產需銜接計畫。

其次來看外貿管理體制改革。1978年以來的中國外貿體制改革大體可分爲三個階段：第一階段(1978年底至1986年)改革的重點是：(1)擴大地方、部門和企業的外貿經營權。其內容包括實行分地區的外貿經營包幹責任制，將審批經營外貿企業的權力下放到省、市、自治區。(2)改革外貿計畫體制。主要是逐步減少和縮小指令性計畫中的品種和範圍，增加和擴大指導性計畫的種類和範圍，大幅度地減少中央政府直接管理的進出口商品的種類和數量。從1985年起，中央主管部門不再編制和下達指令性的出口貨源收購和調撥計畫。(3)調整外貿財務體制。工業主管部門所屬的外貿企業、工貿公司，財務直接同中央財政掛鉤；有外貿經營權的綜合性企業，實行財務獨立核算；由地方安排的進出口貿易，原則上由地方財政自負盈虧。(4)改革外貿經營方式。包括改單一化的經營渠道爲多元化的經營渠道，將單一經營拓展爲工貿結合或技貿結合式經營；賦予外貿企業獨立經營進出口業務的權利；對部分商品實行代理制。(5)實行外匯留成制度。爲了鼓勵地方、部門和企業積極開展對外貿易，於1979年實行了外匯留成制，即在外匯由國家集中管理、統一平衡、保證重點使用的同時，給創匯單位一定比例的外匯額度。創匯單位對留成外匯的使用擁有一定的自主權，並可以參加調劑，將留給它的外匯額度轉讓給急需外匯的單位。

第二階段(1987-1990年)的重點是推行外貿承包經營責任制。外貿承包經營責任制是在1987年試行了一年的基礎上，於

1988年開始推行的。其主要內容是：(1)地方向中央承包出口創匯、上繳外匯和經濟效益指標。承包基數從1988年至1990年三年內不變。各地方再把承包指標分解落實到地方外貿企業。完成承包指標以內的外匯收入大部分上繳國家，少部分留給地方和企業；超過承包指標的外匯收入少部分上繳國家，大部分留給地方和企業。(2)外貿企業實行自負盈虧。這項改革首先在輕工業品、工藝品和服裝三個行業展開，主要措施是外貿出口創匯的大部分留給外貿企業、生產企業和地方，少部分上繳國家，外貿企業實行完全的自負盈虧。(3)進一步改革外貿計畫體制。除統一經營、聯合經營的21種出口商品保留雙軌制出口計畫以外，其他出口計畫一律由雙軌制改為單軌制，即由地方直接向中央承擔計畫。(4)進一步改革外貿財務體制。即外貿企業向國家承包經濟效益指標，並按照國際慣例，全面實行出口退稅。各地方外貿專業總公司的分支公司在財務上與地方財政掛鉤，與中央財政脫鉤。(5)進一步改革外貿經營體制，以明確經營分工的範圍：少數大宗資源性產品由指定的外貿企業經營；國際上較敏感的商品，由獲得出口經營權的企業分散經營，其他商品放開經營。(6)進一步擴大地方外匯留成比例，取消用匯指標，開放外匯調劑市場，允許外貿企業和生產企業自由調劑留成外匯。

　　第三階段(從1991年起)確立了「統一政策、平等競爭、自主經營、自負盈虧、工貿結合、推行代理制、聯合統一對外」的管理體制和運行機制，旨在結束外貿長期「吃補貼」的歷史，將外貿企業實實在在地推向國際市場。具體的改革措施是：(1)

取消對外貿易企業的出口補貼，適當增加外貿企業的外匯留成
比例，以形成外貿企業自負盈虧的機制。(2)改按地區實行差別
外匯留成比例爲按不同商品大類實行全國統一的外匯留成比
例，爲同類外貿企業創造平等競爭的條件。(3)各省、自治區和
計畫單列市人民政府以及外貿、工貿專業進出口公司和其他外
貿企業等向國家承包出口總額、出口收匯和上繳中央政府外匯
(包括收購)額度任務。承包任務逐年核定。(4)加強各專業公司
和進出口商會對進出口商品的行業協調管理。(5)進一步完善外
貿企業的承包經營責任制。(6)進一步搞活外匯調劑市場，各部
門不得用行政手段干預外匯資金的橫向流通。

對外貿易體制的改革最初的動機是鼓勵出口創匯，以便支
持先進技術設備的引進。無論是減少指令性外貿計畫的範圍、
擴大地方外貿自主權，還是實行企業外匯留成，給予地方從事
外貿的機會，都是爲這一目的服務的。然而，通過上述外貿管
理體制的一系列改革，有力地推動了外貿本身的擴張。1978-1997
年期間，中國進出口總額從206.4億美元增加到3250.6億美元，
增長速度高於國民生產總值的增長速度。按人民幣計算，1997
年進出口總額占國民生產總值的比重達到36.7%，是印度、巴
西、美國和日本的兩倍多，這使中國成爲大國中開放度最高的
國家。

第三，我們來考察金融管理體制的改革。不論在哪個國家
和地區，要形成有效的生產能力，資本、勞動力和自然資源都
是缺一不可的。但對於中國這樣的發展中經濟體而言，在這三
類生產要素中，資本最爲稀缺，是經濟增長的「瓶頸」，資本

配置的效率對經濟增長的影響最大。改革以來連續20年的經濟快速增長，使金融不斷深化，它又進一步提高了金融體系在經濟運行中的重要性。統計資料表明，1997年，銀行吸收的居民個人儲蓄存款金額達到46279.8億元，與1978年相比增長了218.8倍，銀行發放的貸款總額達到74914.1億元，與1978年相比增長了39.5倍。1979年經濟增長對金融的依存度 [8] 爲52.1％，1997年已超過100％。

　　從以上兩個方面可以看出，金融機構已由過去國家財政的一個記帳單位躍遷爲左右國民經濟運行最爲關鍵的部門之一。金融改革主要在以下幾個方面取得了進展：

　　(1)改革「大一統」的銀行體系，初步建立起以中央銀行爲領導，以專業銀行爲主體，各金融機構並存的金融體系。中國共產黨十一屆三中全會以前，中國金融實行的是「大一統」的體制。中國人民銀行是中國唯一的銀行 [9]。它既是國家的貨幣發行銀行，又辦理工商信貸、保險等業務。所以，金融改革的

8　經濟增長對金融的依存度等於國民生產總值除以銀行貸款餘額的百分數。

9　從名稱上看，當時還有中國人民建設銀行、中國農業銀行和中國銀行。中國人民建設銀行成立於1954年，主要辦理基建撥款和基建的結算業務，歸財政部領導。1958年改爲財政部基建財務司，但對外名稱未變。1962年恢復建制，仍歸財政部領導。1970年併入中國人民銀行，1972年再次劃歸財政部領導。中國銀行對內是中國人民銀行的國外業務管理局，中國農業銀行先是只掛一塊牌子，對內爲中國人民銀行的農村金融管理局，後又兩次併入中國人民銀行，眞正獨立運作的時間僅4年。1969-1978年，中國人民銀行總行除保留一塊牌子外，其機構、人員和業務等都并入財政部，其分支機構也隨之并入相應的財政部門。

第一步是建立銀行體系。1979年，恢復中國農業銀行並分設中國銀行，中國銀行作為外匯專業銀行，承辦外貿信貸業務；1984年，分設中國工商銀行和中國人民保險公司，前者承辦工商企業存放款、結算業務和城鎮儲蓄業務，後者則自成體系，獨立經營。從1985年11月起，中國人民建設銀行脫離財政部的領導，全部資金納入中國人民銀行綜合信貸計畫，並在業務上接受中國人民銀行的領導和管理。貨幣發行和工商信貸、儲蓄業務明確劃分開之後，中國人民銀行的職能單一化為中央銀行的職能。

從1986年起，金融體系開始進行引入市場機制的嘗試，全國各地以中心城市為依托建立橫向資金融通網絡，逐漸發展到銀行同業拆借市場，使之成為運用市場機制調劑資金餘缺的手段。經過數年的努力，已逐步形成了以人民銀行為領導，以專業銀行和綜合性銀行為主體，以保險、信託、證券和城鄉信用社為輔助的金融組織體系。

(2)改革信貸資金管理體制，揚棄「統存統貸、利潤全部上繳」這樣一種存貨和盈虧的多寡與銀行職工的收入之間沒有聯繫，不同銀行和同一銀行的各分設機構之間都沒有競爭的動力和壓力的資金管理體制，實行統一計畫、劃分資金、實存實貸、相互融通的辦法。在信貸資金管理上，由統存統貸轉變到差額控制、實貸實存，形成了縱橫交錯的管理體系。在此基礎上允許銀行業務交叉，即打破原來各專業銀行之間嚴格的業務分工 [10]，「工商銀行可以下

10　各專業銀行的業務分工是工商銀行承攬工商業務，農業銀行承攬農村業務，建設銀行承攬基本建設業務，中國銀行承攬涉外業務。

鄉、農業銀行可以進城、中國銀行可以上岸、建設銀行可以破牆」，打破每個銀行各把持一攤業務的變相壟斷的局面，形成了「銀行選企業、企業選銀行」的雙向選擇機制。

(3)改革利率管理制度，包括調整存放款利率水平，利息率檔次和管理權限。對企業實行差別利率、浮動利率、優惠利率和罰息制度。這些措施的實施，使利率槓桿調節資金供求、引導資金合理流向的作用日益擴大，並促進了金融的儲蓄吸納機制和投資轉換機制的形成。1993年4月，中國實行了世界各國普遍採用的定期存款計息辦法，放棄了原先不同於世界其他國家的做法 [11]。使中國金融改革具有同世界接軌的特徵。

(4)改革信用制度，適當開放國家信用、商業信用和消費信用，突破一切信用都集中在銀行的框框。信用制度改革，為非銀行金融機構的發展和更多金融工具的運用提供了機會。例如，正是信用制度改革，使信託投資公司、保險公司、金融租賃公司、證券公司、證券交易所，以及城市和農村信用合作社等非銀行金融得到了迅猛的發展；使各種債券和股票發揮出越來越重要的作用。此外，銀行的一些傳統業務，如期票、本票、匯票也得到逐步發展。

(5)發展金融市場。金融機構和採用的金融工具的增加，尤

11　中國過去定期存款的計息方法是：存戶取款時，若超過定期期限，其超過期限按定期存款利率計息，若未到定期期限，按最接近的定期存款利率計息。例如，某存戶有一張兩年期的定期存款單，若他兩年半後去取，超過的半年按兩年期的存款利率計息；若他在一年半時去取，如果最接近的是一年期的定期存款，就按一年期定期存款利率計息。

其是金融不斷深化，有力地加速了金融市場發育成長的過程。至今，銀行同業拆借市場、大額可轉讓存單市場、國債市場、金融債券市場、企業債券市場和股票市場不僅已具有雛形，而且正在發揮越來越大的作用 [12]。

　　首先是證券市場的培育與發展。中華人民共和國成立後，為穩定物價和加快經濟建設，政府先後發行了幾期人民勝利折實公債和國家經濟建設公債。這些國債都沒有上市流通，於1968年初全部償清。中國共產黨十一屆三中全會召開以後，國家開始了大規模的經濟建設，財政收支出現逆差，1979年和1980年財政赤字分別達到135億元和69億元。為了克服政府財政困難和籌集重點項目建設資金，1981年財政部恢復國債發行，用於彌補財政向中央銀行借款和透支後的差額。1994年後，財政不能再向中央銀行借款和透支，財政赤字要依靠發行國債來彌補，國債發行規模日趨龐大。到1997年底，國內政府債券累計發行總額為9100億元，企業債券共發行2600億元。國債收入占同期財政支出的比重由1981年的4.3%提高到1997年的26.7%（表5.2）。

12　從1987年起，財政部除每年發行國庫券外，陸續發行了國家重點建設債券、國家建設債券、基本建設債券、財政債券、保值公債、特種國債等。隨著國債發行規模的擴大，自1985年允許專業銀行發行金融債券後，又陸續允許交通銀行等綜合性銀行和一些信託投資公司發行金融債券。一些經營得好的企業，也發行了企業債券和股票，上述業務的出現和增多，成為發展金融市場的壓力，同時也間接地為金融市場發育創造了條件。

表5.2　國債發行規模及占政府財政支出的份額

單位：億元、%

年份	國　債發行量	財　政支　出	國債占財支出份額	年份	國　債發行量	財　政支　出	國債占財政支出份額
1981	48.7	1138.41	4.3	1990	138.9	3083.59	4.5
1982	43.8	1229.98	3.6	1991	197.2	3386.62	5.8
1983	41.6	1409.52	3.0	1992	281.3	3742.20	7.5
1984	42.5	1701.02	2.5	1993	460.8	4642.30	9.9
1985	60.6	2004.25	3.0	1994	381.3	5792.62	6.6
1986	62.5	2204.91	2.8	1995	1028.6	6823.72	15.1
1987	63.1	2262.18	2.8	1996	1847.8	7937.55	23.3
1988	63.1	2491.21	2.5	1997	2467.8	9233.56	26.7
1989	132.2	2823.78	4.7				

資料來源：國家統計局編，《成就輝煌的20年》（北京：中國統計出版社，
　　　　1998），頁320、367。

　　其次是股票市場的培育與發展。股份制的始作俑者是小型集體企業。它們在採用職工自發入股或公開招股的方式解決資金短缺問題的過程中，形成了股份制企業。1980年8月，中國人民銀行遼寧省分行撫順支行代理企業發行了211萬元的股票，是金融系統首次介入股票交易。1984年9月，北京誕生了第一家由國有企業改造的股份制揪天橋百貨股份有限公司。隨後，上海、廣州、瀋陽等地也開始了股份制的試點工作。隨著股份制企業的發展和股票發行數量的增加，客觀上需要建立旨在開展股票轉讓的二級市場，於是股票流通提上議事日程。1986年1月，政府允許瀋陽、武漢、廣州、重慶和常州等進行金融體制改革試驗的城市中的一些金融機構，辦理股票的發行和轉讓業務。1986年8月，瀋陽市信託投資公司開辦窗口交易，代客買賣股票，同年9月，上海工行靜安區營業部設立證券櫃檯交易點揪靜安證券營

業部，成爲全國第一個股票交易櫃檯，開創了上海上海股票交易市場，飛樂股票和延中股票開始上市交易。1988年，深圳發展銀行股票正式在深圳證券公司掛牌上市，拉開了深圳股票交易的序幕。雖然深圳開展股票交易的時間略晚一些，但交易量增長很快。1990年，深圳的年成交金額爲17.65億元，是上海年成交金額4963萬元的30多倍。1990年11月26日和1991年7月3日，以上海、深圳兩個證券交易所成立爲標誌，中國股票交易市開始步入規範化的發展階段。到1998年4月底，滬深兩地上市公司總數已達784家，國內股票總市值突破2萬億元（見表5.3）。與此同時，投資基金市場也從無到有，逐步發育和成長。

表5.3　1990年代以來中國大陸股票市場發展情況

年份	上市公司數(家)	年成交額(億元)	市價總值(億元)
1991	14	43	109
1992	53	681	1048
1993	183	3667	3541
1994	291	8127	3691
1995	323	4396	3474
1996	530	21331	9842
1997	745	30720	17529

資料來源：國家統計局編《成就輝煌的20年》（北京：中國統計出版社，1998），頁330。

　　簡言之，中國的金融改革是圍繞著建立、完善以中央銀行爲領導、以專業銀行爲主體、銀行金融與非銀行金融並存的金融體系，推進專業銀行企業化、發展金融市場和建立、完善金融宏觀調控體系三大任務進行的。目前，第一階段的任務已基本完成，後兩個階段的改革還有許多工作要做。存在的主要問

題是金融資產的利率與風險尚未掛鉤。例如，國債作爲政府始發證券，是一種風險極小的金融資產，在正常的經濟環境中，它的利率不會高於銀行利率。然而，中國國庫券的年利率歷來高於同期儲蓄存款年利率1-2個百分點，這一情形在世界各國是絕無僅有的。與此相反，有些風險較大的金融資產，利率並不比國債高多少。出現這一獨特現象的主要原因是：在目前的體制下，各種金融資產的風險程度還有很大的模糊性，故利率成爲金融機構吸引金融資產的唯一因素。從1993年開始，一個旨在形成商業銀行與政策銀行分設、各司其責，以及人民銀行實行垂直管理體制，排除地方政府干預貸款過程的金融體系改革正在進行。

　　將財政和金融聯繫在一起就可以發現，隨著金融改革的深化，金融在社會擴大再生產中的作用越來越大，財政的作用越來越小。統計資料表明，在1981-1997年期間，國家預算內資金中用於固定資產投資的數額由269.76億元提高到696.74億元，僅增長158.3％；銀行的固定資產投資由83.37億元提高到15468.7億元 [13]，增長了184.5倍 [14]。在財政和銀行每年的固定資產投資之和中，財政所占的份額由1981年的76.4％下降到1997年的4.3％，銀行融資所占的份額由23.6％上升到95.7％。企業固定資產投資對國家預算內資金撥款的依存度越來越低，對

13　在《中國統計年鑑(1998)》的金融機構信貸資金平衡表中，以中長期貸款取代了過去的固定資產貸款。

14　《中國固定資產投資統計資料(1950-1985)》（北京：中國統計出版社，1986），頁8；《中國統計年鑑(1987)》（北京：中國統計出版社，1987），頁639；《中國統計年鑑(1998)》（北京：中國統計出版社，1998），頁187、668。

銀行融資的依存度越來越高，反映了中國改革具有市場經濟體制取向的特徵。銀行與政府相比要更關注於效率，所以這種變化會產生誘發企業利用比較優勢的效應。

5.4　宏觀政策環境的改革

在宏觀政策環境依然如故的條件下放鬆微觀經營機制和資源配置制度，一方面改善了企業追求利潤的外部環境，另一方面，也造成了一系列的混亂，其中主要是要素價格雙軌製造成的不平等競爭和尋租行為。為了妥善解決這些問題，改革合乎邏輯地深化到宏觀政策環境方面。宏觀政策環境改革是廣義的價格改革，它涉及到物資（原料、材料、燃料）價格、產品（最終產品和服務）價格、利率（資金使用價格）、匯率（外匯價格）和工資（勞動力價格）等各個方面，其中最主要的是價格改革、利率改革和匯率改革。下面分別就這三個方面的改革作一個概述。

首先是價格改革。中國的價格改革採取的是利用雙軌制、走出雙軌制的方式。對此，部分學者曾認為它將因市場軌衝不出計畫軌的束縛而無法獲得成功。但是過去20年的歷程表明，改革一直沿著預定的目標行進，市場價格作為資源配置信號的作用，隨著市場軌調節範圍和相對規模的不斷擴大而愈益加強，計畫價格對經濟運行的影響則隨著計畫軌調節範圍和相對規模的逐漸縮小而越來越不重要。

價格改革是循著消費品價格改革、生產資料價格改革、要素價格改革的順序進行的，至今已經歷了兩個階段：第一階段

為1978～1984年。在此期間，價格改革採取的是比價調整的辦法，而沒有涉及價格形成機制的改革，即由政府物價部門出面，提高供不應求的商品的價格，降低供過於求的商品的價格，使這些商品的計畫價格趨向均衡價格。

　　從1985年開始，價格改革進入了將市場機制引入產品、物資價格形成過程的第二階段。這一時期價格改革的主要舉措，是以不同形式、不同程度逐步放開產品和物資的價格，形成了同一種產品和物資計畫內部分實行政府定價、計畫外部分實行市場定價的雙軌制。隨著計畫外生產、流通和非國有經濟的快速擴張，市場價格軌所占份額越來越大，計畫價格軌所占的份額越來越小。到1996年，價格完全由市場決定的產品，已占社會商品零售總額的93％，農產品收購總額的79％，以及生產資料銷售總額的81％（表5.4）。

表5.4　價格控制方式的變化

單位：％

	價格形式	1990	1992	1994	1996
社會商品零售總額	政府定價	29.8	5.9	7.2	6.3
	政府指導價	17.2	1.1	2.4	1.2
	市場調節價	53.0	93.0	90.4	92.5
農產品收購總額	政府定價	25.0	12.5	16.6	16.9
	政府指導價	23.4	5.7	4.1	4.1
	市場調節價	51.6	81.8	79.3	79.0
生產資料銷售總額	政府定價	44.6	18.7	14.7	14.0
	政府指導價	19.0	7.5	5.3	4.9
	市場調節價	36.4	73.8	80.0	81.1

資料來源：《中國物價》1997年第12期。

　　在工業中，受指令性價格影響的產值占產值總額的份額已由1979年的70％下降到5％，市場信號對企業配置資源的影響力越來越大。價格由市場決定，是迫使企業轉換經營機制的關鍵力量。在這樣的經濟環境中，企業必然會考慮如何利用比較優勢和規避比較劣勢的問題，講求經濟效益就必然成為企業內生的行動。

　　其次是匯率改革。在改革以前，中國實行的是單一匯率，貿易和非貿易收支都按官方匯率結算。那個時期推行重工業優先發展戰略，為了降低發展重工業的門檻，匯率被大大地扭曲，極大地抑制了中國具有的比較優勢的發揮，使創匯能力大大低於應有的水平。為了增加外匯收入，政府對匯率進行了一系列的改革。1979年8月，國務院頒發了《關於大力發展對外貿易增加外匯收入若干問題的規定》，該「規定」作出了從1981年起對外貿易實行內部結算匯率的重大抉擇。雖然政府主管部門將內部結算匯價解釋為內部調節進出口貿易的平衡價，但事實上它是一種匯率。這樣在結算上就形成了兩種匯率。其中，對外公布的官方匯率與國內外消費品價格的變化相聯繫，用於僑匯、旅遊、外國駐華使領館、中國駐外機構、出國人員等一切非貿易收支的兌換；內部結算匯價與國內平均換匯成本加適量利潤相聯繫 [15]，用於貿易收支的外匯結算。對外貿易實行內部結算制度之後內部匯率一直沒有調整，而官方匯率作了數次調整，致使二者的差異逐漸縮小。基於此，1985年取消了對外貿

15　1981年制定的內部結算匯率為1: 2.8，就是根據1978年換匯1美元的平均成本為2.53元加上10％的利潤計算出來的。

易的內部結算匯率，與此同時，全國平均出口換匯成本的變化，成爲調整官方匯率的依據之一。1985年以後的數次匯率調整，都與全國平均換匯成本變化有密切的聯繫。

爲了調動企業創匯的積極性，在實行內部結算匯率之前的1979年還實行了外匯留成制度。實行外匯留成，必然出現有些地方和企業的留成外匯量少於使用量，有些地方和企業的留成外匯量多於使用量的情形，客觀上需要進行外匯留成餘缺的調劑，所以在實行外匯留成制度的基礎上衍生出調劑匯率。1980年10月，中國銀行北京、上海、天津、廣州、青島、大連等12個城市分行開辦了外匯留成調劑業務。不過那個時期調劑的範圍和匯率都有嚴格的限定，還不是真正意義上的市場交易。1988年，爲了全面推進對外貿易承包經營責任制，國務院決定開辦外匯調劑市場，並在頒布的《關於辦理留成外匯調節的幾項決定》中，明確規定外匯調劑市場實行有管理的自由浮動匯率，由供求雙方議定，以及調劑外匯的來源和用途，進入調劑市場的申請、登記、審查、成交和外匯額度過戶的程序，外匯調劑市場主管部門的職責等。

調劑匯率不僅較爲正確地反映了人民幣與外幣的真實比價，而且隨著改革的深化在國際貿易方面發揮著越來越大的作用。鑑於這一基本事實，爲了加快發育市場經濟體制，也爲早日加入關貿總協創造條件，從1994年1月1日起，統一實行以反映市場供求變動的調劑匯率爲基礎的、單一的、有管理的浮動匯率制，並允許銀行間進行外匯交易。這一舉措的實質是將原先的計畫和市場雙重匯率合並爲單一的市場匯率，是實行人民

幣自由兌換的前奏，將對中國轉向比較優勢戰略、發育市場體系產生持續的重大影響。

對於推行「趕超」戰略的國家來說，以正確反映外匯供需變動的市場匯率全面替代極度扭曲的計畫統制匯率，是一項難度極大的改革舉措。然而，中國卻非常平穩地完成了這一改革。究其原因，一是市場調劑匯率所起的作用越來越大，到1993年，80%的外貿額是按外匯調劑市場上的匯率結算的，二是以市場調劑匯率爲參照系逐步調整計畫統制匯率，不斷縮小它的扭曲程度。在兩者的共同作用下，匯率扭曲實際產生的影響越來越小，所以當1994年將雙軌並爲單一的市場軌時影響面和影響力都極爲有限了。

簡言之，匯率改革經歷了三個階段。第一階段是改單一匯率爲多重匯率，即官方匯率、內部結算匯率和調劑匯率，但起主要作用的是隸屬於計畫體制的官方匯率和內部結算匯率，旨在激勵出口、適當限制進口；第二階段是改多重匯率爲雙重匯率，官方匯率與調劑匯率分屬於計畫和市場兩種體制，旨在將企業逐步推向國際市場；第三階段是將雙重匯率合併爲單一的市場匯率，旨在建立市場經濟體制。

卓有成效的匯率改革，帶來了一系列的成果。例如，從1995年1月1日起，外匯券開始退出流通領域；從1996年7月開始，國家兩次放寬居民因私用匯的限制；1996年12月1日，實現了人民幣在經常項目下的可兌換，比原來承諾的時間提前了三年多；1996年9月，中國人民銀行正式加入國際結算銀行，並允許外資銀行在上海浦東試辦人民幣業務。

　　第三是利率改革。人為壓低資金的價格即利率，是在資金極為稀缺的條件下推行趕超戰略的基本措施之一。然而，多年的實踐表明，採用這一顧此失彼的措施，造成資金總需求遠遠大於總供給、資金配置效率低下等一系列問題，嚴重阻礙了經濟的穩定增長，結果發展差距不僅沒有縮小，反而進一步拉大。要解決這些問題，資金價格必須反映市場上的資金供需狀況，使其發揮出調整資金供需狀況、誘導企業合理使用資金、開展節約資金的技術創新的功能。事實上這也是利率改革的目標。

　　中國利率改革的具體操作手段是調整利率。1979年，進行了改革後的首次利率調整，將利率恢復到「文化大革命」前的水平。在1980～1989年期間，金融機構先後九次調高存放利率，為減輕利率扭曲程度作了積極的努力。1988年9月，又對三年以上的存款實行利率與通貨膨脹率掛鉤的政策，稱之為保值儲蓄。1990～1992年，出現明顯的波折，金融機構連續三次下調存放利率，利率改革處於停頓、甚至倒退狀態。由於這一時期非政府金融極不發達，故利率下調並沒有對儲蓄產生嚴重的衝擊。1992年以來，非政府金融，主要是企業債券、股票，發展得非常快，收益率較高的企業債券、股票對居民有更大的吸引力，由此引發的儲蓄轉移對政府金融產生了極大的衝擊，迫使政府推行新一輪的利率改革。1993年5月和7月，政府接連兩次提高利率，恢復了保值儲蓄，基本達到了抑制住儲蓄轉移的初衷。而在1990年代中期以後，為了刺激宏觀經濟，政府又數次降息。很顯然，利率仍然作為宏觀經濟的一個重要槓桿，由政府有形之手來調節。

與資源價格和外匯改革相比較，中國利率改革進展得比較慢 [16]。這一情形與利率的重要性極不對稱。毫不誇張地說，利率問題解決不好，由投資拉動的經濟過熱和通貨膨脹就不可能消失，非政府融資就不可能正常化，廣大居民對其所有的金融資產的預期就不可能穩定，進而整個經濟就不可能進入持續發展的狀態。利率改革之所以步履維艱，主要原因是受傳統發展戰略的制約，銀行的商業性功能和政策性功能交織在一起，無法實現企業化經營。本書的第七章和第八章將對此作進一步的討論。

5.5 「摸著石頭過河」的經濟邏輯

中國的改革並沒有一個事先設計好的所謂「一籃子的改革方案」，已出臺的改革措施及其改革強度是針對經濟運行中出現的主要問題和社會的承受能力確定的，具有「摸著石頭過河」的基本特徵。然而，通過分析中國經濟改革的歷程可以發現，雖然中國的經濟改革也不斷出現起伏迭宕，但改革的基本線索十分清晰，改革目標也愈益明確。這就是從改進微觀經營機制上的放權讓利入手，提高企業和勞動者的激勵，促進新增資源創造；借助於資源配置制度改革使這部分資源配置於傳統經濟

16　中國的要素價格改革採取的是「先調後放」的改革方式。即先朝著市場均衡價格的方向進行調整，然後放開對要素價格的計畫控制，讓它們由市場上的供需變動決定。經過15年的改革，資源和外匯價格都從「調」躍遷到「放」，只有資金價格仍停留在「調」的階段。

體制下受壓抑的部門，達到加速經濟增長和產業結構調整的初步目標。

　　隨後我們將看到，改革的不配套造成以「活－亂」循環為特徵的一系列問題，並構成進一步改革的難點。但由於整個社會都是放權讓利式改革的受益者，因此當先行的微觀經營機制和資源配置制度改革與傳統的宏觀政策環境發生衝突，產生經濟體制上的不適應時，儘管政府常常傾向於選擇行政性收權的傳統方式，強制已改革的微觀經營機制和資源配置制度適應傳統的宏觀政策環境，但由於這種做法既得不到微觀經營單位的支持，又造成財政收入的拮据，而不得不將改革深化到宏觀政策環境方面，使其適應於已改革了的微觀經營機制和資源配置制度。中國的漸進式改革正是在這種機制的作用下不斷深化，並在邏輯上具有不可逆性。所以當我們對中國經濟改革的歷程作了全面的分析和總結之後發現，呈現在面前的竟然是一張漸進地實現市場經濟體制的宏偉藍圖。

　　鄉鎮企業的發展與改革是這種漸進式改革的最好例證。1980年代鄉鎮企業得以迅速增長的條件主要有三個。首先，對於鄉鎮企業的原始積累來說，具有廉價的生產要素供給。例如鄉鎮企業起步時的資金來源主要來自集體經濟的積累，以及從銀行、信用社貸款。而在中國這樣一個人口眾多的國家，並在長期的產業結構和制度抑制了農業剩餘勞動力的轉移，使農村過剩勞動力大量存在的條件下，廉價勞動力成為鄉鎮企業發展的主要優勢。至於土地，農村土地歸集體所有，無論是實行家庭承包制以前還是以後，鄉鎮集體或自治組織都具有在社區內

安排土地用途的權力。鄉鎮企業作爲社區集體所有的事業，使用土地根本不必支付代價，且具有近於無限的潛在供給。

　　其次，鄉鎮企業一經起步，就具有相對豐富的市場機會。從第一個五年計畫開始，國有企業的發展一直是爲國家優先發展重工業的戰略服務的。以國有企業爲主的傳統產業結構嚴重地向重工業偏斜。在1978以前，基本建設總投資的近一半都被使用於重工業的建設，而用於輕工業的不到6個百分點。這就造成了輕工業產品在市場上的嚴重短缺。鄉鎮企業以其勞動力豐富的優勢，利用市場的缺檔，進入到長期受到壓抑的產業部門，因而迅速取得利潤，進而擴大積累。由於鄉鎮企業迅速起步的階段，恰好是城鄉居民收入迅速增加，而消費檔次尚未升級的時期，鄉鎮企業的低質廉價產品符合了市場的需要。從這一點來看，如果說1980年代的鄉鎮企業還處於孱弱不禁風雨的幼稚階段的話，國有企業改革起步相對較晚，恰恰給鄉鎮企業成長提供了一個足以適應的襁褓期。

　　最後，也是最重要的，鄉鎮企業從其起步之初就面對著市場競爭。由於鄉鎮企業不是國家計畫的產物，也始終沒有被納入資源配置計畫盤子中去。因此，其能源、原材料的供給主要得從計畫分配範圍以外取得，其生產的產品也要在計畫渠道以外銷售。1980年代初伴隨著國有企業微觀環節放權讓利的改革，資源配置和價格的雙軌制開始出現，且其中的市場軌日益擴大。這爲鄉鎮企業提供了進入與發展的條件。而另一方面，這種情形也使得鄉鎮企業的競爭壓力大於國有企業，企業的預算約束相對硬化。因而使其對市場機制具有天生的適應性。

　　任何制度形式都是在特定的制度環境中形成的，而制度環境的變化通常要經歷一個從量變到質變的過程。在鄉鎮企業的最初發展階段，由於制度環境的約束，具體來說是意識形態以及政策對私人經濟的限制和排斥，大多數鄉鎮企業採取了集體所有制的形式。直到1990年代以來，鄉鎮企業面對新的挑戰，才開始了以股份合作制爲主的多種形式體制改革。這種改革是針對以往體制中產權不明晰、政企不分、集體資產流失，以及企業的社區封閉性等等一系列問題而自發進行的。最初是從山東省周村區和廣東省寶安區等地實行鄉鎮企業股份合作制開始的，並於1990年代比較迅速地在全國得到發展。目前全國已有近10%的鄉村集體企業改制爲股份合作制。

　　實際上，鄉鎮集體企業的股份合作制改造，主要針對的是鄉（鎮）政府如何監督和激勵企業經理人員經營集體資產的問題。作爲社區所有的鄉村企業，在其較早的發展階段上，監督和激勵問題比較容易解決。即由於一個社區僅僅存在有限的幾個集體企業，鄉鎮政府與企業經理人員之間的信息不對稱現象並不嚴重。也就是說，社區政府官員可以做到像企業經理一樣諳熟有關企業經營情況，從而使監督是有效的。同時，當時企業經理人員可供選擇的類似職位並不多，一定的工資水平和在社區的地位便足以激勵其努力工作。所以，鄉鎮集體企業中的產權不明晰和政企不分現象在當時實際上是一種有效的制度安排。

　　隨著農村經濟發展和多種形式所有制鄉鎮企業的發展，與這種制度安排相關的背景逐漸發生了變化。而最重要的是鄉鎮政府對於企業的監督和激勵機制不再有效。首先，鄉鎮企業管

理者不屬於政府幹部系列，因而流動性相對較低，而且缺少職務升遷的動機。長期管理同一家企業，使得經理人員很容易積累起關於企業經營的私人信息。其次，非集體企業的大量出現，給予那些具有真正管理才能的經理人員轉換崗位的機會，實際上也就爲他們定出了價格。最後，企業數量的增加和規模的擴大，使得社區政府不再可能充分掌握企業經營的信息，從而有效的直接監督實際上就不存在了。

　　由於鄉鎮企業產生的背景，使其具有兩個國有企業所無法比擬的優勢。第一，鄉鎮政府和村集體組織相對直接地依賴於企業的發展，社區居民對鄉鎮企業的資產關注程度也較高。因而，鄉鎮企業的所有性質是看得見、摸得著的。第二，鄉鎮企業從不承擔任何政府強加的政策性負擔，因而可以輕裝上陣，進行制度改革。在這種情況下，實行股份合作制改造，並在改造過程中使企業經理人員獲得一個足夠大的資產份額，是對新的環境下企業管理人員的有效激勵手段。與此同時，鄉鎮企業政企不分的一個重要表現就是鄉鎮政府對集體企業經濟剩餘的控制。而當鄉鎮政府領導人與企業領導人之間的信息變得不對稱時，這種剩餘控制就變得越來越困難。於是，鄉鎮政府也需要通過一種穩定的制度安排，從集體企業的增值中和經營績效中獲得相對穩定的剩餘份額。此外，信息不對稱現象的嚴重化也使得新的監督形式成爲必要。正是在這兩方面的激勵之下，股份合作制得以迅速的發展和推廣。

　　由於鄉鎮企業所要解決的問題不只一種或兩種，鄉鎮企業就其規模、技術水平、經營狀況和歷史淵源來說也不盡相同，

所以，體制改革的形式也必然是多樣化的。除了比較典型的股份合作制形式之外，近期進行的體制改革形式還包括建立股份有限公司、有限責任公司、租賃、出售、兼並和資產增值承包，以及組建企業集團和與外商合資經營等 [17]。如果說，以鄉鎮企業為代表的非國有經濟的出現，在1980年代為整體經濟結構和所有制結構添加了活力的話，1990年代鄉鎮企業本身的多樣化和多元化，則必然造成農村經濟整體格局的根本改觀。

17　盧文，〈鄉鎮企業產權制度改革的發展〉，《中國農村經濟》，1997年第11期。

第六章
經濟改革的成就

　　在第四章，我們通過多層面的分析，得出的結論是：「四小龍」能在短短20年左右的時間裡一舉成為令世界矚目的「新興工業化經濟體」，最為關鍵的是比較好地發揮了各自在每個發展階段的比較優勢。四小龍按比較優勢來發展經濟是自發的行為，但任何國家都具有自己的比較優勢，都可以據此作為發展經濟的戰略，而且按比較優勢來發展經濟所需要的政策環境和政府行為也是清楚的，因此，我們可以把四小龍的自發行為提升為自覺行為，並將此種發展意圖稱為「比較優勢戰略」。誠然，「四小龍」的經濟規模都很小，而大國經濟和小國經濟具有一些特徵上的差異，能夠使小國經濟獲得成功的發展戰略並非一定適用於大國。

　　所以，要想在理論上作出比較優勢戰略具有一般性的結論，還必須探討大國能否借助於比較優勢戰略獲得成功；社會主義經濟能否依靠比較優勢戰略來發展經濟；選擇社會主義經濟制度的大國能否依靠比較優勢戰略獲得成功。本章將根據中

國改革的經驗對這些問題作出回答。

　　本章的基本結論是：自1970年代末逐步改革旨在突破資金缺乏的比較劣勢對經濟增長制約的「趕超戰略」所形成的經濟體制以來，不僅通過微觀經營機制的改革，提高了工人、農民的積極性，釋放了大量的生產潛能，提高了生產率，中國經濟的快速增長還受益于比較優勢的發揮。尤其是比較優勢發揮得更爲顯著的沿海地區取得了與「四小龍」最快速發展時期相比還要出色的成就表明，比較優勢戰略不僅在實行資本主義制度的小國或面積狹小的地區有效，而且在選擇社會主義制度的大國也有效。加快經濟戰略轉換，更加積極主動地推行比較優勢戰略，是中國經濟盡快走向繁榮的關鍵所在。

6.1 激勵機制與經濟效率的改進

　　在第一章我們已經描述了改革以來經濟增長和人民生活水平提高的奇蹟，而經濟激勵和經濟效率的改進，是解釋改革以來經濟快速增長的兩個主要變量。考察各類企業可以發現，非國有企業的經濟激勵顯著地優於國有企業，是非國有經濟的增長顯著快於國有經濟的主要原因之一，而建立在微觀經營機制改革所釋放的積極性和發揮比較優勢基礎上的資源配置效率的改進，則是改革後的經濟增長比改革前快而且較爲持續的主要原因。

　　首先讓我們考察經濟激勵的改進。1978年以前，雖然城市以國有經濟爲主，農村以集體經濟爲主，存在著顯著的差異，然而它們在經濟激勵低下這一點上卻並無二致。這既是那個時

期城鄉經濟均無起色的主要原因,也是擁有勞動力豐富、相對廉價之比較優勢的農村,對經濟增長的貢獻非常有限的主要原因。1978年實行經濟改革以來,中國的情況發生了一系列變化。尤其是農村以家庭承包責任制取代生產隊的集體生產體制,極大地激發了農民的生產積極性。1978～1984年間農村生產每年平均增長4.8%,爲1952～1978年間年均生產增長率的2倍。根據計量研究,由於生產積極性的提高,家庭農場的生產率約比生產隊體制高20%,1978～1984年間的農業增長中有一半可歸功於推行家庭承包責任制所激發出來的農民生產積極性[1]。放權讓利式的微觀經營機制改革和資源配置制度改革,也同樣改進了國有企業的激勵機制,進而提高了生產經營效率,後者可以用總要素生產力的提高加以說明。據經濟學家楊堅白估計,改革前26年(1953～1978)中國的全要素生產率平均爲負增長(其中1953～1957年全要素生產率爲0.77%,對經濟增長的貢獻率爲8.7%)[2];1979～1989年中國的全要素生產率和它對經濟增長的貢獻率分別爲2.48%、28.5%[3]。全要素生產率由負到接近2.5個百分點,僅此一項,就可以說明改革以來經濟發展加速的一半以上。世界銀行所作的一項研究也獲得了類似的結論(參見表6.1)。

---

1 Justin Yifu Lin, "Rural reform and Agricultural Growth", *American Economic Review*, vol. 82, no. 1(1992), pp34-52.

2 全要素生產率是技術進步、組織與制度安排引起的生產率。在1957～1978年間,中國的技術進步並沒有停止,全要素生產率爲負的主要原因是組織與制度安排缺乏效率。

3 楊堅白,〈速度・結構・效率〉,《經濟研究》,1991年第9期,頁43。

表6.1　產出增長率和總要素生產率

	1980-1988	1980-1984	1984-1988
國有部門產出	8.49	6.77	10.22
總要素生產率	2.40	1.80	3.01
集體部門產出	16.94	14.03	19.86
總要素生產率	4.63	3.45	5.86

資料來源：世界銀行，《90年代的改革和計畫的作用》（華盛頓，1992）。

　　另一方面，管理體制的放鬆，為非國有經濟，包括城鎮集體經濟、農村鄉鎮企業和城鄉私人（個體）企業的發展創造了條件。雖然這些企業得不到政府提供的優惠，職工得不到政府發放各種補貼，必須在市場競爭中維持生存與發展，然而，也正是市場競爭的壓力使這些企業產生優化資源配置的動力，而職工報酬與他作出的實際貢獻相對應的分配制度，則極大地激勵著每一個勞動者的生產積極性。優勝劣汰的市場競爭機制和按付出的有效勞動進行分配的激勵機制，使非國有經濟迅速地發展起來了。

　　從表6.2、表6.3可以看出，無論是在工業產值結構中還是在社會商品零售總額中，非國有經濟所占的份額都在持續增長，其中，非國有經濟占工業產值的份額已由1978年的22.4％提高到1997年的74.5％，提高了52.1個百分點；占社會商品零售總額的份額由45.4％提高到75.5％，提高了個30.1個百分點。需要指出的是，這一時期國有工業、國有商業的增長並沒有下降（參見圖6.1）。非國有經濟占經濟總量的份額增加，是它比國有經濟發展得更快引起的。上述數據表明，改革以來國民經濟的快速增長

具有主要依靠新生出來的非國有經濟爲動力的特徵。

表6.2　工業產值結構的變化

單位：億元，%

年份	總額	國有企業		集體企業		城鄉個體企業		其他企業	
		產值	份額	產值	份額	產值	份額	產值	份額
1978	4237	3289	77.63	948	22.37	0	0.00	0	0.00
1980	5154	3916	75.98	1213	23.53	1	0.02	24	0.47
1985	9716	6302	64.86	3117	32.08	180	1.85	117	1.21
1990	23924	13064	54.61	8523	35.62	1290	5.39	1047	4.38
1995	91894	31220	33.97	33623	36.59	11821	12.86	15231	16.58
1997	113733	29028	25.52	43347	38.11	20376	17.92	20982	18.45

註：a. 在本表中，全國工業總產值中包括農村村和村以下鄉鎮企業的工
業產值。
　　b. 1994年國有工業產值不包括國有控股企業的4600億元產值。
資料來源：國家統計局編《成就輝煌的20年》，北京：中國統計出版社，
　　　　　1998年版，頁388。

表6.3　社會商品零售總額結構的變化

單位：億元，%

年份	總額	國有企業		集體企業		個體企業		其他企業	
		產值	份額	產值	份額	產值	份額	產值	份額
1978	1558.6	851.0	54.6	674.4	43.3	2.1	0.1	31.1	2.0
1980	2139.6	1100.7	51.4	954.9	44.6	15.0	0.7	69.0	3.2
1985	4292.3	1740.0	40.5	1600.3	37.3	661.0	15.4	291.0	6.8
1990	8259.8	3285.9	39.8	2631.0	31.9	1569.6	19.0	773.3	9.4
1995	20546.8	6154.1	30.0	3981.6	19.4	6253.8	30.4	4157.3	20.2
1997	26699.4	6533.2	24.5	4887.6	18.3	8955.8	33.5	6322.8	23.7

資料來源：國家統計局編，《'98中國發展報告》（北京：中國統計出版
　　　　　社，1998），頁369。

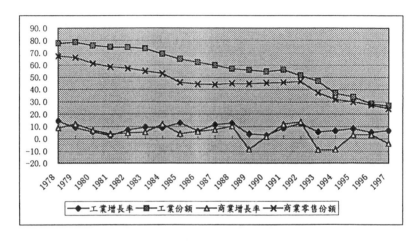

資料來源：國家統計局編，《中國統計年鑑(1993)》（中國統計出版社，1993年版），頁413-414。

圖6.1 國有工業、商業的年增長率和占總產值、總零售額份額的變化

　　優勝劣汰的市場競爭機制和按有效勞動進行分配的激勵機制，對國有經濟是同樣有效的。這一時期國有經濟未能取得同樣績效的主要原因，是許多在計畫經濟條件下建立起來的國有企業在市場經濟中缺乏自生能力，為了社會穩定，並在發展戰略還沒有進行根本的轉軌的情況下，政府仍然要扶持那些沒有自生能力的國有企業，使得後者無法完全按市場上的價格信號所反映出來的比較優勢進行產業和技術的調整。其結果是：一方面，由於政府不得不向沒有自生能力的國有企業及其職工提供一系列的優惠，包括給予低價生產要素和實行產品的價格保護，以及各種各樣與企業經濟效益毫無關係的職工收入補貼，

乃至企業虧損補貼；另一方面，由於企業享有政策優惠、預算軟約束等，缺乏改進生產、提高效率的壓力和積極性[4]。

　　然而需要指出的是，歷經20年的改革與發展，現在的情形已有很大的不同：這就是在非國有經濟快速發展的壓力下，補貼這種不具自生能力的企業生存與國有企業職工收入相對下降的衝突越來越激烈，繼續維持傳統發展戰略，保護那些不具有自生能力的國有企業的機會成本越來越大，而徹底改造國有企業，放棄傳統發展戰略的機會成本越來越低，因而政府進行徹底的發展戰略轉軌的時機越來越成熟了。我們相信，中國一旦實現從趕超戰略到比較優勢戰略的徹底轉軌，由推行該戰略所內生出的宏觀政策環境、資源配置制度和微觀經營機制失去了其存在的基礎，不具備自生能力的國有企業退出生產，具備自生能力的國有企業不再承擔任何政策性任務，也不再享有任何特殊的優惠政策，和其他所有制經濟成份一樣面對同樣優勝劣汰的市場競爭，中國將可實現持續、快速、健康的經濟增長。

　　幾十年來推行重工業優先發展戰略，不但農村沒有發展起來，城市也沒有發展起來。而最近20年鄉鎮企業快速發展的實踐則表明，只要放棄對要素和產品價格的人為干預，包括人為

4　參見林毅夫、蔡昉、李周，《中國國有企業改革》（香港：中文大學出版社，1999；台北：聯經出版公司，2000）；Justin Yifu Lin, Fang Cai, and Zhou Li, "Competition, Policy Burdens and State-Owned Enterprise Reform", *American Economic Review*, vol. 88, no. 2 (May 1998), pp. 422-427; Justin Yifu Lin and Guofu Tan, "Policy Burdens, Accountability and Soft-Budget Constraint", *American Economic Review*, vol. 89, no. 2 (May 1999).

壓價和提價（或補貼），使比較優勢能夠真實地表現出來，企業就會有充分利用比較優勢的經濟激勵。勞動力資源豐富的時期，就會大力發展勞動密集型，尤其是勞動力技巧密集型產品的生產，並進行勞動力對稀缺程度高的資源的替代，一方面將勞動力極其豐富的資源比較優勢充分發揮出來，另一方面使更為稀缺的資源產生更高的利用效率。當資源比較優勢隨著經濟發展發生變化之後，新的比較優勢又會激勵企業調整產品和技術結構，達到加快中國工業化和現代化進程的目的。

6.2 產業結構扭曲得以矯正

首先是背離比較優勢的產業結構得到矯正。在資源可以自由流動的經濟中，產業結構決定於資源比較優勢，並隨著它的變動而變動。然而在推行重工業優先發展戰略期間，產業結構卻背離了資源比較優勢，造成重工業太重、輕工業太輕，建築業、運輸業和服務業占國民收入的份額有的處於徘徊狀態，有的處於下降態勢等一系列問題。這種處處與經濟發展規律相悖的產業結構轉換，導致數次經濟負增長。1978年實行經濟改革以來，資源配置逐漸向勞動力較密集的產業傾斜，較好地發揮了中國勞動力資源豐富的比較優勢。

例如在工業內部，按可比價格計算，1952～1978年間，重工業和輕工業分別增長了2779.5％和905.2％，前者為後者的3倍多；1978～1997年間，它們分別增長了1195.8％和1349.3％，前者為後者的89％。在農業內部也是如此，表現為勞動利用量少、單位土地面積產出相對較少的糧食播種面積穩中有降，而勞動利用量大、因而單位

土地產出相對較大經濟作物播種面積快速增長（參見圖6.2）。隨著資源向效率更高的部門流動，建築業、運輸業和商業占國民收入的份額都有上升的趨勢，背離比較優勢的產業結構已得到初步的矯正。

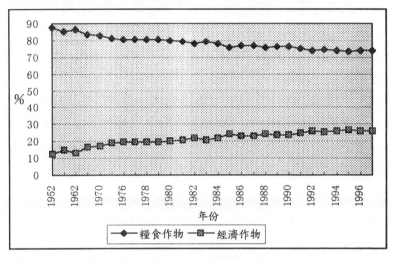

資料來源：國家統計局編，《中國統計年鑑(1997)》（中國統計出版社，1997）。

圖6.2 主要農作物播種面積的變化

其次是嚴重滯後於產值結構轉換的就業結構得到了矯正。改革開放以前，政府通過受其控制的「人民公社」組織體系和城鄉分割的戶籍管理制度將廣大農民束縛在農村和農業中。雖然從政策上講，農民可以通過國家招工直接改變（或通過服兵役間接改變）身分，但實際上農民很難得到這樣的機會。政府確曾為此作過數次努力，但都因經濟衰退或財力掣肘而沒有取得成功。例如，1958～1960年，為了實現經濟發展上的「大躍進」，政府曾將2800萬農民動員到城市就業，但終因無法承受由此引

發的經濟振盪而又不得不把他們強行退回農村。

　　實行改革開放以來，政府將農民只能居住在農村，並從事農業生產的戶籍和職業的雙重管制改爲單項的戶籍管制，即擯棄了農民不能擅自從事非農生產活動的管制。億萬農民獲得了這個權利之後，在比較利益的誘導下，依靠自己的努力進入了非農產業，爲扭轉就業結構轉換嚴重滯後於產值結構轉換這個幾十年來一直困擾政府的大難題，作出了難以估量的貢獻。按統計資料計算，在1978～1997年間，僅鄉鎮企業的勞動者增加量（10223.84萬人 [5]）一項，就占全國非農產業中勞動者增加量（24671萬人）的41.4%。如果再把農民在其他產業中從事非農活動（如獨自進城當合同工、臨時工、保姆，經商等）考慮進去，勞動力轉移的數量就更大了。根據中國鄉鎮企業協會所作的大型抽樣調查推算，1992年，由農民身分的勞動者完成的勞動量中，從事非農產業的勞動量已達到40%。

　　城市中集體經濟和個體經濟迅猛發展也創造了大量就業機會。統計資料表明，1978～1997年間，在城鎮集體經濟和個體經濟中就業的勞動者由2063萬人增加到5486萬人，增長了165.9%，占該時期全國非農產業中勞動者增加量的13.9%。這一變化爲降低城市就業人口的待業率，作出了重要的貢獻。此外，國有企業在擴大非農產業就業量方面也作出了積極的貢獻。

　　隨著工業經濟和第三產業的迅速發展，從事第一產業的勞動力占勞動力總數的份額已由1978年的70.5%下降到1997年的

5　根據《中國統計年鑑（1998）》頁420的資料計算。

49.9％，從事非農產業的勞動力占勞動力總數的份額則由1978年的29.5％提高到1997年的50.1％，變化幅度高達20.6個百分點[6]結構轉換嚴重滯後於產值結構轉換的問題已得到初步的矯正。

　　第三是內向型的國民經濟結構得到了矯正。改革開放以來最爲顯著的變化之一，就是中國正在從封閉、半封閉經濟走向開放型經濟。最近20年，中國在經濟對外開放的力度越來越大：1979年，中央政府決定在廣東、福建兩省率先實行靈活政策、特殊措施，對外開放；1980年決定興辦深圳、珠海、汕頭、廈門4個對外開放經濟特區；1984年春開放沿海14個港口城市和海南島；1985年春決定開放長江三角洲、珠江三角洲和閩南三角地區；1986年以來陸續開放山東半島和遼東半島；1988年春決定建立海南省並將其作爲最大的對外開放經濟特區，在廣東、福建建立範圍更大的改革開放實驗區。1991年又將沿海開放戰略擴展爲沿海、沿邊、沿江開放戰略，進而又實行了全方位開放。

　　在一系列措施的推動下，中國經濟出現了兩個重大變化：其一是對外貿易迅速增長，1978年與1998年相比，進出口總額由206.4億美元增加到3239.3億美元，年均增長14.8％，其中出口總額由97.5億美元增加到1837.6億美元，年均增長15.8％，進口總額由108.9億美元增加到1401.7億美元，年均增長13.6％[7]，雙雙超過了國民生產總值年均增長率；中國經濟的對外貿易依存度由1978年的9.8％提高到1997年的36.7％（參見表6.4）。

6　國家統計局編《中國統計年鑑(1998)》（北京：中國統計出版社，1998），頁128。

7　國家統計局編，《中國統計年鑑(1995)》（北京：中國統計出版社，1995），頁537；1998年數字見《人民日報》1999年1月12日。

表6.4 中國經濟的對外貿易依存度的變化 [8]

單位：億元，%

年份	國民生產總值	進　出　口		出　　　口		進　　　口	
		總　額	占GNP份額	總　額	占GNP份額	總　額	占GNP份額
1978	3624.1	355.0	9.80	167.6	4.62	187.4	5.17
1979	4038.2	454.6	11.26	211.7	5.24	242.9	6.02
1980	4517.8	570.0	12.62	271.2	6.00	298.8	6.61
1981	4860.3	735.3	15.13	367.6	7.56	367.7	7.57
1982	5301.8	771.3	14.55	413.8	7.80	357.5	6.74
1983	5957.1	860.1	14.44	438.3	7.36	421.8	7.08
1984	7206.7	1201.0	16.67	580.5	8.06	620.5	8.61
1985	8989.1	2066.7	22.99	808.9	9.00	1257.8	13.99
1986	10201.4	2580.4	25.29	1082.1	10.61	1498.3	14.69
1987	11954.5	3084.2	25.80	1470.0	12.30	1614.2	13.50
1988	14922.3	3821.8	25.61	1766.7	11.84	2055.1	13.77
1989	16917.8	4155.9	24.57	1956.0	11.56	2199.9	13.00
1990	18598.4	5560.1	29.90	2985.8	16.05	2574.3	13.84
1991	21662.5	7225.8	33.36	3827.1	17.67	3398.7	15.69
1992	26651.9	9119.6	34.22	4676.3	17.55	4443.3	16.67
1993	34560.5	11271.0	32.61	5284.8	15.29	5986.2	17.32
1994	46670.0	20381.9	43.67	10421.8	22.33	9960.1	21.34
1995	57494.9	23499.9	40.87	12451.8	21.66	11048.1	19.22
1996	66850.5	24133.8	36.10	12576.4	18.81	11557.4	17.29
1997	73452.5	26958.6	36.70	15152.8	20.63	11805.8	16.07

資料來源：國家統計局編，《'98中國發展報告》（北京：中國統計出版
社，1998），頁373。

其二是國外資金流入大幅度增長，1979～1983年5年平均與
1993～1997年5年平均相比，簽訂利用外資協議（合同）額和實際

8 這裡外貿依存度是依據官方的國民生產總值計算的。很顯然，如果
依據各種按購買力平價估算的國民生產總值來計算，中國的外貿依
存度將大大降低。

利用外資額，分別由每年47.96億美元和28.88億美元增加到925.80億美元和499.04億美元，分別增長了19.30倍和16.28倍；1979～1997年期間，簽訂利用外資協議（合同）累計額和實際利用外資累計額，分別達到6540.01億美元和3483.47億美元 [9]。這些變化標誌著中國經濟正朝國際經濟一體化的方向邁進，標誌著改革前的內向型經濟結構得到了初步的矯正。

表6.5　全社會固定資產投資來源的變化

單位：億元，%

	投資總額	國家預算內投資		國內貸款		利用外資		自籌及其他投資	
		投資額	份額	投資額	份額	投資額	份額	投資額	份額
1981	961.01	269.76	28.07	122.00	12.70	36.36	3.78	532.89	55.45
1985	2543.19	407.80	16.04	510.27	20.06	91.48	3.60	1533.64	60.30
1990	4517.50	393.03	8.70	885.45	19.60	284.61	6.30	2954.41	65.40
1995		621.05	3.02	4198.73	20.46	2295.89	11.19	13409.19	65.33
1997	25259.67	696.74	2.76	4782.55	18.93	2683.89	10.63	17096.49	67.68

註：後兩行的投資總額與國家統計局公布的固定資產投資總額略有差異。
資料來源：國家統計局固定資產投資統計司編，《中國固定資產投資統計資料(1950-1985)》(北京：中國統計出版社，1987)，頁8；國家統計局編，《成就輝煌的20年》(北京：中國統計出版社，1998)，頁362。

　　最後是單一依靠國家積累的投資結構得到矯正。伴隨著農村經濟的發展和城鄉居民收入的增長，民間儲蓄直線上升，在積累中發揮著越來越重要的作用。在近幾年的全部生產建設資金中，依靠國家財政撥款的份額已從75％下降到不足20％，依

9　國家統計局，《中國統計年鑑·1998》(北京：中國統計出版社，1998)，頁637。

靠銀行貸款和金融市場集資的部分已上升到80％以上（參見表6.5和表6.6）。由民間儲蓄爲主，政府、企業、居民共同積累的投資結構已替代了改革前單一依靠國家積累的投資結構。

表6.6　全社會固定資產投資結構的變化

單位：億元，％

年度	投資總額	國有企業		集體企業		個體企業		其他企業	
		投資額	份額	投資額	份額	投資額	份額	投資額	份額
1981	961.0	667.5	69.46	115.2	11.99	178.3	18.55		
1985	2543.2	1680.5	66.08	327.5	12.88	535.2	21.04		
1990	4517.6	2986.9	66.12	529.5	11.72	1001.2	22.16		
1991	5594.6	3713.9	66.39	697.8	12.47	1182.9	21.14		
1992	8080.1	5498.7	68.05	1359.4	16.83	1222.0	15.12		
1993	13072.3	7925.9	60.63	2317.3	17.73	1476.2	11.29	1352.9	10.35
1994	17042.1	9615.0	56.42	2758.9	16.19	1970.6	11.56	2697.6	15.83
1995	20019.3	10898.2	54.44	3289.4	16.43	2560.2	12.79	3271.5	16.34
1996	22974.0	12056.2	52.48	3660.6	15.93	3211.2	13.98	4046.0	17.61
1997	25300.1	13418.6	53.04	3873.5	15.31	3426.8	13.54	4581.2	18.11

資料來源：國家統計局固定資產投資統計司編，《中國固定資產投資統計資料(1950-1985)》（北京：中國統計出版社，1987），頁8；國家統計局編，《'98中國發展報告》（北京：中國統計出版社，1998），頁360。

6.3　關鍵在於發揮比較優勢

在第四章我們將「四小龍」經濟發展取得的成功歸結爲實行了不同的發展戰略，從而能夠充分發揮資源比較優勢。任何國家和地區都具有自己的比較優勢，如果「四小龍」經濟發展的成功取決於比較優勢的發揮，那麼其他國家和地區也應可以

借助於發揮比較優勢去追求持續、穩定、快速的經濟發展。中
國的改革成功經驗對此給予了進一步的驗證。中國的改革所直
接針對的問題是激勵不足和效率低下，所以改革是從微觀經營
單位開始的。但由於傳統體制模式是一個有機的整體，傳統體
制所存在的弊端也是互相關聯的。正如我們已經分析的，根源
在於重工業優先發展戰略的選擇和資金相對稀缺的資源結構之
間的矛盾。因此，迄今為止無論改革從何處入手，通過何種方
式推進，實際上所有改革都觸動了傳統發展戰略。而改革對傳
統的重工業優先發展戰略的觸動，通常是以增長從而獲得增量
資源為動機，並以新增資源的重新配置為手段而實現的。這種
新增資源對傳統的發展戰略的觸動，以非國有經濟的發展最為
典型。例如，工業總產值中的非國有經濟比重從1978年的22.4
％提高到1997年74.5％，同期城鎮就業在非國有部門比重從1978
年的21.7％提高到1997年的45.3％。

　非國有經濟的發展，作為資源重新配置的結果，意味著整
個改革和發展過程，就是一個通過市場機制發揮作用，中國經
濟的資源比較優勢得以發揮的過程。例如，傳統發展戰略下受
到壓抑的輕工業，為非國有工業經濟的發展所推動。1997年在
國有企業工業產值結構中，重工業比重仍然占71.7％的同時，三
資企業工業產值中重工業比重僅為44.2％。除了非國有經濟在勞
動密集型產業中占較大份額之外，其技術選擇也傾向於勞動使
用型或資本節約型。其結果是具有比國有企業低得多的資本有
機構成。例如，1997年國有企業生產1個單位的工業增加值，需要
2.67個單位的固定資產淨值，而集體企業的這個指標為1.04，股份

制企業爲1.85，外商投資企業爲1.82，港澳臺投資企業爲1.98[10]。

這個資源重新配置的過程帶動了產品和生產要素市場的發展、國內投資結構的改善和外資的引進、對外貿易的擴大等等一系列由增長引致的制度變革。有的學者把中國經濟增長歸結爲勞動力流動、市場發展產生的效率、外貿和技術引進，以及國內投資和外資引進等四個方面的貢獻（表6.7）。這四個方面大致可以涵蓋迄今爲止中國通過改革創造市場條件，讓比較優勢發揮作用所帶來的增長效應。

表6.7　中國經濟增長率的分析

單位：百分點，%

	增長因素	貢獻比率
（1）	勞動力流動	1.50(16.30)
（2）	市場發展效率	0.38(4.13)
（3）	外貿與技術引進	0.50(5.43)
（4）	國內投資與外資	6.82(74.13)
（5）	全部	9.20(100)

資料來源：Francis A. Lees, *China Superpower: Requisites for High Growth*(New York: St. Martin's Press, 1997), p.66.

分析比較優勢對經濟增長的影響，以鄉鎮企業爲例是最恰當的。這是因爲，始於1970年代末的中國經濟改革，最爲成功且取得舉國公認、舉世矚目之成績的其實就有兩條：其一是家庭承包制的普遍推廣和完善，一舉結束了中國農產品供給長期

10　國家統計局，《中國統計年鑑·1998》（北京：中國統計出版社，1998），頁444-445。

匱乏的歷史，為今日的市場繁榮乃至經濟、社會、政治穩定奠
定了堅實的基礎；其二就是鄉鎮企業的異軍突起，徹底扭轉了
農村就業結構長期處於不變狀態的歷史，有力地加快了農村工
業化進程，使中國農村奔向小康成為指日可待的現實。

　　鄉鎮企業對中國經濟的影響力越來越大，表現在以下幾個
方面。第一，鄉鎮企業已成為國家稅收增加的主要來源。1985
～1990年國家稅收淨增773.2億元，其中鄉鎮企業淨增166.9億
元，占全國稅收淨增的21.6％；1990～1994年，國家稅收淨增
2042.1億元，其中鄉鎮企業淨增803.59億元，占全國稅收淨增的
39.3％[11]。事實上，官方統計資料還不能反映鄉鎮企業實際上所
作出的貢獻。(1)鄉鎮企業是中國制度外財政收入的主要來源之
一，一些典型調查表明，制度外財政收入的1/3至2/3來自於鄉鎮
企業收入[12]；(2)鄉鎮企業必須按市價購買生產要素，且得不到
國家的低息貸款，因而它的稅收增加是國家稅收的淨增長，而
國有企業的稅收增長要扣除政府的企業虧損補貼、貸款貼息等
以後才是稅收淨增長。

　　第二，鄉鎮企業已成為中國勞動力轉移的主要領域和就業
結構轉換的主要動力。傳統的發展戰略曾經把幾億農民長期束
縛在農業部門，使得中國經濟增長沒有伴隨著就業結構的轉變
和城市化的發展。而改革以來的20年，就將1億多農民轉移到鄉

11　國家統計局編，《中國統計年鑑(1993)》(北京：中國統計出版社，
　　1993)，頁396；國家統計局編，《中國統計年鑑(1995)》(北京：
　　中國統計出版社，1995)，頁218、366。
12　孫潭鎮、朱鋼，〈我國鄉鎮制度外財政分析〉，《經濟研究》，1993
　　年第9期，頁38-44。

鎮企業，這誠為改革開放以來最引人注目的變化之一 [13]。

第三，鄉鎮企業已成為農村和整個國民經濟增長的主要力量。統計資料表明，產值由1000億上升到1萬億元，鄉鎮企業僅用了7年時間，而全國社會總產值從1000億元到突破1萬億元竟用了31年時間。目前，鄉鎮企業產值不僅成為農村社會總產值的主要組成部分並具有份額繼續提高的態勢，而且成為國民生產總值增量的主要貢獻者並具有份額繼續擴大的態勢。1985年至1990年，第二和第三次產業的國民生產總值增量為7090.9億元，其中鄉鎮企業提供的增量為2134.4億元，占30.1％，而1990～1994年，這兩個指標分別為22051.1億元和11864.4億元，鄉鎮企業的貢獻率進一步提高到53.8％ [14]。從增長的貢獻率及變動態勢中可以看出，鄉鎮企業將越來越成為國民經濟增長的主要力量。近些年來中國地域發展上的差距主要表現為農村的差距，而農村發展上的的差距主要表現為鄉鎮企業發展水平和規模上的差距，發展鄉鎮企業已成為提高農民收入、縮小城鄉差距乃至地域性差距的主要途徑。

鄉鎮企業之所以能夠產生如此大的作用，最為關鍵的就是它較好地利用了中國所具有的勞動力相對豐富的比較優勢。我們以鄉鎮企業在某產業占有的產值份額與它占工業總產值的份額的比值作為鄉鎮企業的領先係數，並將它與鄉鎮企業在對應

13　1978年鄉鎮企業職工人數為2826.6萬人，1994年增加到13050.4萬人，淨增10223.8萬人（見《中國統計年鑑（1998）》頁420）。

14　在計算中利用社會總產值同與其相對應的國內生產總值的比值，將鄉鎮企業產值調整為國內生產總值。資料取於《中國統計年鑑（1993）》頁50；《中國統計年鑑（1995）》，頁32、365。

產業中的人均固定資產淨值進行相關分析，得到的結果是：相關係數爲－0.3，等級相關爲－0.53，這說明鄉鎮企業在產業選擇上考慮了利用勞動力相對價格較低的比較優勢。以鄉鎮企業的勞動力在各產業的分布與各產業資金密集度進行相關分析，也能看出它們之間具有的負相關關係，說明鄉鎮企業的勞動力集中在資金密集度低的產業裡。此外，在相同的產業裡，鄉鎮企業的人均固定資產淨值低於國有企業，說明非國有企業的技術選擇偏向於使用更多的勞動。以1986年爲例，全國工業企業人均固定資產淨值爲7510元，同年鄉鎮企業的同一指標僅1709元，不及全國平均水平的1/4 [15]。

15　國家統計局編，《中國工業經濟統計資料》（北京：中國統計出版社，1987），頁3；《中國統計年鑑(1987)》（北京：中國統計出版社，1987），頁205。

第七章
改革與發展中的問題和難點

　　中國這樣一個巨大的經濟體，在經濟改革以來的20年中實現了年平均10%左右的持續增長，在人類經濟史上還不曾在這麼多人口的國家以這麼高的速度持續這麼長的增長，不能不說是個奇蹟。但是，改革以來中國經濟中也潛藏著各種各樣不健康的因素，一個綜合性的表現就是以經濟增長波動為表徵的發展中的周期性和改革進程的循環往復。除此之外，中國經濟改革面臨的主要問題和難點尚有：(1)尋租現象和腐敗猖獗；(2)金融體制改革進展相對緩慢；(3)國有大中型企業的改革遲遲不能奏效；(4)地區間發展不平衡加劇，收入差距拉大；(5)糧食生產潛力問題。這些問題在改革以來的整個期間都存在，並有嚴重化的傾向，形成中國經濟的頑疾。中國經濟發展要繼續推進，改革堅持下去，必須面對上述問題和難點。本章及第八章將揭示這些問題的產生是由於漸進式的改革造成體制不配套所致，而改革無法徹底，則是由於國有企業的改革尚未奏效，其生存還有賴於其他制度扭曲來支持。因此，國有企業改革成功

是解決這些改革中尚存難點的前提。

7.1 改革和發展的周期性

從1978年底的改革開放以來，中國經濟年均增長速度很快，1978～1997年期間，國內生產總值年平均增長速度達到9.8％。與此同時，人民生活水平大幅度提高，產業結構得到調整。然而，仔細觀察過去近20年的經濟增長，不難發現，這種快速增長是在周期性的波動中實現的。每逢高速增長的年份，年度的國內生產總值增長率可達13％～15％。而一旦速度緩慢下來時，年度的增長率則只有3％～4％。從1978年底到現在已經經歷了4個這樣的周期，平均每4～5年就有一個（見圖7-1）。

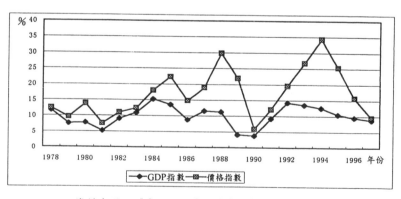

資料來源：《中國統計年鑑(1998)》，頁57、301。

圖7.1 改革以來經濟增長的周期性與通貨膨脹

毫無疑問，伴隨著經濟增長的周期波動，國民經濟總要付

出不少代價。如果這種周期性的波動是平穩的或是收斂的，這些代價也許還可忍受。但不幸的是，這種周期向上和向下波動的幅度，呈現出越來越大的趨勢。如果這種愈趨惡化的經濟周期和某些嚴重的經濟、社會問題一齊並發，就不能不令人擔心，國民經濟會不會在某一天突然崩潰。一旦發生這樣的情況，前面所說的到下個世紀中葉前，中國成為全世界最大經濟體的預期當然也就不可能實現。

實際上，中國經濟的周期性，並不僅僅表現在產值增長速度上的波動，而是增長率的波動伴隨著經濟體制改革的欲行又止，以及一系列社會問題的惡化。歸結起來就是所謂的「一活就亂，一亂就收，一收就死，一死就放」的曠日持久的循環往復。這種「活亂」循環的第一個表現是經濟反復出現過熱，進而速度與「瓶頸」形成相互制約的局面。改革微觀經營機制以後，企業有了自己獨立的利益，其對產值增長和利潤總額增長的追求十分強烈。在資金價格仍被人為壓低的情形下，只要政府一放寬對信貸和投資的控制，每個企業都積極爭取貸款以擴大生產，直到能源、交通、原材料等基礎產業部門的供給不能滿足要求，形成「瓶頸」，才通過政府干預即採用調整的辦法，強制地把企業盲目擴大投資的行為抑制下來。從理論上講，經濟增長與體育競技一樣，速度決定於基本條件保障和運行狀態的好壞，而不存在某種不宜突破的速度限制。如果運行條件和狀態是好的，速度無疑是越快越好，沒有必要人為地確定一個所謂的適宜速度。改革以來，對經濟高速增長的主要限制因素是基礎產業的供給不足，再加上能源、原材料和運輸服務的供

給缺乏市場價格這種篩選機制，有沒有競爭力不是企業能否取得這些資源和服務的條件，所以高速增長常常沒有伴隨著效益的提高。由此形成了基礎條件和運行狀態不佳的高速度，即所謂的經濟過熱。「活亂」循環的第二種表現是經濟中潛在的通貨膨脹壓力和周期性出現的高通貨膨脹率。與許多國家的情況相比，過去20年中國經濟中出現的數次通貨膨脹並不算十分高。然而，考慮到改革以前的幾十年通貨膨脹幾乎從未發生，以及銀行儲蓄利率被大大壓低的情形，在經歷了物價總水平幾十年變化甚微的經驗之後，中國人感受到的通貨膨脹是相當嚴重的。

第一次嚴重的通貨膨脹衝擊是在1985年。如前所述，這一年信貸體制的放權性改革向前邁了一步，而利率調整幅度很小。例如，1985年4月1日調整的國營農、工、商業企業和城鎮集體企業及城鄉個體經濟貸款平均年利率為7.3%，僅比調整前的水平高0.78個百分點，並且其中主要是較大幅度地提高了城鄉個體經濟戶的貸款利率（從8.6%提高到9.4%～11.5%），同期銀行儲蓄一年期利率僅為6.8%。在低利率條件下放鬆信貸控制，導致了1984年和1985年的嚴重投資膨脹。

與1983年相比，1984年固定資產淨投資增加37.6%，流動資金增加1.2倍；1985年又分別增加94.4%和1.1倍。利率水平沒有隨著資金需求的擴大而上調，因而存款不能增加，而原來受抑制的貸款需求卻隨著信貸控制的放鬆而獲得滿足，存放款間的缺口只能用增發貨幣來補足。貨幣發行總量失控和物價大幅度上漲是信貸規模失控的必然結果，1984年流通中貨幣比上年增

長49.5%，導致了1985年的高通貨膨脹。這一年，全國零售物價總指數達到108.8，職工生活費用價格指數達到111.9，分別比1984年提高了6個百分點和9.2個百分點。如果說改革以來發生的第一次顯著性通貨膨脹是維持低利率政策與放鬆信貸控制的直接後果的話，1988年的通貨膨脹則直接起因於低利率政策與普遍的高通貨膨脹預期對居民儲蓄和手持貨幣行為的影響；1993年的嚴重通貨膨脹也是由於低利率政策和信貸管理體制的分權化，以及融資渠道多元化所共同形成的後果。

「活亂」循環的第三種表現是經濟改革進程中的循環往復或改革周期。前述改革以來日益表現出來並嚴重化的增長速度制約和通貨膨脹，構成了經濟增長的周期性。在經濟改革過程中，對微觀經營機制方面的改革給予了更多的重視，由之推動的資源配置制度方面的改革也不斷深化，企業的經營自主權擴大，資源配置管理的分散化程度的提高，反映出了「一放就活」的改革特徵和效果。

當瓶頸制約、通貨膨脹都達到十分嚴重化的程度時，正常的經濟增長受到阻礙，經濟秩序發生紊亂，人民群眾產生不滿情緒甚至對改革失去信心。按照中國經濟發展幾十年的邏輯，政府便出面用強制性手段進行調整或整頓。在傳統的發展戰略目標不變並維持扭曲價格的宏觀政策環境的前提下，政府的調整措施具有以下特點：

第一，嚴格控制價格。作為遏制通貨膨脹和整頓市場秩序的有效手段，政府在調整時期首先要做的是利用行政權威穩定消費品價格、生產原材料價格和利率、匯率等要素價格，因而

在這一時期，任何價格改革方案都難以通過。

第二，回收下放的管理權限。為了約束企業行為和糾正投資偏離傳統戰略目標的偏差，政府往往將此前下放給企業的某些經營自主權和資源分配部門的管理權限收回，強化集中統一的管制。所以從微觀經營機制和資源配置制度上看，調整或整頓具有向傳統經濟體制復歸的傾向。

第三，加強信貸規模的控制。由於利率剛性，不具有自動調節資金供需的功能，只能借助於嚴格的信貸規模控制來抑制投資需求、調整投資方向，但這種措施缺乏甄別企業有無效率的機制，所以在操作上不得不採取「一刀切」的辦法。

第四，抑制非國有經濟的發展。一方面，政府看到非國有經濟違背其戰略目標的傾向和更強烈的尋租行為，故有意採取資源分配上的歧視政策；另一方面，在資源更為短缺、資源分配權限更集中於政府的情況下，政府總是首先考慮體現其戰略目標的大中型國有企業的資源需求，因而客觀上產生了資源分配上對非國有經濟「釜底抽薪」的效果。

綜上所述，經濟改革以來所實行的大大小小的調整或所謂「加強宏觀調控」，使用的基本上都是嚴厲的行政手段或計畫手段，是典型的「一亂就收」。從實施效果看，這類調整具有雙刃劍的作用：一方面，由於嚴格控制投資規模和價格上漲趨勢，可以將過熱的經濟增長速度冷卻下來，抑制通貨膨脹的惡化，嚴厲的行政措施還可以比較有效地約束尋租行為，使經濟環境有序化；另一方面，重新加強資源計畫配置，在價格改革方面停步，使傳統經濟體制重新發揮更大的調節作用，資源從

效率高、符合比較優勢的非國有部門流向效率低、不符合比較優勢的國有部門，形成「一收就死」的局面。

而一旦經濟形勢陷入這種境地時，企業缺乏活力，虧損嚴重，價格不能調節產品、要素的供求變化，資源配置缺乏效率，增長速度明顯下降，政府財政收入拮据等等，成為經濟發展中更為突出的矛盾。於是，微觀層次要求放權的呼聲和實際努力越來越強烈，代表市場調節因素的非國有經濟加強其爭取資源的競爭，政治領導人又一次強烈地意識到「發展才是硬道理」，從微觀經營機制和資源配置制度方面的放權讓利為特徵的改革再次受到鼓勵，即所謂「一死就放」。在經濟發展戰略仍然未有徹底改變的情況下，按照前述的邏輯，又一輪的「活亂」循環便開始醞釀。

1990年代中國經濟實際上又經歷過一次類似的調整。當時針對房地產熱、開發區熱和投資規模過大，從而經濟又一次過熱以及泡沫經濟的問題，中央政府實行了一系列宏觀控制措施，特別是適度從緊的貨幣政策控制投資規模和增長速度。幾年之後成功地把通貨膨脹率降到較低的水平，同時又保持了差強人意的經濟增長速度，即實現了人們通常所說的「軟著陸」。

然而，這一次情況發生了變化。即在宏觀調控和持續實行適度從緊貨幣政策的同時，中國經濟從長期的短缺經濟，經過1993～1996年的投資熱潮，開始逐漸向買方市場轉變。隨著告別短缺，高利潤的投資機會不再俯拾即是。再加上銀行信貸責任的加強，以致1990年代中期以後，傳統的「活亂」循環因沒有隨著「一放就活」格局的重新出現而被中斷了。相反，儘管

政府的貨幣政策事實上已經向刺激投資的方向轉變，甚至開始了一系列啓動市場的財政政策，需求再沒有像以往的周期一樣迅速增長。特別是受東南亞金融危機的影響，中國對外貿易和外資引進也放慢了速度。

其實，這種新情況的出現，並不意味著傳統的改革和發展周期的結束，而是一種變形的表現。其產生的根本原因仍然是經濟發展戰略未能適應微觀環節的改革而得到徹底的轉變。相對於傳統體制下建立起來的國有大中型企業，改革開放以來得以迅速發展的中小企業具有勞動密集程度高，從而成本低廉、競爭力和贏利能力強的特點，符合中國經濟當前的比較優勢。

這類部門和企業的發展資金積累快，對市場出現的新情況、新機會能夠作出迅速的反應，易於形成良性循環，經濟增長率高。由於其投資建設周期短、見效快，是啓動經濟的有效途經。事實上，以非國有經濟爲代表的這種新興經濟部門，在國民經濟中已經占有重要的份額，對經濟增長的貢獻份額越來越大。然而，由於金融體制尙未實現根本性的改革，這些部門和企業的發展仍然得不到應有的支持。解決經濟周期波動的根本辦法在於加快金融體制改革，實現利率市場化、銀行商業化，讓利率的高低來自動調節投資、消費和儲蓄，使效率最高的企業能優先得到資金。然而金融體制改革的主要障礙又在於對國有企業的保護，目前許多國有企業的生存還依賴於廉價的銀行貸款的支持。因此，國有企業改革問題成爲啓動經濟和從根本上擺脫傳統周期的關鍵。

7.2 尋租活動與腐敗現象

伴隨「活亂」而出現的一種經濟現象是在經濟生活中尋租動力的增強和腐敗現象的滋生。在壓低產品和要素價格的宏觀政策環境下，任何一個企業只要爭取到計畫配置的資金、外匯、緊缺物資，就意味著獲得了一個收益。這個收益額就是資源的市場價格與計畫價格的差額同它所得到的資源數量的乘積。

如圖7.2所示，當某種要素或產品的價格由市場決定時，形成的市場均衡價格爲P0，相對應的供給量和需求量均爲Ob，供求是均衡的。當價格由計畫決定並人爲地壓低到均衡水平之下如P1時，由市場決定的供給量僅爲Oa，遠遠不能滿足所需。而在這個供給量水平上，既定需求量可以把市場（或黑市）價格抬高到P2的水平。可見，若企業能以P1的價格獲得計畫配置的資源，一旦以P2的價格來衡量，就意味著產生如圖7.2中陰影面積所表示的收益。這種額外的收益可能性是由壓低價格的宏觀政策環境及相應的制度安排所造成的，哪個部門或哪個企業獲得這種低價資源也是由政策或制度決定的，所以我們將由此形成的收益稱爲「制度租金」。以爭取計畫配置的低價資源而獲得這種「租金」爲目的的各種不正當活動，如「走後門」、賄賂資源配置部門的官員，以及各種利益集團的游說活動等，就是所謂的「尋租」（Rent Seeking）。

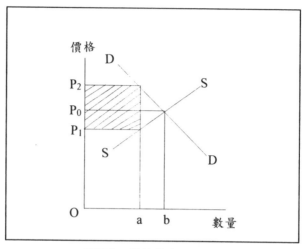

圖7.2 價格管制與尋租

　　制度租金和尋租行為作為扭曲相對價格的宏觀政策環境的必然產物，早在傳統經濟體制下就存在了。但是，由於租金的實現機制不充分，生產者尋租動力也不強烈，尋租現象並不是傳統經濟體制下的典型特徵。1979年以前壓低利率、匯率、緊缺物資和產品價格的宏觀政策環境，從理論上講造就了計畫價格與市場價格之間的差別或制度租金。但要使這塊租金具有強烈的吸引力，以至形成普遍的尋租現象，需要有一個前提，即個人或企業能從尋租活動中得到利益。

　　在實行高度集中的經濟管理體制的年代裡，企業採取的是統收統支的財務結算方式，尋租收益並不能轉化為企業或個人的直接收入，企業尋租僅僅是為了擴張投資的需要，因而動力並不強烈。對於那些掌管資源配置權的官員，由於收入來源和消費形式單一、透明，因受賄而使個人貨幣收入增長和消費水

平提高的情況，易於受到監督，懲罰也十分嚴厲，因而須冒很大的風險。由於這個前提當時並不存在，所以，雖然已經具有尋租的制度基礎，卻沒有尋租的強烈動機，有的只是憑藉人際關係爭取資源的行為[1]。

1979年開始改革以來，管理體制上的逐步放開和政策環境改革的滯後，一方面維持了尋租的誘因，另一方面，由制度約束軟化造成的交易貨幣化和個人收入、消費形式多樣化，使得尋租行為由潛在轉為顯在，由局部轉為全面。

首先，雙軌制的形成使尋租可能性增大。尋租的動力與價格的平市差價成正比，而與受到懲罰的概率成反比。在雙軌制格局下，進入市場的資源增加，固然可以降低市價從而平市差價或單位資源的租金含量，減弱尋租的動力。但是，資源的計畫配置與市場交易之間的界定也模糊了，對雙軌制運行的監督成本提高，計畫內外的倒騰，轉手就可獲得暴利，使不擇手段獲取國家計畫配置的平價資源成為低風險、高收益的活動，「官倒」、「私倒」成了致富的捷徑。

根據有關學者所作的估計，1987年和1988年由緊缺物資平市價差和利率差、匯率差造成的制度租金，分別達到2000億元、

---

1 一些學者注意到在雙軌制條件下所產生的租金少於計畫經濟條件下，因而判斷雙軌制所導致的尋租行為並不必然比計畫經濟條件下更嚴重（參見Leong, Liew, *The Chinese Economy in Transition: From Plan to Market*, 〔Cheltenham, UK: Brookfield, US: Edward Elgar, 1997〕, pp. 67-77）。但這種分析忽略了在雙軌制條件下和計畫經濟條件下尋租動機的不同。而這種動機並不一定與政府管理職能的強弱有關。

3500億元，約占全國國民生產總值的20%～25% [2]。中國大量的資源從計畫內流出，一些按規定在計畫內配置的資源有價無貨，或有市價而沒有平價。各個管理部門、分配環節，只要握有對資金、外匯、緊缺物資的分配權，或僅僅具有影響分配的權力，都可能並正在成爲尋租者的行賄對象。

其次，在逐步改革統購包銷的傳統資源配置制度的同時，流通領域的管理也放寬了，名目繁多的公司和經營單位，以尋租爲目的競相進入生產要素分配和產品的流通領域。特別是爲部門利益服務的行政性公司的建立，爲「官倒」提供了方便。它們乾脆依靠與行政主管部門的所屬關係，直接掌握計畫內低價資源，並通過市場軌道將其「拍賣」出去，獲得巨額租金，其部分掌握權力的人員還收受賄賂，造成腐敗的滋生和蔓延。政府爲了限制經營單位獲得暴利，有時規定流通環節的加價幅度或作出其他限定，但結果只是加長了尋租鏈條，使尋租行爲複雜化、多元化。租金在眾多環節中分享後，生產者仍然要付出高價取得資源。

這種雙軌制、多渠道、多環節的資源分配，儘管有助於非國有經濟以競爭價格取得資源，但社會代價是十分高昂的。其一，資源被有競爭力的非國有經濟取得後，國家爲了保障大中型國有企業的需求，只好用增發貨幣或「寅吃卯糧」的辦法來解決，造成通貨膨脹和資源分配的不平衡，致使經濟不斷出現過熱，速度與瓶頸相互制約的局面。其二，一些國有企業爲了得到必需的資源，不得不付出更高的價格和行賄成本加入尋租

2　胡和立，〈廉政三策〉、〈1988年我國部分租金的估算〉，載《腐敗：貨幣與權力的交換》(北京：中國展望出版社，1989)，頁36-43。

者的隊伍，加大了企業負擔和總生產成本，進而在確定與國家
的利潤分配關係或簽訂承包合同時，通過討價還價，再將負擔
轉嫁到財政上面，而當政府財政負擔承受不了時，就產生了用
行政手段限制非國有企業發展的衝動。其三，普遍的尋租和行
賄受賄現象，腐蝕了政府官員、敗壞了社會風氣，使整個社會
形成「靠山吃山、靠水吃水」的時尚，影響了改革的聲譽和人
民群眾對改革的預期。由此看來，尋租所造成的損失，遠不是
可以用貨幣來衡量的。

最後，個人收入來源和消費形式的多元化，增加了人們擴
大收入和消費的可能性。而讓一部分人先富起來的政策則使尋
租收入得以混同於正常的合法收入。尋租者和受賄者由此為其
非法收入找到了保護傘，增加了監督和執法部門鑑別和懲罰尋
租活動的費用。此外，非國有經濟部門的經理人員的高收入，
以及尋租和受賄者先行致富，使國家公職人員和國有企業職工
的收入水平相對降低，這種不斷擴大的收入差距和非法致富而
不受懲罰的示範效應，激發了謀求個人利益的動機，產生了大
大小小的尋租者和以權以職謀私者。

7.3 國有企業改革的難點

中國的國有企業是適應推行重工業優先發展策略的需要而
發展起來的，政府始終將國有企業(特別是大中型國有企業)視
為推行傳統發展戰略目標的基礎力量。在經濟改革中，在小型
國有企業和非國有企業逐步進入市場調節、經營機制逐步改革

的同時，國有大中型企業的改革卻受到發展戰略目標的束縛，步履艱難。因此，本節討論的重點，是國有大中型企業改革的難點。當我們使用國有企業這個概念時，指的也是國家視爲國民經濟主導力量的大中型企業。

中國經濟改革伊始，國有企業的改革就居於中心的地位。總括地講，國有企業的改革始終是沿著放權讓利這樣一條線索推進的。這種改革思路，是針對傳統經濟體制下以統一計畫、統收統支、統購包銷爲特徵的微觀經營機制缺乏效率與活力而得出的。放權讓利式的改革也確實取得了一定的成績。隨著企業留利比例的增大，其經營活動中的利潤動機增強，促使其改進技術、創新產品，並面對市場需求進行生產。這些措施推動了資源配置制度的改革，也在一定程度上促使宏觀政策環境改革。此外，企業將留利自主地用於企業發展、職工福利和勞動獎勵，增強了職工的勞動積極性和經理人員提高管理效率的努力。一個意外的收獲是一些企業將一部分留利投向在傳統發展戰略下受壓抑的部門，形成增量改革的資源。

從國有企業迄今爲止的改革，我們可以觀察到兩種效應。從企業激勵機制與企業效率的角度，我們發現國有企業改革的積極效果。例如，根據一項關於國有企業的調查表明，國有企業通過放權讓利式改革，其利潤分成比率、市場參與程度和市場化指數，在1980年代後期呈同步提高的趨勢[3]。然而，按照所有者標準來觀察，作爲國有資產所有者的國家，在這種放權讓利式改革

---

3 杜海燕等，〈國有企業自主權、市場結構和激勵制度〉，《經濟研究》1990年第1期。

或後來演變成的產權改革中，其權益卻受到越來越多的侵蝕。

國有企業及其特殊的治理結構是重工業優先發展戰略的產物。改革以前，爲了發展在市場經濟條件下不具有自生能力的重點產業，產品價格和生產要素價格都被扭曲。在競爭的市場不存在的條件下，沒有一個可爲企業經營狀況的評價作爲參照的平均利潤率，則每個企業的利潤水平就不能充分反映企業經營好壞的信息，也就不能作爲評價企業經營狀況的充分信息指標。要獲取企業的開支是否合理，利潤水平是否真實，以及能否保障所有者的利益等等信息，其費用十分高昂。

這種在企業經理人員與所有者之間的信息不對稱，使得所有者與經營者之間的激勵不相容成爲一個難以克服的問題，而責任的不對等則會進一步加強這種傾向。在產業和企業之間的要素報酬率存在很大差異的傳統體制下，如果國有企業擁有經營自主權，它們就有可能將可支配的資源配置在要素邊際報酬率高的地方[4]。這樣的邊際調整顯然會干擾重工業優先發展戰略的實施，打亂整個計畫經濟體制下的均衡。而且，經理人員也可以利用信息不對稱的方便，作出對自己有利而損害國家的經營和分配決策。

既然國有企業建立的前提就是競爭市場不再存在，國有企業建立的目的又是控制企業的生產剩餘，所以，從保證國家發展戰略目標的內在要求出發，國有企業理所當然是不能擁有經營自主權的。換句話說，爲了最大限度地減少國有資產被侵蝕

---

4 1980年代初國有企業改革的結果即可反證這種可能性。當企業獲得了部分生產經營權之後，就將其可支配的資源配置在邊際報酬率高的產業。

和剩餘被流失的機會，唯一可行的治理辦法就是最大限度地剝
奪國有企業的經營自主權。國有企業所需的投資和其他生產要
素由政府無償撥付，所生產的產品及其規格、數量和產品的調
撥或銷售由政府計畫決定，從財務上實行統收統支，利潤全部上
繳，虧損全部核銷，是在扭曲的宏觀政策環境和高度集中的資源
配置制度下，監督成本最低的制度安排。事實上，國有企業的管
理體制就是按照這樣的邏輯形成的。正是因為如此，傳統體制下
雖然經歷過數次下放(給地方)與回收(到中央)的回合，但由於傳
統經濟體制的內在邏輯，經營權從來沒有真正下放到企業。

　　1979年以後的改革，在微觀效率和激勵機制方面終於有了
實質性的改進。然而，一方面趕超戰略沒有根本改變，為了支
持已經建立起來的不具自生能力的重型國有企業，因而宏觀政
策環境的改革進展較遲緩，成為滯後的改革部門；另一方面以
放權讓利為中心的企業經營機制的改革和資源配置制度的改革
已比較深入，成為超前的改革部門。這就造成整個經濟中制度
結構的不協調，企業改革雖取得了一些成果，但也出現了一系
列嚴重的矛盾。改革不配套直接造成國有企業面臨著一系列沉
重的政策性負擔，使其不能處於與其他類型企業相同的競爭地
位。換句話說，由於重工業優先發展戰略尚未徹底改變，在非
國有經濟執行了調整扭曲的產業結構的同時，國有企業則承擔
著繼續履行傳統發展戰略目標的責任。這種責任表現為國家加
諸其身上的三個主要負擔。

　　首先，考慮到中國經濟發展中資本仍然稀缺這種現實資源
稟賦狀況，許多大型國有企業的資本密集程度仍然過高，在競

爭的市場經濟中缺乏自生能力。由於微觀環節改革所創造出的
資源增量，主要通過非國有經濟部門的配置，進入那些符合資
源比較優勢的產業，實現了扭曲的產業結構的增量調整。而在
經濟發展戰略尚未根本放棄的情況下，維持一定重工業比重、
體現國家發展戰略目標的責任更多地落在國有企業身上。

我們以不同所有制工業企業固定資產淨值在全部工業部門
中的份額，與其工業增加值的份額相比，表示不同所有制企業
的資本相對密集度。1995年國有工業企業的資本相對密集度為
1.22，集體企業為0.57，股份制企業為0.96，外商投資企業為
0.83，港澳臺投資企業為1.03。

可見國有企業的資本密集程度仍然較高。如果它們必須按
照市場價格支付資金利息並面對市場競爭，特別是與勞動密集
型的非國有經濟，以及具有資本密集型產品比較優勢的發達國
家企業相競爭的條件下，則難以生存。

其次，國有企業承受著退休職工養老金、其他一系列職工
福利支出，以及冗員以及下崗職工補貼的沉重負擔。改革以前，
由於國有企業的財務制度是統收統支，企業承擔這種種支出全
部由財政撥款支付，並不形成沉重的負擔。在國有企業管理體
制改革以後，特別是實行利改稅之後，企業必須對自身支付職
工工資和退休金。一方面，由於企業沒有為過去的職工積累起
足夠的養老基金，與此同時又要承受著大量冗員的負擔，在出
現了職工下崗現象的情況下，政府還要求企業對這部分人員給
予補貼，從而形成國有企業過重的財務負擔。

根據比較保守的估計，國有企業通常有1/3的冗員；1996年

國有單位離退休人員總數為2515萬人，其中約一半左右是1988年以前離退休的，接近1/3是1985年離退休的，1978年以前離退休的不到6％。目前，大約5.9個在職職工要負擔一個離退休人員。由此推算，與根據實際需要雇用勞動力，且無須負擔已經退休職工的養老金的情形相比，現在國有企業要多支付大約46％的工資基金。

1990年代中期以來，城市失業問題日益突出。在中國，失業問題表現為兩種形式。一種形式是指通常意義上的失業，即職工離開原來的工作崗位，喪失有收入的工作機會。1997年城鎮登記失業率只有3.1％，但據許多調查表明，實際失業率可能達到6％～8％甚至更高。通常登記失業者得到失業保險金作為衣食之源。另一種失業形式被稱為下崗，即失業者離開工作崗位但保持與原單位的勞動關係，也就是說，企業以這種或那種形式負擔著下崗人員的福利和基本生活保障。所以，在國有企業被政府賦予了社會保障職能的情況下，要嘛把失業問題內部化，實行工作分享制，要嘛繼續負擔失業者的福利和補貼，實際上繼續實行工資分享制。

第三，一些國有企業產出品價格仍然扭曲。由於能源、交通、原材料和許多公共服務行業的價格被作為保持重工業優先發展戰略低成本的條件，以及擔心上游產品價格上漲過快會導致通貨膨脹等等原因，尚存的一些價格管制主要存在於大中型國有企業的經營領域。截至1996年底，全國生產資料銷售總額中，政府定價的比重仍然占14％，另有約5％為政府指導價。

這種控制主要是繼續壓低上述主要產品和服務的價格。在

這種情況下，國有企業往往難以面對非國有經濟部門的競爭，更不用說參與國際競爭了。

國有企業面臨的主要問題突出地表現為三種結果。首先是嚴重虧損。1996年國有企業盈利狀況是，大約1/3盈利、1/3明虧、1/3暗虧。1997年又出現全行業虧損的情況。其次是國有資產流失十分嚴重。根據1994年財政部對12.4萬家企業清產核資的資料推算，8萬多個小企業中，國有權益損失（包括資產淨損失、經營性虧損和潛虧掛帳等）占國有淨資產的比重高達82.8%，中型企業的這一比重為59.4%，大型特大型企業為15.2%[5]。第三是國有企業負債率過高。自從國有企業實行「撥改貸」以來，資產負債率大幅度提高。1980年為30%，1985年為40%，1990年上升為60%，1994年更高達75%。

7.4 呆帳、壞帳與金融體制弊端

國有企業的高負債率，顯然不是「撥改貸」改革所造成的結果。實行「撥改貸」的意圖是為了結束國有企業的軟預算約束，使國有企業成為獨立經營的微觀經濟單位，負起獨立經營者的責任。然而，由於存在著前述一系列政策性負擔，國有企業一方面沒有能力與非國有經濟在市場上競爭，另一方面又可以以這種政策性藉口，繼續要求政府給予補貼，而無論其經營狀況不良是政策性原因造成的，還是經營不善的結果。所以，

---

5 盧中原，〈積極推進國有小企業改革〉，《中國工業經濟》，1996年第4期，頁30-32。

實際上在實行「撥改貸」之後，國有銀行承擔著對企業進行補貼的職能。也就是說，國有企業在財政性明補逐漸減少的同時，從銀行貸款的渠道獲得越來越多的暗補。

這種通過國有銀行渠道獲得的暗補也具有兩種形式。一種補貼是通過獲得低利率貸款而享受的補貼。1985年國有企業獲得的全部補貼中，得自金融渠道的只占24.2％，其餘部分來自預算渠道。1994年，企業補貼中來自金融渠道的比重上升到43.6％，預算渠道的補貼份額則相對降低[6]。另一種補貼是通過拖欠銀行貸款而實際得到的。由於國有企業具有政策性理由為經營不善開脫責任，又由於其承擔著城鎮大規模就業的保障作用，即使其大幅度虧損甚至經營失敗，政府往往用繼續貸款的辦法維持其運轉和開工。其結果是欠款越來越多，以至無力還本付息，很大部分成為銀行的呆帳、壞帳。據估計目前四大國有專業銀行的呆帳、壞帳比例在20％～25％之間，與發生金融危機的泰國、馬來西亞、印度尼西亞、韓國等相比，有過之而無不及。

中國銀行貸款中的這種局面，一方面由於國有企業的存在或者說國有企業政策性負擔的存在所造成，另一方面也暴露出金融體制的弊端。早在1993年中國共產黨十四屆三中全會上，就把「銀行商業化、利率市場化」作為金融改革的方向，但實際上利率遠遠沒有實現市場化，國有銀行壟斷局面也沒有打破，因而也不可能實現真正的商業化。

首先，利率的決定仍然不是以中國資金市場上的資金相對

6　World Bank, *The Chinese Economy: Fighting Inflation, Deepening Refoms*, vol. I, Report no. 15288 -CNA, 1996, p. 16.

稀缺性爲依據。儘管近年來中央銀行根據治理通貨膨脹的需要，以及宏觀經濟總需求狀況，開始比較靈活地對利率進行調整，意在控制或刺激總需求。然而，無論是抬高利率還是降低利率，利率水平始終未能反映中國經濟發展階段的資金稀缺性，因而仍然是扭曲的利率。根據中國所處的發展階段，資金短缺仍然是基本的資源稟賦特徵，而與這種資金稀缺程度相比，現有的利率水平仍大大偏低。所以，假如金融部門引入競爭機制，實行商業化經營，形成市場化的利率，則國有銀行就會失去其壟斷的地位。

其次，國有銀行一方面承擔著執行國家產業政策的任務，另一方面還要按照保障社會穩定的要求，繼續向虧損和無力還貸的國有企業發放貸款。儘管銀行體制的改革把一部分政策性業務劃分出來，交給專門的政策性銀行經營，但商業性銀行的業務中仍然存在著許許多多的政策性要求。這種政策性的經營活動使得國有專業銀行的實際經營績效無法得到準確地評價，內部管理不善的問題常常與政策性虧損等混雜在一起，商業化經營不能真正實現。而對於大中型國有企業的政策性保護，也傷害了中小型企業特別是非國有經濟部門的發展。

最後，由於國有銀行管理體制存在著種種問題，又由於非市場化的利率使其在金融業務的競爭中缺乏靈活性，只好借助於壟斷地位維持經營。目前中國金融法規、政策中的一項重要內容，就是嚴格控制非國有銀行和非官辦金融組織的存在和開展業務。無論是民間借貸也好，農村合作基金會也好，還是國外金融機構，其存在和業務都受到嚴格限制，連那些已經形成

規模的合作金融組織也被禁止開展銀行業務。沒有競爭，既造成了國有銀行管理體制上的種種弊端，也使銀行不能執行本該發揮的支持非國有經濟發展的職能。

7.5 區域發展不平衡的加重

過去20年的經濟改革具有區域間的差異性。在1970年代末改革伊始之時，中部地區扮演了主要的角色。例如，農村家庭承包制和國有企業放權試驗都是從中部地區開始的。當改革進入到價格、財政等較宏觀層次的時候，東部地區開始得風氣之先。最初的對外開放特區、開發區也都建立在東部地區。特別是1980年代中期以後，位於東部地區具有較好基礎的鄉鎮企業在經濟發展中占據了重要的地位，沿海地區發展戰略的實施又給予了東部地區諸多特殊政策，使得改革和發展的重心都集中到了東部，中西部地區則相對落後了。

無庸置疑，這種改革和發展的區域梯度性導致了地區間經濟發展水平和人均收入水平的不平衡。而且，這種不平衡突出地表現在各地農村經濟發展和收入水平的不平衡，以及城鄉收入差距擴大兩個方面。有關資料表明，這一時期城鄉居民收入和生活支出比率的變化呈U字型，並都以1985年為轉折點。下面從城鄉和地區收入差距變動的情況和原因兩個方面進行分析。

首先是城鄉收入差距的擴大。縮小城鄉差距是經濟與社會發展的基本標誌之一。然而，改革以來的實際情形是一度縮小的城鄉收入差距再一次拉大了。第一個表現是農民收入相對下

降。改革以來，農村居民的人均收入有了較大的提高，按現價計算，人均年純收入由1978年的133.6元提高到1997年2090.1元，增長了14.6倍；扣除物價變動因素，也增長了3.37倍，與1978年以前農民人均純收入長期徘徊不前形成鮮明的對照。然而與城鎮居民相比，農民收入又有相對下降的問題。按現價計算，1978年城鎮居民家庭人均生活費收入與農村居民家庭人均純收入之比為2.36：1，即城鎮居民的人均收入比農村高140%；1984年這一比率下降到1.7：1，1987年以後，這一比率再次增大，1995年達到2.71：1，雖然1997年已降至2.54：1，但仍超過1978年的水平。

第二個表現是農民消費水平相對下降。由於城鎮居民的生活費收入可以全部用於生活消費，而農民還要將一部分純收入用於生產，所以更為準確的是作城鄉人均消費水平的比較。統計資料表明，1978年城鄉居民人均消費之比率為2.9：1，即城市居民的消費比農村居民高190%，1985年該比率下降到2.2：1，1989年以後，這一比率再次增大，1994年達到3.5：1，雖然1997年降至3.1：1，但仍超過1978年的水平。

其次是地區間收入差距的擴大。在城鄉收入差距拉大的同時，地區間的收入差距也在拉大。表現在以下幾個方面：一是沿海與內地收入差距拉大；二是東部與西部收入差距拉大[7]。三是東部農村與中、西部農村收入差距拉大。

7 東部包括北京、天津、河北、遼寧、上海、江蘇、浙江、福建、山東、廣東、廣西、海南12個省市；中部包括山西、內蒙古、吉林、黑龍江、安徽、江西、河南、湖北、湖南9個省區，西部包括四川、貴州、雲南、西藏、陝西、甘肅、青海、寧夏、新疆9省區。

　　利用有關統計資料所作的計算結果表明，1978年，東部與中、西部的人均收入比值分別為1.15：1和1.26：1，1997年，這兩個比值分別提高到1.47：1和1.77：1。其中，東部與中、西部城鎮居民的人均收入在1984年以前基本上沒有變化，1984年以後變動速率明顯加大。但相比較而言，城鎮居民收入的地區間差異變動略小一些，1978年東部與中、西部的比值為1.13：1和1.14：1，1997年分別上升到1.44：1和1.36：1。據分析，城鎮居民人均收入地區差異變動較小的主要原因是國有企業中分配制度改革的地區差異很小，而城鎮勞動力大多在國有企業中就業。

　　人均收入的地區間差異在農村表現得尤為突出。有關統計資料的計算結果表明，1978年，東部與中、西部農村居民人均收入的比值為1.15：1和1.19：1，與城鎮居民人均收入比值的地區差異大致相似；1997年，這兩個指標分別提高到1.43：1和1.79：1，高於城鎮居民的人均收入比值的地區差異。這還是三大地區的平均水平，如果作發達省份與一般省份的比較，差異更加懸殊。例如，1997年上海市和四川省農民人均年收入分別為5277.02元和1298.54元，它們的人均收入比值高達4.06：1，是地區差異平均水平的2倍多。

　　為了把握地區間發展差距的變化，我們以省(直轄市、自治區)為單位，計算了1978-1997年城鎮和農村居民收入以及消費的基尼係數(表7.1)。從中可以發現，無論城鎮還是農村，收入差距變化都呈U字型，這說明，在改革初期收入差距縮小，進入80年代中後期以後，居民收入差距逐步拉大。

表7.1　城市、農村人均收入與消費基尼係數變化[*]（1978-1997）

年份	城市收入基尼係數	農村收入基尼係數	城市消費基尼係數	農村消費基尼係數
1978	0.0766	0.1000	0.0849	0.1276
1980	0.0692	0.1136	0.0751	0.0916
1982	0.0661	0.1304	0.0696	0.1014
1984	0.0710	0.1127	0.0790	0.1029
1986	0.0786	0.1194	0.0743	0.1088
1988	0.0949	0.1545	0.0816	0.1204
1990	0.1035	0.1279	0.0743	0.1264
1991	0.1109	0.1582	0.0729	0.1269
1992	0.1314	0.1651	0.0785	0.1282
1993	0.1499	0.1810	0.0902	0.1299
1994	0.1578	0.1876	0.0999	0.1348
1995	0.1509	0.2080	0.1263	0.1325
1996	0.1354	0.3384	0.1557	0.1680
1997	0.1365	0.1900	0.1160	0.1665

　＊　分省計算的地區差距。
　資料來源：歷年《中國統計年鑑》。

　　爲了弄清差異的來源，我們採用Theil entropy分解法，將人均收入總體差距分解爲東部地區內部差距、中部地區內部差距、西部地區內部差距和東中西部之間的差距。結果表明（見表7.2），在人均收入的地區差距中，東部、中部和西部地區之間差距的作用最重要，接近於50％，東部地區內部次之，略高於20％，中部和西部地區內部差距對總體地區收入差距的影響大致相同，均接近於15％。從變動狀況看，東部地區內部差距和中部地區內部差距所產生的影響略有下降，但並不顯著，西部地區內部差距的影響略有提高。

表7.2　東部、中部、西部地區內部及之間人均收入差距貢獻率

單位：%

年份	東部內部	中部內部	西部內部	東中西之間
1978	21.52	14.95	14.57	48.95
1979	21.21	14.78	14.67	49.34
1980	21.12	14.72	14.76	49.40
1981	20.79	14.75	14.87	49.59
1982	20.67	14.77	14.91	49.66
1983	20.61	14.81	14.95	49.64
1984	20.71	14.74	14.95	49.60
1985	20.74	14.73	14.92	49.62
1986	20.76	14.69	14.91	49.64
1987	20.73	14.66	14.85	49.76
1988	20.74	14.65	14.87	49.75
1989	20.84	14.62	14.81	49.73
1990	20.78	14.70	14.78	49.74
1991	20.77	14.61	14.66	49.96
1992	20.80	14.57	14.67	49.96
1993	20.99	14.43	14.61	49.96
1994	21.09	14.36	14.68	49.87
1995	20.88	14.39	14.58	50.15

　　按照相同的方法，我們還分析了農村內部、城鎮內部和城鄉之間的人均收入差距，對總體地區收入差距的影響。從表7.3可以看到，城鄉之間差距對總體差距的影響最大，始終保持在一半左右，農村和城鎮內部差距的作用占另外一半，其中農村內部差距的的影響更大一些。從變化狀況看，農村內部的差距在總體收入差距中的貢獻份額上升最快，從1978年的23.82%提

高到1995年的27.02％，城鎮內部差距的影響也有所提高，但不如農村那樣明顯，僅從22.82％提高到23.47％。十分有趣的現象是，城鄉之間收入差距對總體地區收入差距的貢獻雖然占重要的地位，卻從53.36％下降到49.51％，呈下降趨勢。人們通常注意到改革以來城鄉收入差距的擴大，卻沒有注意到這種差距在決定總體差距中的份額處於降低的態勢。

表7.3　城鎮、農村內部及之間人均收入差距貢獻率

單位：％

年份	農村內部	城鎮內部	城鄉之間
1978	23.82	22.82	53.36
1979	24.16	23.21	52.63
1980	24.45	23.63	51.92
1981	24.72	23.95	51.33
1982	25.04	24.20	50.76
1983	25.33	24.43	50.24
1984	25.73	24.37	49.89
1985	25.17	24.36	50.47
1986	25.06	23.93	51.01
1987	25.23	23.98	50.79
1988	25.36	24.05	50.58
1989	25.38	23.77	50.85
1990	26.12	23.86	50.02
1991	26.27	23.65	50.08
1992	26.15	23.56	50.29
1993	26.10	23.40	50.50
1994	26.42	23.37	50.21
1995	27.02	23.47	49.51

　　分省資料的不足是掩蓋了各省內部存在的差異。爲此,我們利用1992年的分縣數據分析了全國和各省內部的收入差異。計算結果表明,全國以分縣計算的人均收入、農村地區人均收入和城市地區人均收入的基尼係數,都如預期的比以分省計算的同類基尼係數大。多數省份以縣爲單位計算的人均收入基尼係數小於全國以縣爲單位計算的人均收入基尼係數,說明多數省份內部的收入分配比全國的收入分配均勻,但廣東、雲南、甘肅和寧夏四個省份是例外。而北京、天津、上海等三大都會的人均收入的差異最小。

　　在城鄉、地區間收入差距擴大的同時,最近幾年農民收入增長極爲緩慢,消費水平相對下降,各種提留在許多地方成爲農民的巨大負擔。在農村發展快於城市的情況下出現城鄉收入差距拉大,顯然是不正常的經濟現象。如果這種不正常的現象長期得不到糾正,不僅會影響基層政權的穩定,還有可能導致政治風波,地區間收入差距的擴大,特別是進城農民與留鄉農民收入差距過於懸殊[8],還會引發盲目的勞動力流動,如果這種流動又得不到戶籍制度改革、城市基礎設施建設的支持,民工就時刻面臨著被當作「盲流」趕回老家的威脅,民工因無法形成穩定的預期而採取的短期行爲,很可能成爲影響社會治安的一大隱患,並有可能導致急劇的社會震盪。

---

8 有關調查表明,後者的收入僅爲前者的23.6%。

表7.4　利用1992年分縣資料計算的基尼係數

	人均收入	農村人均收入	城市人均收入
全國(分省)	0.1484	0.1437	0.0910
全國(分縣)	0.3519	0.2003	0.1448
北京	0.0446	0.1330	
天津	0.1434	0.0251	
河北	0.2996	0.1741	0.0616
山西	0.3158	0.1460	0.0951
內蒙古	0.2331	0.1328	0.0691
遼寧	0.2408	0.1475	0.0631
吉林	0.1991	0.0491	0.0505
黑龍江	0.2142	0.1240	0.0991
上海	0.1171	0.0893	
江蘇	0.2991	0.1575	0.0813
浙江	0.3134	0.2258	0.0498
安徽	0.2593	0.1258	0.0533
福建	0.2375	0.1006	0.1229
江西	0.2154	0.1578	0.0289
山東	0.3118	0.1336	0.0586
河南	0.2470	0.1301	0.0798
湖北	0.3122	0.1554	0.0572
湖南	0.2272	0.1181	0.0700
廣東	0.3969	0.1239	0.1194
廣西	0.2455	0.1710	0.0475
海南	0.2949	0.0818	
四川	0.3038	0.1752	0.0445
貴州	0.3385	0.1770	0.0386
雲南	0.3886	0.2515	0.0499
西藏	0.1644	0.1644	
陝西	0.2954	0.1320	0.0652
甘肅	0.3803	0.2362	0.0706
青海	0.3069	0.1510	
寧夏	0.4259	0.3026	
新疆	0.3141	0.1524	0.1048

註：城市樣本數3個以下的省區，沒有計算基尼係數。

7.6 糧食供給潛力問題

　　中國在過去幾十年中，成功地以一個耕地稀缺的資源稟賦，養活了世界21％的人口。這一成就得到高度評價。然而，1979年改革開始以前的中國農業，實際上並不存在真正傑出的成就。自從1970年代末實現以家庭責任制代替生產隊制度，開放農村產品和生產要素市場，放開除糧食和棉花以外的農產品價格，農業的增長才真正創造了奇蹟。但是，一方面由於1980年代中期以來糧食生產反復出現波動，另一方面由於中國人口的增長、自然資源的狀況、中國經濟比較優勢的變化，以及她的巨大經濟規模對世界糧食市場可能的影響，從1980年代中期以來，中國的糧食增長不斷成為國際社會、中國政策制定人和海內外學者高度關注的對象。

　　從糧食需求角度看。首先，目前中國人均營養水平高於世界平均水平，但與發達國家相比差距仍然很大，特別是從動物產品中攝取的營養太少(表7.5)。誠然，人們的膳食結構並非僅僅由收入水平單獨決定，而是由一系列經濟的、文化的因素所決定的。但是，根據香港、韓國、日本的經驗判斷，隨著中國居民的人均收入水平提高，對動物性食品的需求也將成比例地大幅度增加。這意味著，雖然收入水平增長後，人均直接消費的糧食量會下降，但由消費動物性食品而增加的糧食間接消費量，將抵銷直接的糧食消費需求下降的效果。此外，人口的增長也會增加糧食的直接消費量。目前中國人口總量達到12.8億，

到2030年還要增長30％到40％，即使保持目前的糧食消費水平不變，屆時中國糧食需求也將大幅度增加。

表7.5 人均每日營養水平及來源（1995年）

	中國大陸		發達國家		香港		韓國		日本	
	總量	動物性	總量	動物性	總量	動物性	總量	動物性	總量	動物性
能量(千卡)	2741	506	3191	861	3285	1048	3268	511	2887	596
蛋白質(克)	72	24	98	55	109	78	85	35	96	53
脂肪(克)	69	44	114	63	137	72	82	38	80	36

資料來源：FAO, *FAOSTAT*.

其次，人均收入水平的增長也將增加對蔬菜和水果的需求，這也會與糧食生產競爭有限的耕地資源。農村改革以來以及隨著過去20年居民收入水平的提高，適應於消費結構的變化，種植業的生產結構發生了很大的變化。從播種面積的變化來看，糧食播種面積所占比重，已經從1978年的80.3％下降到1996年的73.8％，同期蔬菜和水果的種植面積，則從2.5％提高到7.7％。與此相類似地，對淡水養殖產品的需求增加也會減少種植糧食和其他農作物的土地數量。此外，與收入水平提高同時發生的釀造業的迅速發展，都會增加對糧食的需求。

從糧食供給的角度看。糧食生產水平的繼續增長，以及中國食品安全水平的保障，有賴於科學技術進步的潛力和政策手段的正確與否。自1959～1961年農業大危機以後，中國糧食科學研究主要依靠自己的努力，在許多方面居於世界領先地位。1966年位於菲律賓的國際水稻研究所開發出半矮乾水稻品種，

標誌著綠色革命的開始。而中國在1964年就開發並推廣了同類品種，並且於1976年推廣種植雜交水稻。直到1990年代，中國仍然是世界上唯一大面積生產雜交水稻的國家。近年來中國雜交水稻之父袁隆平教授正在從事雜交水稻由三系向二系過渡的研究。一項對於中國農業科研優先序的研究表明，中國在試驗田所已經達到的最高單產水平，大約為目前大田糧食平均單產水平的1.5～3.5倍。這意味著，中國糧食增產潛力是巨大的。

　　然而，依靠科學技術進步提高糧食產量，需要有正確的政策保障。目前在一系列與農業有關的政策上，存在著不利於糧食持續增產的傾向。首先，糧食價格受到人為壓抑。正確的價格信號是糧食生產者積極性的重要保障。過去20年的改革使大部分農產品價格轉到由供求決定的市場機制上。目前，約80%的農產品價格已經由市場決定（表7.6）。然而，糧食恰恰是極少數尚未形成完全的市場機制的農產品中最重要的部分。糧食價格仍然在相當大的程度上由政府決定，因而自然形成相對價格水平隨政府對糧食生產的判斷而波動的情況，農民積極性時有時無、時高時低，造成產量的波動，也影響生產水平提高和科技應用。除此之外，中國糧食價格應該在何種程度上，以及怎樣與國際市場銜接，也是一個重要的政策影響因素。

　　隨著人均收入水平的提高，中國經濟的比較優勢正在並將繼續發生變化。在農業中，糧食生產要求更多的土地和較少的勞動，恰恰與中國農業的資源比較優勢相反。所以，維持一個過高的糧食自給自足比例，也將影響糧食生產成本以及農民從事糧食生產和應用新技術的積極性。

表7.6 不同價格形成機制在農產品收購總額中的比重

單位：%

	1990	1992	1994	1996
政府定價	25.0	12.5	16.6	16.9
政府指導價	23.4	5.7	4.1	4.1
市場價格	51.6	81.8	79.3	79.0

資料來源：《中國物價》，1997年第12期。

其次，政府對農業研究的投資不足。1990年代農業科研融資政策的改革，成為整個市場化改革的一部分。政府減少了對農業科研的財政撥款，融資從固定的支持方式，轉向競爭性資助，並鼓勵將其技術商業化，以部分收益補貼科研活動。儘管來自技術商業化的實際收入顯著增加，但是用於補貼科研活動的比重很低，遠遠不能彌補財政撥款的減少。新的農業技術如基因工程需要大量的科研資金投入，政府這方面融資的減少，會損害中國長遠的農業科研能力。與此相關的問題是，從事農業研究的科學家和推廣人員的報酬太低，人員流失嚴重。一個高級育種人員的工資大約僅相當於一個非熟練體力勞動者的報酬。這種收入分配制度，對出色的青年學生選擇從事高級農業研究產生阻礙作用，挫傷了許多在國外接受教育的天才農業科學家回國的積極性。隨著中國經濟市場化程度的加深，這種障礙將越來越大。事實上，農業科研系統從1980年代中期以來就開始大量流失人才，1986～1996年的10年間，不包括大學教師在內的政府農業科學家總數從23.3萬人，減少到19.7萬人，減少15％。

最後，農業基礎設施投資有所減少。中國大陸人口占世界總人口的21％和欠發達地區人口的38％。而中國人均耕地大約只有0.1公頃，僅相當於世界平均水平的40％。而且，中國是世界上最乾旱的國家之一，且年降雨量分布十分不均勻；徑流量低於世界平均水平，只有1/3可供開發。隨著經濟發展和人口增長，從人均標準來看，能夠用於農業的土地和淡水將越來越少。一方面，由於房屋建設、道路修建、工業設施和基礎設施的建設，耕地趨於逐年減少；另一方面，人口壓力還會引起農業生態環境退化，適於耕種的土地減少。因此，採取措施保護資源基礎不受侵蝕、防止水旱災害、提高土壤肥力十分重要。改革以前，中國政府動員勞動力進行基本農田建設的能力十分著名，而實現家庭責任制以後，組織這類活動的能力減弱，因此政府對農業基礎設施建設，以維持和改良農業資源基礎就越來越重要。

1980年代以來，政府財政支出中用於農業的份額，以及預算內基礎設施投資中的農業份額，都沒有顯著的增加，而是隨著糧食產量的波動而起伏。由於生態環境壓力及農業基礎設施投資減少，中國農業抵禦自然災害的能力下降，災害發生的頻率和受災後造成的損失程度都大大提高。如果政府不能增加這方面的投資，中國農業系統抵禦自然災害的能力將進一步降低，難以達到持續、穩定增加單產和總產量的目標。

第八章
經濟改革與持續發展的內外部環境

　　當前中國經濟的確處於一個十字路口。在國內，改革和發展需要克服上一章討論過的一系列急需解決的問題；與此同時，以東南亞金融危機為代表的外部經濟環境，也對中國經濟發展提出了挑戰。如何應對這些國內外制約因素，從而在不利的經濟環境中保持中國經濟的持續增長，決定了能否保持中國過去20年的改革與發展成果，並繼續這個過程，以至最終完成改革的任務和實現發展的目標。

　　我們所要徹底改革的傳統經濟體制本身是一個複雜的制度安排的組合，其各個部分在邏輯和歷史上是互相呼應和相關的。要最終完成改革任務，並靠改革的成功保持中國經濟持續、快速、健康地增長，有待於形成嶄新的宏觀政策環境和以市場機制為基礎的資源配置制度和微觀經營機制。而這既有賴於國有企業改革的最終完成，又有賴於發展戰略的根本轉軌。本章從進一步分析第七章揭示的問題的體制根源入手，闡述問題之

間的聯繫，以及提出深化改革的思路。

8.1 國有企業改革與經濟體制的整體配套性

正如已經討論的，中國經濟傳統模式的形成是一個符合邏輯的內生過程。它的起點是重工業優先發展戰略的選擇。為了推行這個與當時比較優勢不相符合的發展戰略，以扶持在市場經濟條件下不具生命力的戰略性產業發展，政府出面實行全面扭曲產品和生產要素價格的宏觀政策環境。在這種宏觀政策環境下，稀缺資源的分配自然需要借助於高度集中的計畫體制。

進而，為了控制經濟增長過程中產生的剩餘，以便把重工業優先發展戰略繼續推行下去，進一步實行了工業經濟的國有化和農業經濟中的人民公社化，這成為傳統體制模式中的微觀經營機制。可見，傳統的經濟體制是一個三位一體的配套結構。然而，傳統特徵的弊端，卻直接體現在微觀經營機制上面。突出的表現是激勵機制的缺乏和效率的低下。

因此，迄今的改革通常是為了改善激勵機制以提高經濟效率。改革是從微觀經營制度入手，其基本做法是程度不同的放權讓利，產生的效果是「一放就活」。微觀經營層次自主權的增加，自由處理的產品和留利增加，必然要求在資源配置制度和宏觀政策環境上作出相應的改變，改革也由此被推進到了更深的層次。但是，由於保護在趕超戰略下產生的，而在市場經濟中缺乏自生能力的國有大中型企業，以及扶持那些在政府的發展戰略目標尚未根本轉變條件下新建的國有企業的需要，使

得經濟體制的改革難以徹底。

國有企業改革之所以需要保護，主要由於兩個原因。第一來自於過去推行重工業優先發展戰略時遺留下來的一系列政策性負擔。諸如職工養老、企業冗員和部分價格扭曲這些政策性負擔增加了企業的經營成本。第二是一些大型國有企業仍然要執行政府的戰略性任務。也就是說這些國有企業無法按照中國的比較優勢來調整產品結構，明明企業處於不具自生能力的產業之中，卻又受到政策的約束而無法轉產。

在這兩種制約條件下，過去放權讓利式改革未能真正建立起公平競爭的市場。由於政策性負擔的存在，國有企業盈利狀況還不能作為市場經濟條件下的充分信息指標，企業所有者與經營者之間的激勵不相容、信息不對稱，以及責任不對等的問題就無法解決。不能有效地對經營者進行獎懲，經理人員也就不會樂於通過保持與國家利益一致來增加收入，想方設法地增加企業留成分額和侵蝕國有資產，便成為實現個人收入最大化的基本途徑。在放權讓利的思路下，企業改革越是深入，經營者與所有者利益的背離幅度越大，經營者行為的規範程度就越低，不僅國有資產的經營效益不能提高，而且還會不斷被侵蝕。

同時，由於國家對其政策造成的企業負擔負有責任，企業便可以據此向政府尋求各種政策性優惠。而且，當企業出現虧損時，也有借口向政府要政策性補貼。在信息不對稱的情況下，國家無法區分政策性虧損和經營性虧損，企業傾向於把所有虧損都歸咎於政策性負擔，政府也只好把所有虧損承擔下來。企業預算約束因而軟化，而一旦有了軟預算約束這個保護傘，國

有企業經理人員改善經營管理的積極性就更低了 [1]。

　　國有企業政策性負擔的存在，同時也妨礙了金融體制的改革。金融體制改革方向應該包括三個方面，即利率的市場化，金融機構多元化和銀行商業化。其中，利率市場化是核心。然而，由於中國仍然處於資本稀缺的發展階段，利率的放開必然意味著利率水平將根據中國經濟中資本的相對稀缺性，有一個較大幅度的提高。但是，1983年實行「撥改貸」以後，國家對企業的補貼主要通過國有銀行的低息貸款進行，因此政府遲遲下不了決心徹底改變利率的形成機制，利率只好仍然保持在低於資金市場價格的水平 [2]。

　　在繼續實行低利率政策的條件下，以及為了保持這個低利率的有效性，金融機構的多元競爭是不能允許的，銀行的商業化也只能是形式上的改革。因為一旦金融機構出現多元競爭的局面，非國有銀行可能會以較高的效率和更好的服務，把國有銀行的存款吸引過來，使得國有銀行以低息貸款補貼企業的任務無法完成。此外，如果不改變低利率政策，銀行信貸需求大於供給的狀況仍將是常態，信貸資金就仍然要靠行政手段來分配，銀行歸根結柢不可能真正實現商業化經營。

1　Justin Yifu Lin, Fang Cai and Zhou Li, "Competition, Policy Burdens, and State-Owned Enterprise Reform", *American Economic Review*, vol. 88, no. 2 (May 1998), pp. 422-27；林毅夫、蔡昉、李周，《中國國有企業改革》(香港：中文大學出版社・台北：聯經出版公司，1999)。

2　中國生產要素價格改革滯後於產品價格的改革這一現象，許多經濟學家都觀察到了。參見Lardy, Nicholas, *China in the World Economy*, Washington, DC.: Institute for International Economics, 1994, pp. 8-14.

實際上，鄉鎮企業和其他非國有企業，很久以來就在很大程度上接受了接近於市場水平的利率。而這些部門仍然比國有經濟部門有更快的增長速度，其在國民經濟中的份額不斷擴大。這意味著，利率改革延緩的癥結不在於這種改革是不是必要的，而在於前述各種壓在國有企業身上的政策性負擔，從而國有銀行仍需執行補貼企業的政策性任務。而且，由於國有企業的低效率，其大量貸款無法按時償還而成為呆帳和壞帳，使國有商業銀行的經營中潛伏著各種危機。

在低利率政策環境尚未改革的條件下，資金的供給量遠遠低於資金的需求量，形成一個較大的資金供求缺口，資金總是處於短缺狀態。在傳統經濟體制中，企業固然有強烈的投資饑渴和貸款需求，只是因為信貸規模及其配置受到中央政府的嚴格的計畫控制，貨幣發行基本上能夠維持在總量目標之內，因而通貨膨脹通常不會發生。

但是，總需求長期大於總供給這樣一種非均衡狀態，已經孕育了通貨膨脹的病源，或者說中國經濟早就處於一種受到抑制的通貨膨脹狀態中。1980年代初開始的微觀經營機制改革和資源配置制度改革，推動了金融體制上的放權。隨著1984年經濟改革在城市全面推開，1985年下放了信貸審批和分配權，各專業銀行對中央銀行、各地方銀行對總行不再實行統收統支的大鍋飯制度，各專業銀行和各地方銀行實行多存可以多貸、自求資金平衡的辦法；取消了絕大部分的分項指令性計畫，實行總量性的指導性計畫。由於低利率的宏觀政策環境並沒有隨之改變，這就形成了通貨膨脹顯在化的條件。由於非國有經濟可以採用尋租的方式

取得按計畫本該貸給國有企業的資金中的一大部分，國家爲了保護國有企業的生存和發展，只好用增發貨幣的方式彌補信貸資金的不足。於是，潛伏了爆發嚴重通貨膨脹的危機。

　　每一次高通貨膨脹的爆發，都是經濟改革不配套的結果，即相對於微觀經營機制和資源配置制度的放權讓利改革而言，以低利率爲中心的宏觀政策環境改革大大滯後。迄今爲止反覆出現的通貨膨脹的共同原因是：在資金流通系統內部資金需求總額超過可能的資金供給量，而管理體制上又不再能夠有效地用指令性配置的辦法強制實現資金可配置額和實際配置額的平衡，只好由資金流通系統外的貨幣管理機構被動地增發新貨幣，以補足資金供需缺口。這是利率過低和調節機制不健全的必然結果。由此我們稱改革以來出現的通貨膨脹是內生型的通貨膨脹。

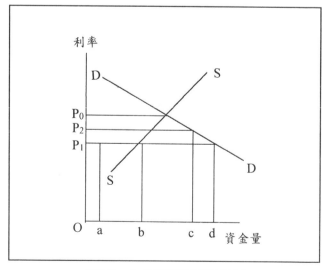

圖8.1　內生型通貨膨脹機制

　　經濟改革以來中國出現的內生型通貨膨脹的形成，可以用圖8.1來說明。圖中P₀為市場形成的利率水平，或反映資金供求的均衡利率。與這個利率相對應的資金供給量和需求量是相等的，市場利率的變化能夠調節資金的供求，貨幣發行量因而成為一個可以控制的宏觀變量。

　　在低利率的宏觀政策環境下，利率被人為壓制在市場決定的水平之下，如P₁。在這個利率水平上，資金供給量(Ob)和需求量(Od)不再相等，形成資金缺口bd。在嚴格的計畫體制下，計畫部門和金融管理部門通過信貸計畫將可投放的資金量Ob在全部資金需求者之間進行分配，既能體現國家戰略目標，又不會發生貨幣的超量發行。假設這時國有企業是唯一值得關注的經濟成分，所以我們可以假定國有企業取得數量為Ob的總貸款全部來自儲蓄。在企業經營制度和金融管理體制都有所改革的情況下，經濟中新生出越來越大的非國有經濟成分。這類企業具有更靈活的經營機制和較強的競爭能力，可以付較高的名義利息或通過賄賂銀行，以高於P₁的實際利率(譬如P₂)取得貸款。而這時信貸管理上的分權和金融機構自身利潤動機的增強，使這種貸款額爭奪成為可能。為使模型簡潔，我們假定這種爭奪的結果是非國有經濟得到了全部由儲蓄轉化的貸款的bc部分，而國有企業缺乏競爭貸款的能力，只能得到Oa(即Ob減去bc)這個較小的比例。然而，由於國家並沒有完全放棄重工業優先發展戰略，非國有企業又不能執行這個戰略，所以仍然要保證大中型國有企業的低利率資金需求。假設這個要求的數量仍然為Ob，則為了補足ab這塊資金需求，只好靠增發票子來滿足。於

是便形成內生型通貨膨脹。在低利率的政策環境沒有改革的情況下，擴大金融管理機構的自主權，放鬆對信貸和投資的控制，就會出現一輪以信貸擴張支撐、投資拉動的高速經濟增長，也就是所謂的「一放就活」現象。進而出現貨幣增發和通貨膨脹，即「一活就亂」的現象[3]。

在低利率政策沒有根本改變的情況下，應付這種「一活就亂」的辦法就是採用壓貸款、砍投資、加強中央控制的治理、整頓辦法，進而導致傳統經濟體制復歸，資源配置傾向於效率較低的國有經濟。「一收就死」是傳統經濟體制復歸的必然結果；效率與速度的要求便又被凸顯出來，於是再一次放開。與此同時，尋租現象產生於價格雙軌制，尋租動力產生於制度租金的數量、取得的可能性和占有的風險性，因此，每當出現經濟過熱，各種生產資源都出現嚴重短缺，資源的計畫價格與市場價格差額達到最大時，尋租行為最為活躍。在我們所說的「活亂」循環中，尋租及其伴生的經濟生活中的腐敗現象，與瓶頸制約和通貨膨脹成為共生的表現，成為「活亂」循環中經濟形勢變壞的標誌。

同樣地，主要農產品和礦產品價格不能真正由市場機制決定，也妨礙了各地區比較優勢的發揮，造成並擴大區域間的發展不平衡和收入差距擴大。為什麼在中國確立經濟改革的目標

---

3 關於1980年代和1990年代初中國通貨膨脹的分析，可分別參閱林毅夫、蔡昉，〈論我國通貨膨脹及其治理〉，《發展研究通訊》，1989年第2期；林毅夫、蔡昉、李周、沈明高，〈當前經濟改革與發展中的主要問題及其對策〉，《經濟工作者學習資料》，1993年第23期。

是建立市場經濟體制之後，價格改革仍然保持著一個死角，即能源、原材料、交通和糧食等產品的價格遲遲未能放開呢？這在很大程度上也與國有企業的職能未有根本轉變有關。

　　能源、原材料和交通部門所提供的產品或服務，其價格的形成具有區別於其他部門的特點。第一個特點是這類產品或服務具有相對小的需求價格彈性，即價格變動對需求的影響相對較小。這是由於這類產品和服務是滿足國民經濟各部門基本需求的，維持各部門的基本生產規模和發展速度，要求一個比較確定的需求數量。這個數量是由發展本身決定的，受價格變動的影響相對較小。另外，這類產品和服務的可替代性較小，價格變動後由替代效果產生的需求量變化也較小。

　　第二個特點是這類產品或服務具有相對小的供給價格彈性，即價格變動對供給量的影響較小。這是因為這類基礎產品生產能力的形成周期比較長，要求的投資規模比較大，受資源的約束也較強，所以在一定的周期裡，價格變動對其供給數量變動的影響較小。

　　一般來說，各種產品的供給和需求都不是固定不變的。通常，隨著經濟增長，對一種產品的需求也會增加。需求增加後會引起產品價格提高，後者又刺激供給增加，從而價格又會下降一些。在這個過程中，供給、需求不同的產品，有著不同的變化特點。圖8.1對比了基礎產品和普通產品在這個均衡過程中的不同之處。在圖8.2中，基礎部門產品的情形用左邊圖型表示，其供給彈性和需求彈性都較小的特點表現為圖中供給曲線和需求曲線都更傾向於與橫軸垂直。普通商品的情形由右邊

圖型表示，供給彈性和需求彈性相對大，供給曲線和需求曲線較為平緩。

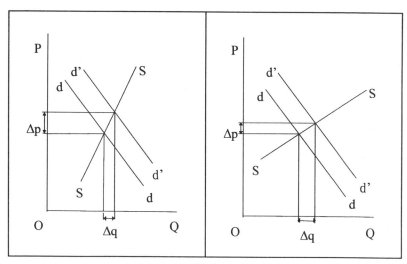

圖8.2　供給彈性與價格效應

　　通過這兩張圖的對比可以看出，在需求增長幅度相同的情況下，若想通過價格上漲使供給與新的需求相適應，基礎產業產品和服務的價格上漲幅度就會更大一些。其實際含義是，對於基礎產業所提供的產品和服務來說，一方面對於需求擴大的反應相對遲鈍，另一方面，如果沒有較大幅度的價格刺激，新的生產能力就難以形成，就不能打破由其供給不足導致的「瓶頸」制約。

　　然而，由於國有企業的改革未完成，仍然要從能源、原材料的保障上和資金、外匯的配置上對大中型國有企業實行保

護，它們才能在市場上繼續生存。而基礎產業處於國民經濟產業鏈條的上游位置，其產品和服務的價格變動所產生效果的涵蓋面廣、波及鏈條長。爲了不改變大中型國有企業的生產條件，國家就傾向於遲遲不對這些產品和服務的價格進行比較徹底的改革，通常只是採取審慎而小幅度的調整相對價格的方式。

　　價格改革上的這種不徹底性，一方面無法形成足夠的價格刺激，以改善這些產品的供給條件，打破瓶頸制約；另一方面，還孕育了比價復歸，即導致這些產品相對價格再次跌落到谷底的輪迴。這是因爲每次對基礎產業的產品和服務價格作出調整時，爲了保障下游產業中國有企業的生產有利性，通常允許後者作相應的價格調整，從而事實上構成一個調價鏈條；此外，那些已經處於價格雙軌制環境中的部門和企業也會通過改變計畫軌和市場軌的相對範圍和提高市場價格等方式實現「自行調價」。由於對生產行爲起作用的並非價格總水平而是相對價格，基礎產業的產品和服務缺乏市場調節機制，國家控制的調價過程不僅滯後而且幅度小，因此，每次「調價」都不能達到預期效果，不僅造成價格輪番上漲，而且很快又比價復歸。由於基礎產業的產品和服務的價格總處於比價結構中的谷底，因而短線總是短，最終只能將速度強制降到瓶頸制約的低水平上來。

　　另一方面，由於這些基礎產業部門又是國有企業的傳統生產領域，所以，國有企業本身也受到價格改革滯後的不利影響。在上面一章中，對此已經作了論述，此處不再贅述。

　　城鄉和地區間收入差距拉大的主要原因，同樣是傳統經濟體制下以扭曲要素和產品價格爲特徵的宏觀政策環境，致使由

現存的價格體系所形成的地區「經濟上」的相對比較優勢和該地區「資源結構上」的相對比較優勢相背離。例如，農民收入相對下降的主要原因首先是政府採取了一些抑制農民發揮比較優勢的政策。1989-1990年政府強制農民種糧和大砍鄉鎮企業，結果是，1989年農民人均純收入下降了8.4％，1990年僅上升了1.5％，扣除物價上漲因素後的人均純收入仍低於1985年的水平。其次，當潛在生產率隨著家庭承包制的全面推行釋放完畢之後，新的比較優勢受價格扭曲的影響無法表現出來，嚴重制約了大多數農民的收入增長。

近些年來，東部與中、西部農村的發展有很大的不同，東部沿海地區農村較好地發揮了自己勞動力相對豐富的比較優勢，發展了勞動力相對密集的鄉鎮企業，使經濟得到了快速增長；中、西部地區農村由於其具有比較優勢的土地密集型產品如糧食、棉花和礦產品的市場和價格受到抑制，東部地區越發展，從中西部地區購買的農產品和礦產品就越多，形成較為貧困的中西部地區補貼相對發達的東部地區的局面。因此，中西部地區難以利用這些比較優勢來加速經濟發展。

在這種宏觀政策環境下，東部地區的發展無法成為中西部地區發展的拉動力，東、中、西部地區間的收入差距拉大問題，必須理順宏觀政策環境，建立全國一體化的市場體系，使價格體系形成「經濟上」的相對比較優勢能夠同資源結構形成的相對比較優勢統一起來。在這樣的市場體系下，沒有人為的仰價和抬價，產品和要素能夠自由流動，並在市場的供需變動中表現出它們的相稀缺程度，能夠為各地區判定和利用自身的比較

優勢提供準確的信息。各地區利用這些信息形成具有比較優勢，因而在市場上具有競爭力的產業或產品結構，就能夠加快經濟發展；而且每個地區都會隨著經濟發展不斷按照比較優勢的變化調整產業和產品結構，爲別的地區的產品創造需求或讓出市場。例如，隨著東部地區經濟發展和產業結構升級，需要從中西部地區購買越來越多的農產品和礦產品，這些產品價格就會隨之上漲，從而東部地區的發展會成爲拉動中西部地區發展的動力，進而地區間收入差距的問題會在經濟發展過程中得以解決。

　　庫茲涅茨利用多國經濟統計數據作出的定量分析表明，在經濟發展過程中收入分配具有先差距逐漸拉大然後再穩定縮小這樣一種「倒U字型曲線」的變化特徵[4]。然而，中國臺灣省的收入差距隨著經濟發展逐漸縮小的實際情形表明，收入分配變化的「倒U字型曲線」特徵並不具有客觀必然性。臺灣的情形並不是一個孤例。其他較好地發揮自身比較優勢的經濟，如韓國，也表現出同樣的特徵[5]。這說明在經濟發展過程中收入分配差距拉大，是與特定的條件相聯繫的。只要消除這一特定的條件，就完全可以避免收入差距拉大的現象，所以需要研究的是如何形成能避免經濟發展過程中收入差距拉大的條件，而不是判定何時到達「倒U字型曲線」的頂端。

　　臺灣的經驗表明，在勞動力多的地方，如果能夠形成充分

4　Simon Kuznetz, *Economic Growth of Nations Total Output and Production Structure*(MA: Harvard University Press 1971).

5　Myer, *Leading Issues in Economic Development*(New York: Oxford University Press 1988), p. 16.

發揮比較優勢的宏觀政策環境，就可以從發展勞動密集型的產業入手，使一定數量的資金容納更多的就業量，使工資在要素收入分配中占有更大的份額，就可以消除經濟增長中可能出現的收入差距拉大的現象。隨著經濟發展勞動力就會從相對過剩變成相對不足，勞動工資的絕對水平和勞動工資在國民收入中所占的比重就會隨著經濟的增長不斷提高。在這樣的條件下再逐步發展資金密集型產業，也不會導致收入差距拉大。

中國的經濟領導人和一些經濟學家認為，收入差距拉大的主要原因是政府對農村，對中、西部地區支持不夠造成的。只要在政策上向農村和中、西部傾斜並加大傾斜力度，這個問題就能迎刃而解。在所提出的一些政策建議和方案中，較有影響力的有四個：第一，從政府對農業實行價格支持等保護政策入手，逐步消除工農業產品價格剪刀差，進而解決城鄉間發展不平衡的問題。第二，從政府提高中、西部投資占國民經濟總投資的份額入手，逐步縮小地區間資本豐度的差異，進而解決地區間發展不平衡的問題。第三，從中、西部利用自然資源豐富的比較優勢，形成直至生產最終產品的產業鏈入手，逐步縮小地區間產品附加價值率的差異，進而解決地區間發展不平衡的問題。第四，從地方政府進行低價資源產品和低價最終產品的串換入手，逐步縮小地區間產品交換中的利益差異，進而解決地區間發展不平衡的問題。

這四個政策建議和方案實際上都有顧此失彼之不足。其中，第一種做法不僅不能為農村和中、西部發展創造條件，而且會導致整個國民經濟背上沉重的包袱而墜入無法發展的「陷

阱」；第二種做法同資本應該流向利用效率更高的東部的客觀要求相抵觸；第三種做法會帶來東部因缺乏原料而無法將現有生產能力充分利用起來，中、西部因缺乏技術優勢而致使優質資源生產不出優質產品，進而宏觀經濟效益大幅度下降的問題；第四種做法則有政府跳不出直接干預企業生產經營活動的窠臼和市場發育受阻等弊端。一言以蔽之，雖然這四種做法的出發點和途徑有所不同，但它們在依靠計畫調控的辦法而非市場的辦法，犧牲了效率卻換取不了公平等至關重要的方面卻是共同的。

我們以農業保護為例加以說明。所謂農業保護就是用人為手段使農產品價格高於市場價格。它會帶來兩個問題：其一是農產品過剩。市場價格是供給和需求相等的價格，若支持價高於市場價，供給就要大於需求，造成過剩；其二是刺激高成本的生產方式。邊際成本等於邊際收益是資源配置中的均衡點，支持價高意味著邊際收益高，它必將刺激高成本的生產方式。

由此可見，實行支持價的實際效果是刺激農民以高成本的生產方式生產出剩餘。如果吸納剩餘的責任由政府承擔，其財政將不堪重負；如果政府不承擔責任，價格隨著產量的增加而降低，農民將承受更大的損失。

解決糧食問題的根本出路在於放開糧食價格，讓市場供求決定價格，調節生產。在糧食生產的資源配置轉到市場機制之後，對糧食市場干預程度的降低可以減輕政府財政負擔，使政府更有能力對農業的科學研究和技術推廣給予支持。依靠市場的調節作用和科學技術進步的潛力，中國就可以達到糧食基本自給的目標。與此同時，中國也應該根據資源比較優勢的變化

趨勢，在保障食品安全的前提下，充分利用國際市場來解決糧食問題，以降低成本，發揮比較優勢。

可見，目前經濟生活中的各種問題，以及經濟改革的種種難點，歸根結底源於體制改革的不配套，而不能徹底改革傳統體制的原因又在於國有企業改革的滯後。因此，經濟體制改革的深入和徹底走出「活亂」循環，有賴於國有企業改革的成功。從前面的分析可見，完成國有企業改革，需要從解除國有企業承受的政策性負擔出發，建立公平競爭的市場環境以形成反映企業經營績效的充分信息，進而逐步形成和選擇出適宜的企業內部治理結構，最大限度地避免經營者的機會主義行為，實現所有者與經營者的激勵相容。一旦國有企業改革成功，國家就沒有必要為了保護國有企業而繼續維持低利率和主要初級產品的低價格，金融體制和利率改革就能夠順利進行，地區差距問題和糧食生產問題可以通過市場來逐步解決，腐敗問題也失去其存在的制度根源。

8.2 深化改革與防範金融危機

在第四章我們已經就東南亞金融危機發生的原因、處理和後果作了分析。歸根結柢，從中國經濟發展的角度總結這些經驗，是為了吸取教訓，以便從發展戰略、經濟結構、產業組織制度、經濟開發布局和金融體制等方面著眼，防範於未然。

首先，產業的發展應繼續充分利用中國的比較優勢。韓國人為扶持大型企業集團的教訓表明，超越發展階段的產業政

策，削弱了本國產品的競爭力，導致企業獲利能力低，自我積累能力弱化。企業的擴張，大量依靠內債和外債，加大了金融風險。從中國的發展階段看，勞動力豐富仍然將是較長一段時期的資源稟賦特徵。根據這一比較優勢建立起來的企業競爭力強，獲利能力高，自我積累迅速，而且規模一般不需要很大，可以以國內資金積累為主，因而不會形成過度依賴外債發展經濟的格局。按照資源比較優勢形成的產業結構和產業組織，通常具有較高的市場競爭力，從而回報率高，償債能力也強。隨著資源結構的升級，資金逐漸由相對稀缺變為相對豐富，勞動力由相對豐富變為相對稀缺，產業結構和技術結構將隨比較優勢的變化而升級。這樣的發展戰略將有利於國民經濟持續、穩定、快速發展，較快地縮小與發達經濟的差距。

其次，在中國目前的發展階段上，對於國外資金應該以鼓勵直接投資為主。對一些資金和技術相對密集的產業，可以以國內的廣闊市場為吸引力，吸引外國企業到中國辦廠，或鼓勵外資與中國企業合作生產。這種引進外資的形式既可以利用相對廉價的外資彌補國內資金不足的劣勢，又可以通過資金和設備的引進實現適宜的先進技術向國內轉移，而投資的風險卻由投資人自己承擔。特別是，直接投資的流動性較低，不易受心理和短期預期因素的變動影響而大進大出，從而避免國內經濟與之相呼應而大冷大熱。對於開放中國資本市場，特別是允許外國資金直接炒賣炒買具有較強流動性的國內股票、債券和允許國內企業借用短期外債融資，則需要採取十分謹慎的步驟。至少在開放資本市場之前，國內金融體制和銀行體系要按照「銀行商業

化，利率市場化」的目標實現徹底改革。使銀行對貸款項目的審批，資金的使用和回收，以及銀行的盈虧負起完全的責任。

　　第三，減少投資活動中的人爲干預。金融體制的改革與國家產業政策手段的改革需要結合起來。除了少數具有戰略性質的產業，國家可以採取直接投資或財政性補貼的方式給予支持之外，國家應從常規性的投資活動中退出來，避免以政策指令要求銀行以低息貸款去支持不具有比較優勢的產業。通過利率的市場化和解除金融壓抑，讓銀行有合理的利率水平，可以防止因利率低於市場均衡水平，一旦信貸控制放開即出現投資過熱和重複建設的情形，從而避免在低水平上形成過剩的生產能力並產生呆帳、壞帳。

　　最後，通過更加均衡的城市化布局和間接爲主的企業融資體制，以及金融業務的有效監管和規範，防止房地產開發和股票交易造成的泡沫經濟。在經濟快速發展時期，房地產和股市的發展都容易產生過熱現象。亞洲國家和地區由於土地稀缺，又會通過土地供給彈性小的特點誘發房地產價格快速上漲的預期，並進而誘發投機行爲和經濟泡沫。亞洲國家的經驗顯示，日本、韓國、泰國、菲律賓等國的經濟過分集中於東京、大阪、漢城、曼谷和馬尼拉這樣一些大城市，格外增強了土地供給缺乏彈性的性質。中國雖然也具有人多地少的特點，但畢竟地域遼闊，在城市化過程中需要按照經濟原則更加合理布局，增加土地的有效供給，避免經濟活動過於集中，可以在一定程度上降低房地產開發過熱。

　　由於目前中國還處於勞動力相對豐富、資金相對稀缺的發

展階段，勞動力相對密集的產業是具有比較優勢的產業。這些產業的特點是企業規模比較小、資金來源以自我積累和銀行間接融資爲主。與這種產業結構相適應，銀行業務應高度商業化、自由化，並且引進競爭。但爲了防止銀行資金從事股票和房地產投機，造成泡沫經濟，對以房地產和股票爲抵押的貸款業務必須有嚴格的監管，以降低金融風險。

8.3　發揮比較優勢，實現經濟持續增長

東南亞金融危機發生以後，中國政府採取了一系列防範措施，如保持人民幣幣值的穩定，利用金融和財政手段刺激經濟增長速度，通過治理失業問題和加快農村經濟發展擴大內需。這些措施無疑都是正確的。然而，要使其真正產生效果，需要了解中國經濟發生的新變化，並結合尚未完成的改革任務，進一步推進改革開放。

自1998年始，中國經濟發生了兩個重要的變化。首先是因爲現在的市場供需形勢與過去大不相同。過去是短缺經濟，賣方市場，比較容易找到好的投資項目。現在絕大多數產品則是買方市場，出現過剩，投資的市場風險增大，不容易找到有利可圖的投資項目。其次是金融體制改革的影響。過去銀行貸款受到直接的行政干預，中央政府或地方政府可以向銀行下指令或變相下指令要求銀行爲某個具體項目或單位發放貸款，銀行本身對項目的質量不負直接的責任。接受貸款的單位，特別是國有企業，對歸還貸款往往並不認真對待，到期還貸對它們的

約束力十分有限。在這種情況下拖欠銀行貸款的現象就十分嚴重，銀行呆、壞帳比較常見，發放貸款的銀行工作人員自然不會對放款失敗或低效率負責。即使不是由於政策或行政干預造成的銀行呆、壞帳，銀行工作人員也會將之歸咎於政府政策或行政干預，兩種類型的責任攪和在一起，很難嚴格區分。因此一旦政府決定放鬆銀根，啓動經濟，銀行工作人員就有放貸的積極性，企業也有貸款積極性，經濟馬上可以走向繁榮。但是，1993年7月開始的宏觀經濟調控不但以收緊銀根爲主要措施，而且開始對銀行體制進行根本性改革。四大專業銀行開始了商業化的進程，中國人民銀行實行垂直管理，地方政府無權干預銀行事務。銀行工作人員發放貸款的責任大大增強，一筆貸款的經手人必須對貸款的質量和還貸承擔責任。即使在貸款到期前調離原工作崗位，也逃不脫對貸款的責任，即出現所謂的責任終身制。在這種新形勢下，如果不能確保貸款安全，銀行寧願購買利率較低但沒有風險的國債，出現所謂的惜貸現象。

　　在絕大多數產品過剩的市場狀況下難以找到好的投資項目，政府擴大基礎設施建設也有諸多局限。這些項目一般都比較龐大，從立項設計到工程開工，再到工程完工發揮效益，周期很長，見效很慢。而且，基礎設施建設也會過剩，也有個投資效益問題，這在一些地方已經成爲比較嚴重的問題，如沿海一部分地區機場、高速公路利用率很低，經濟效益差。

　　中國已經確定要實行市場經濟，競爭對市場經濟至關重要。但是如果經濟處於普遍短缺狀態，競爭就不會真正展開，只有生產相對過剩才能確保有充分的競爭，消費者主權和社會

福利才能得到維護，企業也才會有壓力根據市場變化迅速調整生產，降低生產經營成本，增加盈利能力。相對過剩實際上是市場經濟中的正常現象。銀行惜貸也是好事，說明金融體制改革和專業銀行商業化取得了很大進展。如果銀行還象以前那樣放款比較隨便，企業也可以不負責任地得到貸款，結果只能是投資效益低下，銀行呆、壞帳增加，這對整個社會和銀行信用都是不利的。

　　然而，近年中國公開失業率估計至少已達6%，國有企業下崗人員也已經超過1000萬，城鎮每年還新增勞動力近1000萬，隨著國有企業改革的深入，還會有更多的國有企業職工需要下崗分流，加上農村勞動力就業壓力，就業形勢十分嚴峻，沒有一定的經濟增長就無法提供足夠的新增就業機會。

　　為解決就業問題保持一定的經濟增長速度是一個方面，但是投資方向、發展戰略可能更為重要。同樣的經濟增長速度，如果投資重點放在發展資金密集、技術尖端的產業和現代化程度高的大企業，能夠增加的就業機會就少；如果將投資重點放在發展勞動密集的產業和中小企業，能夠創造的就業機會就多，甚至不需要由政府提出百分之幾的經濟增長率即可達到就業目標。如果建設重點放在資金密集的趕超型大企業，即使經濟增長目標達到某個百分點，解決就業問題的目標也會落空。

　　當然，解決就業問題確實很重要，是保持社會穩定和國有企業改革成功的必要條件。中國在目前的發展階段上需要找到一個可以同時達到以下三個目標的發展戰略：一是要能夠創造較多的就業機會以利於解決就業問題；二是要有利於國民經濟

的快速增長；三是要能夠保持國民經濟的持續增長。本書所提
倡的比較優勢發展戰略就是這樣一種可行的選擇。遵循中國現
階段比較優勢建立起來的產業具有勞動密集特徵，而且以中小
企業爲主，能夠創造出大量就業機會。符合比較優勢的產業、
企業成本低廉，具有競爭力，盈利能力強，即使從銀行借款，
還款能力也強，而且資金自我積累快，形成良性循環，經濟增
長率較高。而且，這種投資建設周期短，見效快，是啓動經濟
的捷徑。

　　遵循比較優勢發展戰略並不會導致中國永遠落後，永遠停
留在比較低的產業層次上。相反，遵循這種發展戰略會使資本
快速積累，資本稀缺及勞動力富餘的程度逐漸降低，隨著資源
稟賦的變動可以不斷從國外引進現成而較先進的技術來達到產
業結構的升級，經濟可以因低成本技術創新不斷而長期保持較
快的增長速度，實現可持續發展，最終在較短的時間裡趕上發
達國家。

　　那麼，如何有效支持符合中國現階段比較優勢的勞動密集
型中小企業的發展？勞動密集型的中小企業同樣需要資金和技
術，大力發展中小企業必須在資金和技術兩方面爲其提供便利。

　　事實上中國政府已經認識到中小企業的重要性，準備在四
大專業銀行成立中小企業信貸部，幫助中小企業得到貸款。但
是，四大銀行體系是與傳統計畫經濟體制下的融資體制一致
的，即爲優先發展重點項目的融資目的而設計的。而且，實際
上大銀行天生不願爲中小企業提供信貸服務，而是偏愛大型企
業和項目。因爲大額貸款申請者一般爲大型企業，銀行比較容

易調查其信譽和還貸能力，經營貸款的平均成本低。一筆小額貸款的交易費用與一筆大額貸款差不多，而且銀行了解分散於各地的中小企業的信譽和還貸能力也比較困難。

　　解決這一問題最重要的是大力發展地方性的中小銀行，因為中小銀行無力經營大的貸款項目，只好以中小企業為其主要服務對象，而且地方性的中小銀行與當地的中小企業之間在信息上比較易於溝通，可以節省交易費用。當然，建立中小銀行需要有一整套法律、法規和制度，涉及到金融體制改革，加強金融監管等問題，不是短時間內能夠完成的，因此對當前刺激經濟增長的目標而言遠水不解近渴。

　　替代的辦法是利用現有的銀行體系，下放貸款審批權。目前銀行貸款審批權高度集中，可以考慮將中小貸款審批權下放到縣一級分支機構。這樣中小企業獲取貸款的機會就會大大增加，因為縣一級分支機構對當地的中小企業比較了解，收集有關企業信譽、還貸能力、經營管理水平等信息比較容易。另外，銀行貸款經手人既要對貸款質量負責任，又不能因此束縛手腳，逃避發放貸款。投資總是有風險的，銀行貸款因此也總是有風險的，讓發放貸款的銀行工作人員對每筆貸款都負完全的責任顯然不合理。銀行貸款責任終身制應予改進，當然每筆貸款都成功最好，但在強化發放貸款責任的同時，也要允許貸款發放者在一定期限內可以有某個比例的失敗，這樣才可以避免消極的惜貸行為。

　　發展中小企業需要解決的另一個重要問題是技術供應。目前中國經濟處於相對過剩狀態，市場趨於飽和，必須開發新產

品或提高現有產品的質量，才能開拓市場，增加競爭力。中小企業的勞動力較密集並不意味著不需要技術，也並不一定意味著不需要較先進的技術，任何類型的企業技術太落後一定沒有競爭力。國際市場上一般有現成的適用技術可供中小企業選擇，這些技術相對於中國中小企業現有的技術是先進的。為保證中國中小企業方便地、低成本地獲取這些技術，需要擴大對外開放，鼓勵國外的中小企業以獨資或合資的方式到中國來投資、設廠；也要通過報刊、雜誌發布各種產品、技術信息；同時，要增加中國中小企業對外交流、接觸國外產品和先進技術的機會，允許中小企業走出國門，包括擁有外貿經營自主權，可以方便地與國外進行人員、信息、產品交流等。

按照我們在第一章的分析，中國具備在今後幾十年保持高速增長勢頭的條件，只要經濟體制改革可以沿著正確的方向推進，即通過解除國有企業承受的政策性負擔和實現發展戰略轉軌，進而消除經濟生活中的活亂循環，這種潛在的經濟增長能力就可以成為現實，下個世紀中葉前中國經濟完全有可能超過美國成為全世界最大的經濟體。

第九章
中國改革的道路與經驗

　　從1978年農村實行家庭承包制以來，中國的經濟改革已經
走過20年的歷程。從這場方興未艾的改革所產生的增長效應及
其改革過程的穩定性來說，中國的改革迄今為止是成功的實
踐。固然，正如第七章的分析所揭示的，這樣一種改革軌跡由
於缺乏對發展戰略轉軌和宏觀政策環境進行改革的自覺認
識，造成了反復出現的「活－亂」循環和其他一些問題，影響
了改革的速度和預期。但從另一方面來看，由於從增量的方面
對舊體制進行改革，所以避免了傳統利益格局調整過程中的矛
盾激化，並且維持了改革的循序漸進和非激進的性質。因此，
對中國特殊的改革道路做出經濟學的分析，有助於在保持改革
的漸進性優點的前提下，更自覺地圍繞發展戰略轉變進行改
革。

　　此外，中國的改革經驗還對於其他改革中的經濟體具有借
鑑意義。對於集中計畫經濟或統制經濟向市場經濟轉變的改
革，經濟學家一度熱衷於推薦一種「非常迅速的、直截了當的

和劇烈的經濟改革計畫」[1]。概括而言，這種改革方案是「激進的」、「創世紀式的」、「一籃子的」或所謂「休克療法」。這類改革建議本身也包含著不盡相同的內涵，比較典型和流行的是最近幾年西方經濟學家向東歐和獨聯體國家推薦的改革方式。在目標上，選擇市場化、私有化和自由化作為經濟改革的必需方面，在方法上，主張像上帝在七天之內創造天地萬物那樣，實施創世紀式的改革策略[2]。曾幾何時，這種主張十分流行，被認為具有理論上的完美性和實踐上的可行性。然而，理論家所提供的改革建議，迄今為止都是在經驗的真空中產生的。無論是「創世紀式」的改革方式，還是「進化式」的改革方式，其各自的適用對象和適用範圍都還需要實踐給予回答。中國20年的經濟改革經驗，不僅應該對其他改革中經濟體具有啟發意義，而且應該對制度變遷理論做出貢獻。

9.1 改革的起步環節和部門推進

在1978年以前，中國曾嘗試用調整的辦法解決產業結構扭曲和激勵機制不足造成的低效率問題。例如，從毛澤東1956年

---

1 Lipton and Sachs, "Creating a Market Economy in Eastern Europe: The Case of Poland", *Brookings Papers on Economic Activities*, vol. 1 (1990).

2 也有一部分西方學者推薦另一種可供選擇的策略。其特點恰好與上述相對立，可以稱之為「漸進的」和「進化式的」。如參見 Walters, A., "Misapprehensions on Privatisation", *International Economic Insights*, vol. 2, no. 1 (1991); Kornai, *The Road to a Free Economy* (New York: Norton, 1990).

寫作〈論十大關係〉以來，農、輕、重爲序的產業結構原則便不斷被強調；而經濟管理權限的幾次下放也是試圖在傳統經濟體制之內調動企業和地方的積極性，提高生產效率。始於中國共產黨十一屆三中全會的中國經濟改革，起初並沒有一個明確的目標模式，而是著眼於調整結構和改進激勵機制。然而，由於宏觀政策環境對價格體系的扭曲，使與傳統戰略目標相適應的產業結構狀況有很強的慣性，而這種宏觀政策環境在當年並不能受到根本的觸動。所以當時真正具有實質改革意義的舉措，是在微觀經營機制方面。

因此，我們把微觀經營機制方面的改革稱爲改革的起步環節。而一旦微觀經營機制上出現了鬆動，就使傳統發展戰略下受到抑制的產業得以發展，在增量上對偏斜的產業結構進行調整。這種在傳統經濟體制外生出的經濟增長又對舊的體制發動進一步的衝擊，提出新的要求，同時形成了計畫之外的資源配置制度和舊的宏觀政策環境之外的價格信號體系。這種受壓抑而率先增長並產生改革的自我增強效應的部門即爲改革的推進部門，而一旦改革在一些部門開始，就自然而然地得以在部門之間傳遞，形成漸次推進的格局。

對傳統經濟體制的改革最先在國有企業和農村起步。從1979年開始在部分國有企業試行擴大企業自主權的改革，通過企業利潤留成等辦法，企業增加產品產量和銷售的利益誘因增強了。由於企業能夠擁有一定的權力決定內部的福利和獎勵安排，因而有了根據職工工作努力程度進行獎懲的手段，在一定程度上改善了國有企業的微觀激勵機制。相應地，增量資源被創造出來。

　　與此同時，微觀經營機制上的改革在農業中也實現了突破。農民自發選擇的家庭承包制，最初僅限於在溫飽問題尚未解決的邊遠、貧困地區採用。由於它比較徹底地解決了農業中勞動監督困難的問題，使農民的勞動報酬直接與其努力程度相對應，因而具有巨大的調動勞動積極性和提高產量的效果。這項改革對農民和政府來說無疑都是收益高和成本低的，因而政策不斷放寬，對農民的自發選擇和承包制的普及予以追認，以至在短短的幾年裡，家庭承包制成為普遍的微觀農業經濟組織，並導致人民公社的解體。

　　農業體制改革的直接效果是大幅度地提高了農產品產出[3]。1978～1984年，全國糧食總產量增長了33.65％，棉花增長了188.80％，油料增長了128.24％，按現價計算的農業總產值增長了127.66％。除了農業改革所帶來的這種直接產出效應之外，更有意義的在於這種增長所引起的改革推動效應。

　　首先，總量的農業增長部分矯正了偏斜的產業結構[4]。以現

3　據林毅夫估計，1978-1984年間種植業總產值增長中，有46.89％來源於實行承包制所產生的生產率提高，32.2％是由於化肥的增加。見林毅夫，《制度、技術與中國農業發展》(上海：上海三聯書店，1992)，頁93-96。Justin Yifu Lin, "Rural Reforms And Agricultural Growth in China", *American Economic Review*, vol.82, no.1(March 1992) pp. 34-51.

4　彼得・哈羅德認為，農業之所以成為率先改革的部門是因為其具備了以下四個條件：(1)基礎設施和技術條件，(2)管理體系，(3)社會服務體系和(4)農村經濟的多樣化(Peter Harrold, "China's Reform Experience to Date", *World Bank Discussion Paper*, 1992, p.180)。而我們認為，更根本的條件是農業在傳統產業結構格局中是一個受壓抑部門。

價計算，1978年工農業總產值中農、輕、重的比率分別為27.8
％、31.1％和41.1％。當時的產業結構顯示出重工業比重過高，
而工業中發揮中國資源比較優勢的輕工業比重過低，工農業產
值關係中農業受到壓抑。僅僅經過幾年的改革，1984年農、輕、
重三個部門的比重就改變為35.0％、30.8％和34.2％。農業產值
的增長提高了農業的產值份額，並通過為輕工業提供原料、市
場等方式為非國有經濟發展輕工業提供了機會，相應地降低了
重工業的產值份額。

其次，農業內部結構不合理的狀況得到矯正。在農業增長
中，過去受到壓抑的非糧食作物和林、牧、副、漁業得到更快
的增長。1978～1984年，農業總產值中種植業比重從67.8％下降
到58.1％，種植業產值中糧食比重從76.7％下降到66.2％。在農
業中比較優勢得到一定程度發揮的條件下，農村市場得到初步
發展，並逐漸出現了生產要素市場。

最後，農業剩餘及其由農民支配比重的增加誘發了鄉鎮企
業的迅速發展。1980～1984年，農民實際人均純收入以每年平
均14.5％的速度增長，扣除物價上漲因素，人均生產性純收入
從166.39元增加到291.10元，人均年末手存現金和存款餘額從
26.55元增加到85.3元，與此同時，農業生產率的提高產生了農
村勞動力的剩餘。以上兩個剩餘的結合，為鄉鎮企業的發展創
造了基本條件，由此，農村工業繼農業之後成為改革的推進部
門。

鄉鎮企業在1970年代初為解決農業機械化資金來源而有了
一定的發展，但就其相對規模來說仍十分有限。到改革開始的

1978年，鄉鎮企業的產值只占全社會總產值的7.2％。1980年代
以後鄉鎮企業迅速擴大了投資來源。這由農業的迅速增長及其
帶來的農業資金剩餘和勞動剩餘所提供。與此同時，1980年代
日益擴大的資源配置和價格雙軌制 [5] 本意是改進國有企業的產
品和物資的配置效率，但卻給鄉鎮企業的進入提供了條件。

　　鄉鎮企業的改革推進作用主要表現在三個方面。其一，它
是市場機制發揮作用的產物，因而也是市場化改革的重要推動
力量。鄉鎮企業的能源、原材料供給大多數來源於計畫分配範
圍之外，要靠市場競爭取得，其產品也要靠價格和推銷才能售
出，企業經營中預算約束是比較硬的，職工沒有鐵飯碗，企業
經營不善就被淘汰。這種市場經營方式給國有經濟施加了競爭
的壓力，促動了後者在經營機制方面的改革。其二，鄉鎮企業
的發展大大矯正了偏斜的產業結構。由於其獲得的資源大多要
支付市場價格，其產品結構比國有經濟更接近於中國資源的比
較優勢，因而從增量上改變了傳統的經濟發展戰略。其三，鄉
鎮企業的快速發展使資源配置和價格雙軌制中的市場軌不斷
擴大，越來越有力地衝擊著傳統經濟體制下形成的資源配置制
度和宏觀政策環境，並創造出以較低的風險和成本完成這兩項

---

5 世界銀行1984年初在中國的調查發現，「許多次要的物資以至更多
　重要物資的某些交易價格已由市場作用決定。」(世界銀行，《中
　國：長期發展的問題和方案》〔北京：中國財政經濟出版社，1985〕，
　頁233。)同一時期的另一項調查表明，鄉鎮企業主要原材料供給中
　有72.1％是在市場上以高價購進(中國社會科學院經濟研究所，《中
　國鄉鎮企業的經濟發展與經濟體制》〔北京：中國經濟出版社，
　1987〕，頁141-145)。

改革的條件。

　　一旦出現了以鄉鎮企業為代表的非國有經濟的進入，就必然形成對國有經濟的競爭壓力。特別是在價格雙軌制的格局下，國有企業的原材料購買和產品銷售也開始受邊際價格的調節，在這個領域它要與鄉鎮企業爭能源、原材料和市場占有率；1984年城市經濟改革全面推開前後，國有企業先後進行的包括利改稅、撥改貸、企業承包制和股份制等改革試驗，事實上都是在這種競爭壓力下所內生出的。雖然國有企業的競爭機制尚遠遠沒有轉到市場調節的軌道上來，但已有的改革已經使企業經營效率得到了提高。傑弗森、羅斯基和鄭玉歆的研究表明，1980-1988年，國有工業的全要素生產率年均增長率為2.4%；特別是1984年以後，這一增長有加強的趨勢[6]。

　　對外貿易體制的改革最初的動機是鼓勵出口以便支持先進技術設備的引進。由此而實行的減少指令性外貿計畫的範圍、擴大地方外貿自主權，以及企業外匯留成，給予地方從事外貿的機會，並提高企業積極性。而隨著外貿部門的管理體制改革和對外貿易的擴大，其對於經濟改革的推進作用表現得越來越明顯：(1)由於出口產品的很大比重是勞動密集型產品以及來自鄉鎮企業，因此外貿的增長支持了受壓抑部門的增長，加速了對扭曲的產業結構的矯正；(2)對外開放引入了國際市場價格信息，加大了國內生產者的國際競爭壓力；(3)外貿的擴張和引進

6 Jefferson, Rawski, and Zheng, "Growth, Efficiency, and Convergence in China's State and Collective Industry ", *Economic Development and Cultural Change*, 40(2)〔Jan. 1992〕：239-266.

外資，提出了調整匯率和建立外匯調劑市場的必要，使傳統的宏觀政策環境首先從匯率得到大的突破。

從以上對於國有企業、農業和外貿這三個部門的改革和增長的分析看，中國經濟改革通常是從改進激勵機制為目的，從改革微觀經營機制入手，隨後通過幾個重要部門在新的市場機制上的增長及其對其他方面改革的要求，將改革本身推進到資源配置制度和宏觀政策環境方面。因此，微觀經營機制的改革成為改革的起步環節或啟動環節，而諸如農業、農村工業和外貿這樣的迅速增長部門則充當了改革的推進部門。

9.2 經濟改革的方式及其特徵

在最近的文獻中，對於某些經濟學家所竭力主張的「創世紀式」(Big bang)的激進改革方式提出了一些反論。首先，計畫經濟之所以缺乏效率，在於計畫者不能獲得充分而準確的必要信息，而在市場經濟中，生產決策所必要的信息都集中體現在市場價格之中了。在計畫經濟向市場經濟的過渡中，根據一個預定的時間表進行一籃子改革的設計人和執行人同樣面臨信息不足的難題[7]。

其次，市場不是一對抽象的供給和需求曲線，而是一種制度[8]。市場是通過一系列規則和慣例發揮作用的。在一個改革的

---

7 McMillan and Naughton, "How to Reform a Planned Economy: Lessons from China", *Oxford Review of Economic Policy*, vol. 8, no. 1 (1992).

8 同上。

經濟中，這套規則和慣例不僅是要設計，更是要通過發展和生成，「創世紀式」的改革可以廢除舊的規則和慣例，卻無法一下子建立起新的。

第三，改革通常要支付實施成本和摩擦成本，後者是改革激進程度的增函數，反應為劇烈的社會衝突和對改革的反對[9]，如果處理不妥，可能會對改革具有毀滅性。因此，在條件允許不作激進式改革選擇時，就應嘗試漸進的改革方式。而在實際經驗上，1970年代末以來中國的經濟改革實踐，是對「創世紀式」改革論的一個有說服力的反證。迄今為止中國改革所走的道路是一種漸進式的或進化式的，它具有以下四個特徵。

1. 作大蛋糕。中國的經濟改革從一開始就是與增長同步進行的。無論是對國有企業放權讓利還是在農村實行家庭承包制，以及擴大對外開放和外貿企業的外匯留成，每一步改革措施的出臺都著眼於改進激勵機制以增大經濟總量。而且事實上已經進行的改革，確實帶來了明顯的「作大蛋糕」的效應。

正如已經分析過的，傳統經濟體製造成中國經濟增長中的兩個基本矛盾。一是經濟結構扭曲造成產業比例失調，城鄉二元經濟結構擴大，城市化水平低和人民生活水平提高緩慢；二是激勵機制不足造成經濟效率低下，使生產水平處於生產可能性邊界之內，增長速度受到抑制。1970年代末開始的經濟改革，首先從微觀經營機制入手，放權讓利，把勞動者和經營者的報酬與其效益掛鉤，調動了農民、職工和企業的積極性，提高了

9　樊綱，《兩種改革成本與兩種改革方式》，《經濟研究》，1993年第1期。

勞動效率和生產效率，使生產水平向邊界解靠近。微觀經營單位獲得了自主權以後，也同時取得了新增資源的配置權，因此產生進一步的「作大蛋糕效應」。

第一，當傳統上受到政府保護的部門得到增長從而取得一塊新增資源之後，在利潤動機的驅使下，企業通常將新增的資源轉向傳統上受到壓抑的部門。如一些國有重工業企業以開闢子女就業門路爲名，或通過與鄉鎮企業合作的方式，將其新增資源轉而配置到輕工業部門或第三產業。

第二，傳統上受抑制的部門獲得發展後，通常將其新增資源配置在受抑制的本部門或相關部門。例如，農民將農業中的新增資源用來發展林業、牧業、副業和漁業，以及鄉鎮企業。由於這種「作大蛋糕」的效應，形成了下面將要分析的中國改革另一特色——增量改革的基本條件。

著眼於作大蛋糕的改革還有益於減小改革中的阻力。在理論上，經濟改革可以有兩種推進方式：一種方式是在制度變革中不觸及既有的利益格局，而是通過改進交易環境使效率提高。這可以稱作「帕累托改進」和「卡爾多改進」[10]；另一種方式是通過調整既定利益格局形成新的制度均衡。在這個改進過程中，一部分利益集團會受到損害。因而這是一種「非帕累托改進」。前一種改革方式固然具有利益摩擦小、成本低的優點，

10　「帕累托改進」是指改革本身至少使一個人受益而沒有任何人受損。「卡爾多改進」則指改革中受益總量大於受損總量，以致受益者可對可能受損者進行補償，使之不受損害。（Kaldor, "Welfare Propositions of Economics and Interpersonal Comparisons of Utility", *Economic Journal*, vol. 49〔September 1939〕, pp. 549-551.）

但我們已知既得利益格局是傳統的宏觀政策環境的產物，歸根結底，如果不能對舊的利益格局有所觸動的話，新的資源配置機制也難以形成。因此，後一種「非帕累托式」的改革推進方式最終是不可迴避的。但是，由於預期將要在改革中利益受損的社會集團，必然對這種改革採取抵制行動，從而加大了改革的摩擦和震盪。而著眼於作大蛋糕的改革可以在改革的過程中不斷加大資源總量，從而擴大可供在各個利益集團間進行分配的份額，使改革盡可能具有「帕累托改進」的性質，把改革成本和風險控制在盡可能小的程度上。

2. 增量改革。中國的經濟改革不是按照一個理想模式和預定的時間表進行的。新的、有效的資源配置方式和激勵機制也不可能在所有經濟領域一下子發揮作用，而是在那些率先進行改革的部門的國民收入新增部分和那些改革後發展起來的部門先行發揮作用。例如，在國有企業承包制條件下，企業按合同上交利潤包幹遞增包幹任務後，就有權根據一定比例分配利潤留成。在雙軌制的條件下，這部分增量的配置將按市場信號進行。而在傳統經濟格局之外生出的鄉鎮企業，則更是一個社會總資產中新生出的市場作用領域和對偏斜的產業結構進行修正的因素。這樣一種不從資產存量的再配置入手，而著眼於讓市場機制在資產增量的配置上發揮作用的改革方式，就是所謂的增量改革，這種改革方式是中國漸進式改革的重要特徵，被證明是成功的。

首先，對於矯正不合理的產業結構，增量改革可以避免一個調整的成本。經濟改革獲得最大限度的支持和政策上的持續

性，有賴於它能夠帶來即時的收益和支付盡可能少的成本，從這個意義上說，經濟改革最佳的軌跡應該是使增長持續上升而避免一個先下降後上升或 J 字型的增長。

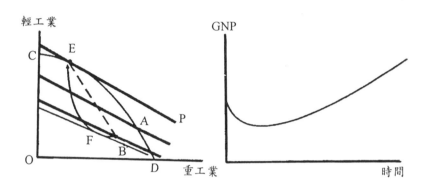

圖9.1　激進式改革的效應

如圖9.1所示，生產原來位於生產可能性曲線內部的B點，在依靠資產存量調整產業結構的「休克療法」改革方式下(圖9.1〔a〕)，由於生產能力的轉移，部分設備和資源需要有一個閑置期，而工人的轉業也需要一個學習的過程。在這個調整期內，增長受到約束，不能及時形成改革的收益。以不變價計算的國民收入必不可免地先下降。如圖9.1〔b〕所示，形成一個J字型的軌跡。而在做大蛋糕，再利用資源增量進行結構調整的情形下(圖9.2〔a〕)，先提高積極性使生產向生產可能性曲線的邊際A點靠近，在將新增的積累向受到壓抑的部門傾斜，不僅可以在邊際上矯正扭曲的生產結構，而且會及時增加產出，形成改革

的收益，即以不變價計算的國民收入可以如圖9.2〔b〕所示的不
斷地上升。新增積累越是向受壓抑部門傾斜，增長速度越快。
事實上，由於在傳統發展戰略下，重工業被置於優先發展的位
置，農業、輕工業和第三次產業的發展受到抑制，使後者得以
在改革開始後成爲承擔增量改革功能的主導部門，並獲得了迅
速的增長，使改革及時獲益[11]。

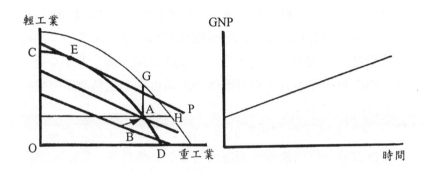

圖9.2　漸進式改革的效應

　　其次，增量改革有利於維持改革當中穩定與速度兩種要求
之間的平衡。在實行增量改革的過程中，整個國民經濟中便形
成了一種雙重經濟結構現象。即整個經濟可劃分爲兩類部門，
第一類部門是增量形成的部門，市場機制發揮較重要的作用；
第二類部門是在傳統戰略下形成的部門，計畫機制和行政命令

11　在實行微觀經營機制改革的過程中，真正爲改革帶來及時收益的是
　　增量部分。而在那些採取激進的存量再分配的地方，就引起了一些
　　混亂，付出了一定的代價。

在較大程度上起作用。在現實的改革進程中,第二類部門起到了一種維持穩定的作用。例如,國有企業吸納大量的城鎮職工就業和負責社會福利分配,雖然有效率上的損失,但避免了公開失業以及由此造成的社會衝突,而當比較惡性的通貨膨脹出現時,穩定政策又能夠最有效地在這類部門發揮作用。第一類部門則由於其產業和技術結構比較符合中國的比較優勢,經營機制較為靈活,當政府執行非改革性質的穩定政策,它們能夠在調整的過程中繼續保持增長,維持了社會必要的速度要求。

然而,我們也需要指出增量改革是有成本的。第一,由於新舊體制的衝突和交替發揮作用,從而形成一種「進兩步退一步」的改革推進方式。從經濟效率的角度講,這種改革方式不是最優的,它僅僅是在中國特定的改革條件下的一種次優選擇[12],它可以減少大的摩擦和倒退。第二,增量改革是以資源配置和價格雙軌制為前提的。而在價格雙軌制條件下,經濟當事人傾向於通過尋租獲得收益,而不是完全依靠在市場上的競爭力。這種尋租機會越多,對於競爭性市場和市場行為的形成就越不利。

3. 試驗推廣。中國的經濟改革大多不是在全國同時展開的,而是每項改革措施都從較小範圍內的試驗開始,在取得成果並進行總結的基礎上加以局部推廣,由點及面,不斷總結和觀察,進而擴大其實行範圍。所以,這種方式也意味著中國改革的局部性特徵。無論是對於自下而上自發式的改革措施,還

---

12 McMillan and Naughton, "How to Reform a Planned Economy: Lessons from China", *Oxford Review of Economic Policy*, vol.8, no.1 (1992).

是對於政府推行的改革措施，這種試驗推廣的特徵都存在。前者如家庭承包制的推行過程，後者如企業承包制的試行和創建經濟特區等。這種改革方式的主要優點是：(1)盡可能地減少改革風險。任何一項改革措施，在執行之前都遇到信息不足的問題，因而執行的結果也多少帶有不確定性。既然整個經濟改革的成功與否與社會是否能從改革中及時獲得淨收益有直接關係，因而改革應盡可能避免失誤和過高的成本。以局部的、試驗性的方式進行改革可以把試錯的成本分散化，避免過大的失誤。(2)這種試驗性的自發改革，與增量改革相結合，能夠及時提供在哪些領域進行改革具有最大收益的信號[13]。已經進行的改革，大多是從解決某些具體問題出發，從微觀經營機制或資源配置制度的一些環節入手。正是由於這種試驗推廣機制，使改革沿著可以取得成效的方向推進，並且獲得了一種自我加強的特徵。(3)為市場的建設和發育創造了一個過程。市場的發育有賴於一系列規則和慣例的形成和硬件環境的建設，試驗推廣的改革方式便為每一部分新增的經濟成分贏得了相應形成市場環境的時間。

　　試驗推廣式改革所獨具的改革局部性也有其缺陷。首先，市場機制的作用是開放的，因而局限於某個部門或某個地區的改革不能完全充分地利用市場機制，仍然要借助行政的手段來將已經改革的部分與未改革部分人為隔離開。當這種人為的隔絕不能奏效時，摩擦就會出現。例如廣東省農產品價格放開後，就使鄰近省份農產品價格跟著上升，因而在產品貿易上與鄰省

---

13 Chen, Jefferson, and Singh, "Lessons from China's Economic Reform", *Journal of Comparative Economics* 16(1992).

發生了摩擦。其次，改革進程在部門和地區間的不一致，造成
區域發展不平衡、收入分配不均等一系列問題，加強了社會不
穩定因素。第三，改革的不配套使某些必要的改革措施滯後，
形成調節機制上的真空。例如，傳統的稅收體系是建立在國有
經濟的利潤和價格扭曲上的。當改革進行到打破了國有制單一
性，並使價格扭曲程度大大減輕的時候，國家的稅源便相應流
失了。這時稅制改革的滯後就導致政府財政的危機。最後，從
傳統經濟體制的形成邏輯來看，扭曲價格的政策環境是資源計
畫配置制度的存在前提，而前者的改革要求某種程度的整體
性。局部的改革方式使宏觀政策環境的改革相對滯後，是造成
改革不斷陷入「活亂」循環和其他問題的根本原因，也使改革
推進部門不能充分按照市場經濟的規則進行生產和交易。

　　4. 非激進改革。中國的經濟改革是在堅持社會主義基本制度
前提下，由中國共產黨和政府領導下進行的。這就保證了改革目標
和改革手段的非激進性。正如本文第一部分所指出的，中國傳統經
濟體制的結構不合理和效率低下等問題，是由於選擇了重工業優先
發展的戰略目標，以及與之相適應的宏觀政策環境、資源計畫配置
制度和微觀經營機制所造成的而與所選擇的根本社會制度無關。換
句話說，特定的政治制度並不必然構成改革的障礙[14]。如果能實行
一種充分利用比較優勢的戰略，則無論一個國家的社會制度是怎樣

14　Shirk, Susan L., *The Political Logic of Economic Reform in China*
　　（Berkeley: Los Angeles and Oxford: University of California Press,
　　1993）, p. 6; Nolan, Peter, *China's Rise, Russia's Fall: Politics,*
　　Economics and Planning in the Transition from Stalinism（New York: St.
　　Martin's Press, 1995）, pp. 69-70.

的，經濟發展終究能夠成功。因此，中國經濟改革的目標逐漸清晰地表現出來——建立市場經濟制度，實現經濟發展戰略的轉變[15]。

　　實行這種非激進式的改革，首先能夠充分利用已有的組織資源，保持制度創新過程中制度的相對穩定和有效銜接。當我們講到制度的時候，同時是講制度安排和制度結構。任何一種制度安排都要在相適應的制度結構中才是有意義的。任何單一的激進改革，都會使新的制度安排與舊的制度結構產生不相適應，因而不能發揮作用。因此，漸進式改革的基本要求就是其過程的可控性。改革的出臺時機、步驟的把握、利弊的權衡、過程的調控，以及成果的保持，都有賴於政府的作用，而只有制度變革的穩定銜接，才可能使政府在自身轉變職能的同時，又能執行調控改革過程的職能。

　　其次，實行這種非激進式的改革策略，可以避免大的社會動蕩和資源的浪費。激進式改革必然強烈地損害到某些社會集團的既得利益，會招致猛烈的抵制，同時造成社會資源的浪費。特別是，中國與所有其他社會相似，傳統利益格局下的既得利益集團往往對於政治和社會有著較大的影響，其出面反對改革意味著改革成本和風險的急劇增大。

　　最後，不實行以私有化為中心的改革方式，避免了資產存量再分配過程中出現的不公平以及由此產生的衝突，因而可以保持接近於共同富裕的收入分配狀況。每個社會集團都可以從短期或長期中得到改革的收益，從而使改革成為大多數人的共識和一個不可逆轉的過程。

<hr>

15 林毅夫、李周，《戰略抉擇是經濟發展的關鍵——二戰以後資本主義國家經濟發展成敗的透視》，《經濟社會體制比較》，1992年第1期。

9.3 中國改革道路的普遍意義

　　與東歐和獨聯體國家以及一些發展中國家[16]選擇的激進的全面改革(最爲典型的是波蘭和俄羅斯的所謂「休克療法」)不同,中國經濟改革迄今走過了一條漸進式的道路。在沒有出現持續性社會震盪的情況下,過去20年所實現的國民經濟高速增長、市場作用範圍的擴大和經濟效率的改善,證明了這樣一種改革方式在中國是成功的。總結這種漸進式改革的經驗,探討其在何種程度上具有普遍意義,或者說中國爲什麼能夠實行這種改革方式,最終改革能否成功,具有理論和現實的必要性。

　　對於中國經濟改革的成功,國內外經濟學家都給予了充分的肯定和高度的評價。但是一些學者過分強調中國改革的初始條件從而中國經驗的特殊性[17],因而在向東歐和前蘇聯推薦改革方式時更青睞於「休克療法」或「創世紀式的」。然而,正

---

16 關於印度經濟體制與中國、前蘇聯的相似之處、過去幾十年的發展績效,以及改革的效果,可參見Overholt, William H., *The Rise of China: How Economic Reform is Creating a New Superpower*(New York・London: W.W. Norton and Company, 1993), pp. 356-359.

17 Sachs and Woo, "Structural Factors in the Economic Reforms of China, Eastern Europe and the Former Soviet Union", Paper presented at the Economic Policy Panel Meeting in Brusssels(Belgium, October22-23, 1993); Qian and Xu, "Why China's Economic Reform Differ: The M-Form Hierarchy and Entry/Expansion of the Non-state Sector",*The Economics of Transition* (Forthcoming). 這些作者只看到初始條件的不同而使中國增量式改革具有較低的成本,卻忽略了東歐和前蘇聯由於價格扭曲更嚴重而可能使增量改革有更大的收益。因而,不應該以初始條件不同而否定中國改革的普遍意義。

如本書前面的章節所反覆證明的，大多數開始進行改革的國家都曾經推行過趕超型的發展戰略，並在此前提下形成了扭曲產品和要素價格的宏觀政策環境、高度集中的資源計畫配置制度和毫無自主權、缺乏激勵的微觀經營機制。在這樣一個三位一體的傳統經濟體制下，各國都具有十分緊迫的改善微觀激勵機制和經營效率的壓力，也都具有急需矯正的扭曲經濟結構或亟待發展的受壓抑產業部門，以及進行矯正所需的價格信號。而中國的改革恰恰是一個從改進微觀激勵機制，進而鬆動資源配置制度，推動價格體系的改革，與此同時通過新增資源的配置實現結構調整的漸進過程。

　　既然實行經濟改革的國家在傳統經濟體制的形成方面與中國有著十分相似的邏輯，又都面臨著所要解決的共同問題，因而總結中國改革的經驗和成功的原因，由此概括和論證漸進式改革所具有的特點和優越性，對於其他改革中國家應具有普遍的意義。

　　1.漸進式改革最接近於「帕累托改進」或「卡爾多改進」。經濟改革必然要涉及較大範圍的利益結構調整。在扭曲要素和產品價格的宏觀政策環境下，廉價資源通過傳統的計畫配置制度流向合乎國家發展戰略目標的重工業企業和部門。對這種資源配置制度和宏觀政策環境進行改革，雖然會通過結構調整和效率改進帶來收益，但也不可避免地會使這批已成為既得利益者的企業和部門受損。因此，從宏觀政策環境入手的改革必然是「非帕累托改進」，而如果經濟改革不能對這些既得利益集團給予足夠的補償，即不具有「卡爾多改進」的性質，就會使

改革的阻力加大。從微觀經營機制入手的改革，即通過向微觀經營單位放權讓利，改進激勵機制和提高經濟效率，加速了新資源的增長，並使國家、企業和職工都增加了收入，這種沒有受損者的改革具有「帕累托改進」的性質，由第一階段改革引發的社會財富的快速增長，提高了改革中的經濟補償能力，為改革進入到宏觀政策環境的層面創造了條件，並使下一步的改革具有「卡爾多改進」的可能。

選擇「休克療法」的改革方式，由於一開始就進入到價格改革和資產存量改革，而不以微觀層次及資源增量為前提，因而必然是一種「非帕累托改進」和「非卡爾多改進」。中國的改革沒有一開始就從改革價格體系、資產存量入手，而是從改進微觀激勵出發，通過向微觀經營單位放權讓利、擴大自主權改進激勵機制和效率，這種改革所涉及的對象——微觀經營單位是改革的受益者，甚至成為放權讓利的既得利益者，因而改革可以得到它們的支持，避免了「非帕累托改進」和「非卡爾多改進」式改革可能產生的社會震盪。

在漸進式改革條件下，微觀經營單位擁有部分新增資源的配置權以後，在利潤動機的驅使下，就會將這種新增資源配置在原來受壓抑的部門。微觀經營機制中缺乏獨立自主權和激勵不足，是推行趕超戰略國家共有的弊端，而受壓抑部門雖因各國發展水平和資源稟賦存在差異而有所不同，但這類在傳統經濟體制下受壓抑的產業或部門仍然具有共同的特徵。

首先，具有較高的相對價格水平。正如已經指出的，這些部門通常都是在傳統發展戰略下受壓抑的部門，因此這些部門

的產品在經濟中的稀缺性較高。這種長期的稀缺狀況會逐漸反映到計畫價格的調整中，使其相對價格處於較高的水平。以中國爲例，在重工業優先增長的戰略下，農業和輕工業都是受壓抑的部門。以1952年爲基期，1979年重工業產值指數高達29.9倍，而農業和輕工業的產值指數分別爲17.3倍和10.6倍，僅爲重工業指數的57.9%和35.5%，這種不平衡的發展反映在價格變動中，農業和輕工業價格的提高速度快於重工業。以1950年爲基期，1979年農副產品收購價格總指數爲265.5，國營商業零售牌價中，消費品（包括農產品和輕工業品）的價格指數爲135.1，日用品類（輕工業品）的價格指數爲127.1，而農業生產資料（代重工業品）的價格指數僅爲100.5。這種相對有利的價格，使這些受壓抑的部門有強烈的發展動力，也誘使新的生產者進入。

其次，具有較大的需求缺口。在計畫體制下，價格並不能把受抑制部門的稀缺性全部結清，而是留下一個供不應求的缺口，這個不足的供給量或價格沒有結清的需求量便由配給的方式來解決。事實上，1980年代以前中國從食品到日用品存在著普遍的短缺，憑票憑證才可以購買，或者乾脆只有少數人憑「特殊身分」才能夠獲得。這些部門的產品不能滿足需求，也構成了其發展和進入的動機和動力。

第三，進入成本低，在傳統發展戰略下受壓抑的部門本來是具有比較優勢的部門，即其資本密集程度低，使用較多的勞動力。根據有關資料[18]，我們計算了典型低收入經濟中幾個部

18　王慧尚、楊光輝，《中國經濟結構變化與增長的可能性和選擇方案》
　　（北京：氣象出版社，1984），頁65、68。

門增加值中的固定資本含量，農業、輕工業和重工業分別為53.4
％、67.2％和80.0％。在中國的要素稟賦結構下，這些改革推進
部門具有勞動密集、資本形成門檻較低的特點。鄉鎮企業也正
是以其勞動力豐富、廉價的比較優勢進入工業結構之中，從而
成為推進改革的部門。

通過放權讓利的選擇改進激勵機制和效率，以及新增資源
在受壓抑部門的配置，帶來了迅速的增長和巨大的收益。單就
這個過程來談幾乎沒有改革的受損者。然而無論是國有企業獲
得經營自主權或新增資源的配置權還是非國有經濟的進入，都
會對資源的計畫配置制度和傳統的宏觀政策環境提出改革的要
求，從而使改革進入了「非帕累托改進」的敏感階段。

但是，新增資源在受壓抑部門的配置已經大大促進了增
長，給社會帶來了巨大的收益。這種收益表現在產品的豐富、
居民收入水平的提高和各級政府可掌握財政收入的增加。在這
種條件下，一方面企業和個人提高了對價格改革可能造成的利
益損失的承受能力，另一方面各級政府有能力對那些在價格改
革中受損的企業和個人給予補貼。雖然政府對國有企業的補貼
帶有保護的性質，是傳統戰略思想的產物，但從其能夠以較小
的社會摩擦成本達到矯正價格信號的效果來看，也具有積極意
義。而在消費品價格改革中對居民進行的補貼，則具有矯正消
費品價格扭曲和工資扭曲的效應，在中國被稱為「暗補變明
補」。

2. 漸進式改革具有內在邏輯上的有序性和不可逆性。中國
和所有其他曾推行趕超戰略的國家，其傳統經濟體制的形成有

著相似的內在邏輯。即這種經濟體制是內生形成的,具有內在的高度統一性,體制的各個組成部分具有不可分性和制度上的適應關係。從中國經濟改革的實際過程來看,改革首先著眼於微觀激勵機制的改進,並使微觀經營單位獲得對新增資源的配置權,同時,鼓勵非國有經濟企業的進入。

由於這種新增的資源通常配置到傳統經濟體制下受壓抑的部門,所以帶來的增長和收益是巨大的。國有企業對新增資源的使用和以鄉鎮企業為代表的非國有經濟的介入,又推動了資源配置制度的改革,形成資源配置和價格的雙軌制。產品和要素影子價格的出現,以及在邊際上對經濟的調節作用,進而為宏觀政策環境改革提出了要求,創造了條件。所以,雖然中國的改革最初並沒有一個明確的目標模式或改革藍圖,但由於經濟體制內在的三位一體性質,使這個從微觀經營機制開端的改革事實上呈現出鮮明的邏輯性或有序性。

不僅如此,這個有序的改革推進過程還具有不可逆的性質。正如我們已經看到的,在宏觀政策環境尚未改革時,微觀經營機制和資源配置制度上的放權讓利的改革先行,帶來了制度上的不協調,破壞了傳統經濟體制的內部統一性,因而產生了一系列問題。這時,政府為了維持經濟體制的協調性,可以有兩種選擇,一種是把在微觀經營機制和資源配置制度上的權力再收回來,使它們與宏觀政策環境相適應,另一種是把改革推進到宏觀政策環境的層次,使經濟體制在市場經濟的基點上取得新的適應性。

正如實際中所發生的,面對中國改革過程中所出現的諸多

問題，政府曾多次嘗試採用第一種辦法，即重新收權，導致改革進程中的周期性。但由於兩個原因使這種倒退的辦法既不能解決問題，又不能堅持下去。

第一，微觀經營機制上的改革使國有企業、農民和非國有經濟不同程度地獲得經營自主權和經濟利益，從而使這些微觀經營單位成為這種改革的既得利益者。收權的辦法無疑侵害了它們的利益，必然引起積極或消極的抵制，出現所謂的「上有政策，下有對策」的現象。

第二，微觀經營機制改革所導致新增資源的配置具有很大的收益，從這個意義上說國家也是這個改革的受益者。當國有企業經營自主權再次被剝奪、鄉鎮企業發展受到壓抑時，經濟增長就大大減緩，財政收入便捉襟見肘。因此，國家只好再次放權。與此同時，為了取得體制上的協調，通常要在宏觀政策環境的改革方面邁進一步。中國的改革正是在這樣的方式下推進的。雖然反復出現短暫的停滯，但前進的總方向是不可逆轉的。

3. 漸進式改革能使「分兩步跨越同一條鴻溝」成為現實。對於所有進行改革的國家，價格扭曲都是傳統經濟體制的一個主要弊端。因此，無論改革採取何種方式，改革時間表怎樣制定，價格改革或宏觀政策環境的改革遲早要提到議事日程上。在東歐國家和前蘇聯所採取的「休克療法」中，價格通常採取一下子放開的方式，其理論依據是一個人不可能「分兩次跨越同一條鴻溝」，即價格信號要嘛是扭曲的，要嘛是正確反映資源供求和相對稀缺性的，多重價格必然導致多重規則從而多重性的行為方式。因此，一步跨越鴻溝是不可避免的。

　　但是，問題在於，壓低要素和產品價格的宏觀政策環境的長期實行，已經形成了相應的既得利益格局，採取一下子完全放開價格的改革方式具有很大的風險。換句話說，如果從扭曲價格到市場價格之間的鴻溝過寬，以致一步不能夠跨越，便有落溝的危險。現實中，這種風險來自兩個方面。

　　第一，既得利益集團的抵制。在中國，大中型國有企業是低要素價格和低能源、原材料價格政策的受益者，因而是潛在的價格改革的反對者。由於大中型國有企業的領導人與政府官員有著密切的聯繫，以及雇傭著巨大數量的工人，又使其具有很強的抵制能力。城鎮居民是低消費品價格政策的受益者，同樣與政府官員有著密切關聯，組織成本較低，容易形成抵制集團。所以，價格改革如果使這兩個利益集團損失過大而不能得到補償，就難以成功。

　　第二，經濟增長的停滯乃至衰退。價格信號的矯正無疑會最終引導企業提高競爭力，形成符合比較優勢的產業結構。但傳統經濟體制下產業結構的扭曲與價格的扭曲是成正比的。價格放開後，結構調整必然涉及到存量部分，以致不可避免地產生經濟增長先下降後上升的「J」字型軌跡，甚至可能是長期衰退的「L」型。

　　中國的價格改革採取了「在計畫內調整，讓計畫外生長」的雙軌制過渡方式。微觀經營環節的改革使企業獲得了利用新增資源發展的機會，相應地，企業提出了自己根據市場信號在計畫外配置資源的要求，以至形成了雙軌並存的資源配置制度和價格體系。由於是「高價進高價出、低價進低價出」，所以

企業並不反對計畫外資源配置制度和市場價格的出現。而市場價格的合法化，為計畫內價格的調整提供了參照系和要求，因而可以在企業能夠接受的幅度內和能夠接受的方式（如給予補貼）下進行價格調整。由於經濟快速增長主要是由計畫外的非國有經濟作出的，所以市場價格調節生產的範圍和總量不斷擴大，因而即便計畫價格調節的範圍和總量不變甚至有所擴大，計畫調節會隨著其相對份額不斷縮小對經濟運行的影響力越來越小。此外，通過逐步調整，計畫內價格與市場價格的差別也大大縮小，以致由此帶來的利益差別也不再那麼重要。這時，鴻溝已經近於填平，可以毫無風險地分兩步跨越過去。通過這種方式，雖然中國改革過程中宏觀政策環境改革相對滯後，但卻是風險小從而成本低的改革。

　　中國外匯改革就是一個最好的例證。最初是為了調動微觀經營單位創匯積極性，擴大企業使用外匯的自主權而實行外匯留成制度，進而形成外匯配置制度和匯率的雙軌制。1988年則正式開放了外匯調劑市場，使匯率和外匯配置的市場範圍不斷擴大，以至到1994年實行匯率併軌，即按照市場水平調整並形成單一匯率之前，80%的外匯已經是通過調劑市場根據市場匯率進行配置了，同時，官方匯率也經歷了多次調整，使之與市場匯率的差別大大縮小。因此，匯率並軌這一重大舉措實現了平穩的過渡。

　　4. 漸進式改革有利於保持改革過程中速度和穩定兩種要求之間的平衡。改革要想得到大多數社會集團的支持、領導改革的政黨或政府要想取得大多數人民的信任，必須採取一種能夠在改革和發展進程中把握住速度和穩定平衡的改革方式，並以

此機制來保持經濟改革的非激進性質。

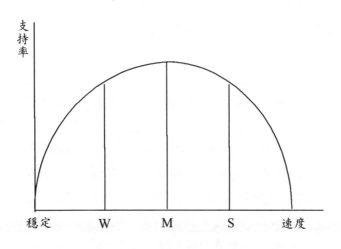

圖9.3　改革主張的投票模型

　　這裡，讓我們借用一個「投票模型」[19] 加以說明(圖9.3)。假定社會對於改革的態度可以劃分為強調穩定(中位線左方)和強調速度(中位線右方)兩類，在領導層相應形成兩種有分歧的改革主張(W和S)。對改革持比較極端態度的社會成員，具有比較明確的支持對象，處於W左方的和處於S右方的分別支持W和S主張。在兩種政策主張都不作修正的情況下，其餘社會成員傾向於以中位線為界，分別支持W和S。從圖中可以看出，如果W

19　David, "Political Economy of Economic Policy - The Quest for Humam Betterment", *Praeger Publisher*, 1988, pp.189-191.

和S中任一方朝著對方的方向修正意見，就可以通過中位線向對方移動使自己獲得更多的支持。在雙方都作這樣選擇的情況下，**就減輕了兩種改革主張的極端程度**。一方面，穩定主張者也關心速度，另一方面，速度主張者也要講穩定。

從該模型所描述的機制看，在兩種改革主張具有均等的影響力的條件下，它們的同時存在和相互制衡是十分必要和有益的。然而，這種機制能夠發揮作用的條件是改革具有漸進的性質，因為一旦改革採取了「休克療法」，社會集團和全體居民也就不再有機會選擇，改革的進程和激進程度就不再是可以操作的。

中國的改革是在中國共產黨領導下進行的。因而在領導階層並不存在一個足以與堅持改革的主流意見相抗衡的共識集團。但是，在改革的力度和時機的選擇和措施的偏向上仍然存在著分歧。比較能夠形成互相制衡、互相補充的兩種意見可以分別表述為以穩定為主的改革主張和以速度為主的改革主張。前者更加重視制度的穩定性，主張改革和增長都要慢一些、穩妥一些；後者具有更強烈的緊迫感，主張改革更激進一些，並以更快的增長速度建立起人民群眾對改革的信心。

由於中國的改革採取了漸進的方式，社會上和執政黨內因而有機會進行不斷的選擇，並不斷糾正過激的改革措施，同時每當改革在政治上遇到阻礙進而停滯不前時，上述機制還起著推動改革前進的作用。事實上，中國20年的經濟改革經歷過一些起伏，有時調整與改革產生一些矛盾，正是這種糾偏機制在起作用，使中國的改革能夠穩健地持續下去。維持這種速度與穩健的統一，就足以使人們樹立起改革必然成功的信心。

第十章
全書總結

　　在過去的20年裡，中國的經濟改革取得了極大的成功，並由此推動了國民經濟的高速增長和人民生活水平的提高。中國是世界上最大的國家，在歷史上曾經歷了由人類文明的頂峰跌入谷底的過程，並長期處於貧困落後的狀態，因而她的重新崛起引起了世界範圍的關注。本書立足於中國的經驗，並結合其他國家和地區發展與改革的經驗，系統概括了壓抑中國經濟發展的傳統經濟體制的形成邏輯、內在統一性、改革的過程及其產生的矛盾，並指出改革的正確方向和中國經驗對其他改革中國家的普遍意義。

　　中國傳統經濟體制形成的邏輯起點是資本密集型重工業優先發展戰略的選擇。在一個經濟發展水平低、資本極為稀缺的經濟中優先發展資本密集型的重工業，必須人為地壓低資本、外匯、能源、原材料、勞動力和生活必需品的價格，以降低重工業資本形成的門檻。扭曲生產要素和產品價格的制度安排造成了整個經濟的短缺現象，為了把短缺的資源配置到戰略目標

所青睞的重工業部門，就要有一個不同於市場機制的資源配置制度。為了保證微觀經營單位的剩餘的使用方向也合乎戰略目標的要求，通過工業的國有化和農業的人民公社化建立起與此趕超戰略相適應的微觀經營機制。在扭曲價格的宏觀政策環境之下，微觀經營單位缺乏客觀評價經營績效的標準，為防止其經理人員和職工侵蝕利潤和國有資產，國家就不能給微觀經營單位以經營自主權。

可見，在傳統經濟體制中，只有重工業優先發展的趕超戰略是政府主動選擇的，是外生變量；而扭曲價格的宏觀政策環境、資源計劃配置制度和沒有自主權的微觀經營機制則是相應於重工業優先發展戰略而形成的，是內生變量。這三種內生形成的制度安排構成了一個有機的整體，具有不可分割的性質。

傳統經濟體制是為推行重工業優先發展戰略，以實現趕超發達國家的目標服務的。然而，沒有自主權的微觀經營機制造成勞動激勵不足，排斥市場機制的資源計劃配置制度減低了競爭的壓力，扭曲的宏觀政策環境則造成了扭曲的經濟結構，因此，經濟效率低下，增長難於持續，傳統經濟體制並沒有實現趕超的使命，相反卻導致了1980年代以前中國經濟增長緩慢，人民生活長期得不到提高的結果。

始於1970年代末的中國經濟改革，首先是從微觀經營環節上的放權讓利開始的。在國有經濟部門，放權讓利式的改革改進了激勵機制，提高了生產率，並使企業獲得了對部分新增資源的配置權。企業在利潤動機的驅使下，將這部分新增資源配置到在傳統經濟體制下受壓抑的部門。在農村，家庭承包責任

制的實行也同樣提高了農民的積極性，創造出了新增資源，通過鄉鎮企業的迅速發展，這部分新增資源也被配置到原先受壓抑的部門。

傳統發展戰略的目標是優先發展資本密集的重工業，壓抑的是符合中國比較優勢的勞動密集型產業。因此，受壓抑部門的發展具有矯正扭曲的產業結構和發揮資源比較優勢的效應，由此帶來了中國經濟的巨大增長，並創造出1980年代以來一直保持接近10％的平均增長速度的世界奇蹟。微觀經營單位對新增資源擁有配置權後，就需要有計劃外的資源配置制度與它配合，雖然最初政府只允許企業進行實物串換而不準買賣，但以物易物過程中形成的影子價格衝擊了扭曲價格的宏觀政策環境並提出了改革的要求，於是出現了資源配置和價格的雙軌制。

扭曲價格的宏觀政策環境是在資金稀缺的環境下維繫資金密集型重工業優先發展戰略的基本制度安排，它的逐步鬆動減弱了傳統發展戰略的影響；大中型國有企業是推行重工業優先發展戰略的基本力量，然而在以鄉鎮企業為代表的非國有經濟快速增長的態勢下，它們在國民經濟中的作用的日益下降，這也對傳統發展戰略產生了越來越強烈的衝擊。

至此，我們可以回答本書緒論所提出的第一個問題：改革以前中國發展緩慢的根本原因在於推行了不符合中國比較優勢的重工業優先發展戰略；而改革以來中國經濟得以迅速發展的關鍵則在於改革三位一體的傳統經濟體制，使中國所具有的資源比較優勢能夠發揮出來。從其他發展中國家和地區的經驗也同樣可以看出，凡是推行趕超戰略的發展中經濟，如中南美洲

的許多國家和印度、菲律賓等亞洲國家，都形成了缺乏效率的
經濟體制，經濟發展績效都不如人意；凡是借助於市場機制的
作用使自身資源比較優勢得以發揮的經濟，如亞洲四小龍，都
形成了另一種富有效率的經濟體制，並實現了經濟的快速發
展。可見，歸根結柢，經濟改革的核心是改變三位一體的傳統
經濟體制，實現經濟發展戰略的轉軌。

　　但是，中國經濟改革還遠遠沒有完成，在改革進程中還面
臨著一系列的矛盾。傳統經濟體制是由一套互為條件、互相適
應的制度安排構成的。雖然從微觀經營機制起步的改革，必然
推動資源配置制度的改革，進而對宏觀政策環境的改革提出要
求。然而，在國家沒有根本放棄資金密集型產業優先發展的趕
超戰略的條件下，政府仍然要保護或新建一批實行其戰略意圖
的大中型國有企業，價格改革特別是生產要素價格的改革就必
然相對滯後。

　　隨著具有經營自主權的微觀經營環節可支配的新增資源的
數量越來越大，資源配置制度也越來越鬆動，與仍然偏低的利
率、匯率和能源、原材料價格體系的矛盾就越來越大。企業的
擴張要求常常會受到能源、交通等基礎產業的鉗制，形成瓶頸
對速度的制約，從而導致經濟增長的巨大波動；在低利率政策
環境下，非國有經濟與國有企業相比在爭奪資金方面具有較強
的競爭力，而國家又要保國有企業的貸款，只好用增發貨幣的
方式彌補信貸的不足，從而導致內生型的通貨膨脹；在資源配
置和價格雙軌制的條件下，企業的利潤動機的增強誘發出強烈
的尋租欲望，使經濟生活中滋生腐敗；趕超戰略一日不能實現

轉軌，國有企業就要承擔政策性負擔，從而企業改革不能真正成功，因而金融體制的改革也受到制約。

當這些「一放就亂」的現象嚴重到傷害整個經濟運行時，傳統的計劃手段往往復歸，強制性地緊縮並壓制非國有經濟的擴張，造成改革進程中的循環往復。由此，可以回答緒論中提出的第二個問題，中國經濟改革進程中出現的「活亂」循環，根源在於經濟改革過程中一部分環節的改革先行造成了經濟體制內部的制度不配套，而走出「活亂」循環和解決其他諸多轉型過程中問題的關鍵在於盡快把改革深入到宏觀政策環境的層次，使三位一體的經濟體制在比較優勢戰略下形成新的內部一致性。

雖然中國經濟改革不斷經歷著起伏迭宕，「活亂」循環反復出現，但改革的線索十分清晰，改革的最終目標也愈益明朗。中國的改革最先從改進微觀激勵機制入手，通過微觀經營機制上的放權讓利，促進了新增資源的創造和這部分資源在受壓抑部門的配置，引起經濟的迅速增長和產業結構的調整。在放權讓利式的改革中，不僅微觀經營單位是既得利益者，整個社會皆由此獲益。

因此，當先行的微觀經營機制和資源配置制度改革與宏觀政策環境發生矛盾，產生制度安排上的不適應性時，雖然政府常常傾向於選擇行政性收權的傳統方式，以解決前者與傳統戰略下的宏觀政策環境不相適應的問題，但結果是既得不到微觀經營單位的支持，還造成自身財政收入的拮据，最終只能採取改革宏觀政策環境，使其與有所改變的微觀經營機制和資源配

置制度相適應的辦法。漸進式改革正是在這種機制中向縱深發展的。

　　可見，中國的改革就其自身邏輯具有不可逆性。如果政府能夠自覺地認識到改革的不可逆性和實行比較優勢戰略的迫切性，中國的改革過程將更少曲折，速度將更快。我們對於緒論中提出的第三個問題的回答就是：只要沿著正確的方向堅持改革，就能克服前進過程中的困難，逾越各種障礙；而不斷獲得成功的改革又將有力地支持持續、快速、健康的經濟增長。一旦有了這個保障，下個世紀初中國超過美國和日本，成爲世界上最大的經濟體，進而創造中華民族由衰至盛的人間奇蹟，就不是天方夜譚。

　　中國的改革方式也是成功的。與東歐和前蘇聯紛紛採取激進的「休克療法」的改革方式不同，中國迄今爲止走的是一條漸進的改革之路。這種漸進的改革道路不是從涉及較大利益結構調整的宏觀政策環境改革起步，而是著眼於改進微觀激勵機制，給微觀經營單位放權讓利，新增資源的創造和向受壓抑部門的配置給全社會都帶來了好處，當先行的微觀經營機制和資源配置制度改革要求進行價格改革與其配套時，社會收益的增加使政府有能力對可能受損的利益集團給予補償，因而中國的改革具有「帕累托改進」或「卡爾多改進」的性質。

　　中國的改革在邏輯上是有序的。在微觀經營機制上的改革使微觀經營單位獲得新增資源的配置權後，就不可能繼續維繫單一的資源計劃配置制度和統制價格制度了，改革自然地要從微觀經營機制深入到資源配置制度上，資源配置和價格雙軌制

就是它合乎邏輯的拓展；而雙軌制的形成和市場軌的擴大，進一步要求宏觀政策環境與之相適應，改革便進到更深的層次。在實行雙軌制的過程中，一方面市場機制的調節範圍不斷擴大，另一方面計劃價格也在不斷調整，以逐步向市場價格水平靠攏，扭曲價格的宏觀政策環境對經濟運行的影響力越來越小，最終就能以極小的風險和代價跨越這條鴻溝。

除此之外，中國的漸進式改革道路為人民和政治領導人提供了選擇改革具體實施步驟的機會，以保證整個改革過程中速度與穩定的恰當均衡，減小社會震動和過大的摩擦。由此我們便可以回答結論中所提出的第四個問題，中國改革成功的一個重要保障是採取了一條代價低、風險小，又能及時帶來收益的漸進道路。而東歐和前蘇聯由於選擇了相反的改革方式，產生了巨大的摩擦和社會動盪，給社會和人民帶來了諸多困難和災難。既然改革中國家的傳統經濟體制有其共同的根源，其弊端的性質也是相同的，改革的道路也應該是相通的。所以，中國改革的經驗是具有普遍意義的，而不是獨特的。

參考文獻

一、中文部分

王慧尚、楊光輝主編

1984　《中國經濟結構變化與增長的可能性和選擇方案》（北京：氣象出版社）。

中國社會科學院經濟研究所

1987　《中國鄉鎮企業的經濟發展與經濟體制》（北京：中國經濟出版社）。

世界銀行

1983　《中國：社會主義經濟的發展》（華盛頓）。

1983　《世界發展報告（1983）》（北京：中國財政經濟出版社）。

1984　《如何管理技術發展，可供中國考慮的一些問題》（北京：氣象出版社）。

1985　《中國：長期發展的問題和方案》（北京：中國財政經濟出版社）。

1986　《世界發展報告（1986）》（北京：中國財政經濟出版社）。

1988　《世界發展報告（1988）》（北京：中國財政經濟出版社）。

　1991　《世界發展報告(1991)》（北京：中國財政經濟出版社）。

　1993　《世界發展報告(1993)》（北京：中國財政經濟出版社）。

　1995　《世界發展報告(1995)》（北京：中國財政經濟出版社）。

　1997　《世界發展報告(1997)》（北京：中國財政經濟出版社）。

世界銀行1984年經濟考察團

　1987　《中國：長期發展的問題和方案，附件5，從國際角度來看
　　　　中國的經濟體制》（北京：中國財政經濟出版社）。

石中

　1995　《不應把比較優勢的邏輯推向極端》，《戰略與管理》，
　　　　1995年第3期。

托達羅

　1988　《第三世界的經濟發展(上)》（北京：中國人民大學出版社）。

伊特韋爾、米爾蓋特、紐曼編

　1992　《新帕爾格雷夫經濟學大辭典》（北京：經濟科學出版社）。

多馬

　1983　《經濟增長理論》第九部分「蘇聯的增長模型」（北京：商
　　　　務印書館）。

杜海燕等

　1990　《國有企業自主權、市場結構和激勵制度》，《經濟研究》，
　　　　1990年第1期。

李京文主編

　1995　《走向21世紀的中國經濟》（北京：經濟管理出版社）。

李斯特

　1961　《政治經濟學的國民體系》（北京：商務印書館）。

李溦

　1993　《農業剩餘與工業化資本積累》（昆明：雲南人民出版社）。

李德彬

1987　《中華人民共和國經濟史簡編(1949-1985年)》（長沙：湖南人民出版社）。

亞洲開發銀行

1990　《1990年亞洲發展展望》。

阿瑟‧劉易斯

1994　《經濟增長理論》（上海：上海三聯書店，上海人民出版社）。

拉爾

1992　《發展經濟學的貧困》（昆明：雲南人民出版社）。

林毅夫

1992　《制度、技術與中國農業發展》（上海：上海三聯書店）。

林毅夫、李周

1992　〈戰略抉擇是經濟發展的關鍵——二戰以後資本主義國家經濟發展成敗的透視〉，《經濟社會體制比較》，1992年第1期。

林毅夫、蔡昉

1989　〈論我國通貨膨脹及其治理〉，《發展研究通訊》，1989年第2期。

林毅夫、蔡昉、李周

1999　《中國國有企業改革》（香港：中文大學出版社）。

林毅夫、蔡昉、李周、沈明高

1993　〈當前經濟改革與發展中的主要問題及其對策〉，《經濟工作者學習資料》1993年第23期。

周其仁

1994　《中國農村改革：國家和所有權關係的變化——一個經濟制度變遷史的回顧》，《中國社會科學季刊》，1994年夏季卷。

金耀基

1987　《東亞經濟發展的一個文化詮釋》，《信報財經月刊》，
　　　1987年11月。

胡和立

1989　〈廉政三策〉、〈1988年我國部分租金的估算〉，載《腐敗：
　　　貨幣與權力的交換》（北京：中國展望出版社）。

胡祖六

1993　〈走向富強──國際上怎樣評估中國的經濟地位〉，《經濟
　　　研究資料》，1993年第21期。

查爾斯・威爾伯主編

1984　《發達與不發達問題的政治經濟學》（北京：中國社會科學
　　　出版社）。

科爾內

1986　《短缺經濟學(上)》（北京：經濟科學出版社）。

格里芬

1992　《可供選擇的發展戰略》（北京：經濟科學出版社）。

馬洪主編

1982　《現代中國經濟事典》（北京：中國社會科學出版社）。

馬洪、孫尚清主編

1981　《中國經濟結構問題研究》（北京：人民出版社）。

1993　《現代中國經濟大事典》（北京：中國財政經濟出版社）。

孫培均主編

1991　《中印經濟發展比較研究》（北京：北京大學出版社。

孫潭鎮、朱鋼

1993　《我國鄉鎮制度外財政分析》，《經濟研究》，1993年第9
　　　期。

徐滇慶

1998 《世界格局與中國經濟發展策略──世紀之交的理論思考》
（北京：經濟科學出版社）。

麥金農

1988 《經濟發展中的貨幣與資本》（上海：上海三聯書店。

1993 《經濟自由化的順序》（北京：中國金融出版社。

盛斌、馮侖主編

1991 《中國國情報告》（瀋陽：遼寧人民出版社）。

陳文鴻等

1998 《東亞經濟何處去──'97東亞金融風暴的回顧與展望》（北
京：經濟管理出版社），頁62-63。

陳立成等

1987 《發展中國家的經濟發展戰略與國際經濟新秩序》（北京：
經濟科學出版社）。

國家統計局國民經濟平衡統計司編

1987 《國民收入統計資料匯編(1949-1985)》（北京：中國統計出
版社）。

國家統計局編

歷年 《中國統計年鑑》（北京：中國統計出版社）。

1987 《中國工業經濟統計資料》（北京：中國統計出版社）。

1998 《成就輝煌的20年》（北京：中國統計出版社）。

國家經濟體制改革委員會編

1992 《中國經濟體制改革年鑑(1992)》（北京：改革出版社）。

湯姆·肯普

1985 《現代工業化模式──蘇日及發展中國家》（北京：中國展
望出版社）。

湯曉莉、陸磊

　　1998　〈利率市場化晨光熹微〉，《經濟學消息報》，1998年10月
　　　　　16日。

馮蘭瑞、趙履寬

　　1982　《中國城鎮的就業和工資》（北京：人民出版社）。

普列奧布拉任斯基

　　1984　《新經濟學》（北京：生活・讀書・新知三聯書店）。

發展研究所綜合課題組

　　1988　《改革面臨制度創新》（上海：上海三聯書店）。

傅政羅等

　　1990《亞洲「四小」與外向型經濟》（北京：中國對外貿易出版社）。

楊堅白

　　1991　《速度・結構・效率》，《經濟研究》，1991年第9期。

過大江

　　1994　〈臺灣的金融業及金融自由化、國際化〉，載易綱、許峰主
　　　　　編，《臺灣經驗與大陸經濟改革》（北京：中國經濟出版社）。

廖季立

　　1982　〈關於中國經濟體制改革的問題〉，《1981年中國經濟年鑑
　　　　　（簡編）》（北京：經濟管理出版社）。

趙德馨主編

　　1989　《中華人民共和國經濟史》（鄭州：河南人民出版社）。

鄭友敬、方漢中

　　1992　《經濟增長趨勢研究》，《經濟研究》，1992年第2期。

鄭先炳

　　1991　《利率導論》（北京：中國金融出版社）。

鄭京平

　1996　《中國人均GDP到底爲多少美元》，《經濟學消息報》，
　　　　1996年9月13日。

樊綱

　1993　〈兩種改革成本與兩種改革方式〉，《經濟研究》，1993年
　　　　第1期。

蔣碩傑

　1983　〈臺灣經濟發展的啓示〉，臺灣《中國時報》，1983年6月
　　　　13日。

　1984　〈亞洲四條龍的經濟起飛〉，臺灣《中國時報》，1984年3
　　　　月29日。

蔡昉

　1994　〈農村經濟發展不平衡的實證分析與戰略思考〉，《農村經
　　　　濟與社會》，1994年第3期。

　1990　〈我國城市化的新階段〉，《未來與發展》，1990年第5期。

盧文

　1997　《鄉鎮企業產權制度改革的發展》，《中國農村經濟》，
　　　　1997年第11期。

盧中原

　1996　《積極推進國有小企業改革》，《中國工業經濟》，1996年
　　　　第4期。

錢納里等

　1988年《發展的型式(1950-1970)》（北京：經濟科學出版社）。

劉易斯

　1989　《二元經濟論》（北京：北京經濟學院出版社）。

劉國光主編

　1988　《中國經濟體制改革的模式研究》（北京：中國社會科學出

版社）。

謝平

1992 《中國金融資產結構分析》，《經濟研究》，1992年第11期。

謝百三

1992 《當代中國的若干經濟政策及其理論(1991年增訂本)》（北京：中國人民大學出版社）。

聯合國工業發展組織

1980 《世界各國工業化概況和趨向》（北京：中國對外翻譯出版公司）。

薛暮橋

1979 《中國社會主義經濟問題研究》（北京：人民出版社）。

蘇星

1980 《我國農業的社會主義改造》（北京：人民出版社。

二、外文部分

Adams, F. G. and Davis, I.

1994 "The Role of Policy in Economic Development: Comparisons of the East and Southeast Asian and Latin American Experience", *Asian-Pacific Economic Literature*, vol.8 no.1(May 1994).

Aoton, Basil, Kenneth Hill, Alan Piazza and Robin Zeitz

1984 "Famine in China, 1958-1961 ", *Population and Development Review*, vol. 10(December 1984), pp. 613-45.

Chen, Jefferson, and Singh

1992 "Lessons from China's Economic Reform", *Journal of Comparative Economics* 16.

Chenery, Hollis B.
1961 "Comparative Advantage and Development Policy ", *American Economic Review*, vol. 51 (March).

Cho, S.
1994 "Government and Market in Economic Development ", *Asian Development Review*, vol. 112 no. 2.

Cipolla, Carlo M.
1980 *Before the Industrial Revolution: European Society and Economy, 1000-1700*(2nd Ed., New York: Norton).

David, W. L.
1988 *Political Economy of Economic Policy--The Quest for Human Betterment*(Praeger Publisher).

Domar, Evsey
1946 "Capital Expansion, Rate of Growth, and Employment ", *Econometrica*, pp. 137-47.

Fei, J. and G. Ranis
Development of the Labour Surplus Economy: Theory and Policy(Homewood, Ill.: Richard D. Irwin.Inc).

Freeman, C.
1987 *Technology Policy and Economic Performance: lessons from Japan*(University of Sussex).

Garnaut, Ross and Guonan Ma
Grain in China(Canberra: East Asia Analytical Unit, Department of Foreign Affairs and Trade).

Haggard, S.
1988 "The Politics of Industrialization in the Republic of Korea and Taiwan", in Hughes, H. (ed.), *Achieving Industrialization in*

Asia(Cambridge: Cambridge University Press).

Harrold, Peter
  1992 *China's Reform Experience to Date*(Washington, D.C.: World Bank Discussion Paper).

Harrold, Roy F.
  1939 "An Essay in Dynamic Theory", *Economic Journal*, p. 1433.

Hayami,Y.
  1994 "Are There Lessons to Be Learned--a Commentary on The Asia Miracle"(Nov).

Hecksher, E.
  1955 *Mercantilism*, 2 Vols.(Rev. 2d ed., Allen & Unwin).

Hoffmann, Walter
  1958 *Growth of Industrial Economics*(Manchester: Manchester University Press).

James, William E., Seiji Naya and Gerald M. Meier
  1987 *Asian Development: Economic Success and Policy Lessons*(San Francisco: ICS Press).

Jefferson, G., T. Rawski, and Y. Zheng
  1992 "Growth, Efficiency, and Convergence in China's State and Collective Industry ", *Economic Development and Cultural Change*, vol. 40, no. 2(January), pp. 239-266.

Jones, H. G.
  1976 *An Introduction to Modern Theories of Economic Growth*(New York: McGraw-Hill).

Kaldor, N.
  1939 "Welfare Propositions of Economics and Interpersonal Comparisons of Utility", *Economic Journal*, vol. 49(September), pp.

549-551.

Kornai, J.
1990　*The Road to a Free Economy*(New York: Norton).

Krugman, Paul
1994　"The Myth of Asia's Miracle", *Foreign Affairs*, vol. 73, no. 6(November/December).
1998　"What Happened to Asia? ", Http://web.mit.edu/krugman/www/DISINTER.html(January).

Kuznetz, Simon
1971　*Economic Growth of Nations Total Output and Production Structure*(MA: Harvard University Press).

Lal, Deepak
1985　*The Poverty of "Development Economics"* (MA: Harvard University Press).

Lal, D.
1990　"Political Economy and Public Policy", *Occasional Paper* no. 9, (San francisco: International Center for Economic Growth).

Lardy, Nicholas
1994　*China in the World Economy*(Washington, DC.: Institute for International Economics).

Lees, Francis A.
1997　*China Superpower: Requisites for High Growth*(New York: St. Martin's Press).

Lewis, W. A.
1954　"Economic Development with Unlimited Supplies of Labour", *Manchester School of Economics and Social Studies* 22.

Liew, Leong

　　1997　The Chinese Economy in Transition: From Plan to Market (Cheltenham, UK・Brookfield, US: Edward Elgar).

Lin, Justin Yifu

　　1988　"The Household Responsibility System in China's Agricultural Reform: The Theoretical and Empirical Study", *Economic Development and Cultural Change*, vol. 36, no.3, (April), pp. 199-224.

　　1990　"Collectivization and China's Agricultural Crisis in 1959-1961", *Journal of Political Economy*, vol. 98, no.6 (December, The University of Chicago), pp. 1228-1252.

　　1991　"Supervision, Peer Pressure, and Incentive in a Labor-Managed Firm", *China Economic Review*, vol. 2(Oct.), pp. 213-29.

　　1992　"Rural Reforms and Agricultural Growth in China.」 *American Economic Review*, vol. 82, no. 1, pp. 34-51.

Justin Yifu Lin, Fang Cai, and Zhou Li

　　1998　"Competition, Policy Burdens and State-Owned Enterprise Reform ", American Economic Review, Vol. 88, No. 2(May), pp. 422-27.

Justin Yifu Lin and Guofu Tan

　　1999　"Policy Burdens, Accountability and Solft-Budget Constraint", *American Economic Review*, vol. 89, no. 2(May), forthcoming.

Lipton, D. and J. Sachs

　　1990　"Creating a Market Economy in Eastern Europe: The Case of Poland", *Brookings Papers on Economic Activities*, vol. 1.

Maddison, Angus

　　1995　*Monitoring the World Economy, 1820-1992*(Paris: OECD).

　　1998　*Chinese Economy: Performance in the Long Run*(Paris: OECD).

McMillan, J. and B. Naughton
1992 "How to Reform a Planned Economy: Lessons from China", *Oxford Review of Economic Policy*, vol.8, no.1.

Myer, G. M.
1988 *Leading Issues in Economic Development*(New York: Oxford University Press).

Nolan, Peter
1995 *China's Rise, Russia's Fall: Politics, Economics and Planning in the Transition from Stalinism*(New York: St. Martin's Press).

Ohlin, B. ·
1968 *Interregional and International Trade*(Cambridge, MA: Harvard University Press).

Overholt, William H.
1993 *The Rise of China: How Economic Reform is Creating a New Superpower*(New York · London: W. W. Norton and Company).

Palgrave, R.H. (ed.)
1896 *Dictionary of Political Economy*, vol.2(Macmilan).

Perkins, D. H.
1992 "China's Gradual Approach to Market Reform", Paper presented at a Conference in "Comparative Experiences of Economics Reform and Post-Socialist Transformation"(EL Escorial, Spain).

Qian Y. and C. Xu
"Why China's Economic Reform Differ: The M-Form Hierarchy and Entry/Expansion of the Non-state Sector", *The Economics of Transition* (Forthcoming).

Robert Z. Lawreace and Daid E. Weinstein
1999 *Trade and Growth: Import-led Or Export-led? Evidence from*

Japan and Korea(Mimeo).

Rodrik, D.
1999   *The New Global Economy and Developing Countries: Making Openness Work*(Washington D.C.: Overseas Development Council).

Sachs, J. and W. Woo
1993   "Structural Factors in the Economic Reforms of China, Eastern Europe and the Former Soviet Union", Paper presented at the Economic Policy Panel Meeting in Brusssels, Belgium, October 22-23, 1993.

Sah, Raaj K. and Joseph E. Stiglitz
1987   "Price Scissors and the Structure of the Economy", *The Quarterly Journal of Economics*, vol. 1, 102: pp. 109-34.
1992   Peasants versus City-Dwellers(Oxford: Clarendon Press).

Shinohara, M.
1982   *Industrial Growth, Trade, and Dynamic Patterns in the Japanese Economy*(Tokyo: University of Tokyo Press).

Shirk, Susan L.
1993   *The Political Logic of Economic Reform in China*(Berkeley, Los Angeles and Oxford: University of California Press).

Solow, Robert M.
1988   *Growth Theory: An Exposition*(Oxford: Oxford University Press).

The Economist
1992   "When China Wakes, A Survey of China", November 28th .

The World Bank
1992   *World Table*(*1992*)(Baltimore: The Johns Hopkins University Press).

1996　"The Chinese Economy: Fighting Inflation, Deepening Reforms", vol. I, Report no. 15288-CNA(Washington, DC.: World Bank).

Tsiang, S.C.
1984　"Taiwan's Economic Miracle: Lessons in Economic Development", in Harberger(ed.), *World Economic Growth: Case Studies of Developed and Developing Nations*(Institute for Contemporary Studies).

Walters, A.
1991　"Misapprehensions on Privatisation", *International Economic Insights*, vol. 2, no. 1.

Warr, P.
1994　"Comparative and Competitive Advantage ", *Asian-Pacific Economic Literature*, vol. 8, no. 2 (November).

Weber, Max
1991 *The Protestant Ethic and the Spirit of Capitalism*(London: Harper).

Woo, J. E.
1991　*Race to the Swift: State and Finance in Korean Industrialization*(New York: Columbia University Press).

Wu, Harry X.
1997　"Measuring China's GDP", EAAU Briefing Paper Number 8, (Department of Foreign Affairs and Trade of Australia).

Yu, Guangyuan (ed.)
1984 *China's Socialist Modernisation*(Beijing: Foreign Languages Press).

中國經濟改革與發展

2000年7月初版　　　　　　　　　　　　　定價：新臺幣390元
2004年10月初版第二刷
2017年4月二版
有著作權・翻印必究
Printed in Taiwan.

著　者	林	毅	夫
	蔡		昉
	李		周
總　編　輯	胡	金	倫
總　經　理	羅	國	俊
發　行　人	林	載	爵

出　版　者	聯經出版事業股份有限公司
地　　　址	台北市基隆路一段180號4樓
台北聯經書房	台北市新生南路三段94號
電話	（02）23620308
台中分公司	台中市北區崇德路一段198號
暨門市電話	（04）22312023
郵政劃撥帳戶	第0100559-3號
郵撥電話	（02）23620308
印　刷　者	世和印製企業有限公司
總　經　銷	聯合發行股份有限公司
發　行　所	新北市新店區寶橋路235巷6弄6號2F
電話	（02）29178022

責任編輯	方　清　河
封面設計	劉　茂　添

行政院新聞局出版事業登記證局版臺業字第0130號

國家圖書館出版品預行編目資料

中國經濟改革與發展 / 林毅夫、蔡昉、
李周著 . 二版 . 臺北市 . 聯經 . 2017.04
350面；14.8×21公分 .
ISBN　957-08-4932-5（平裝）
[2017年4月二版]

1.經濟改革　2.經濟發展　3.中國

552.2　　　　　　　　　　　　106004595